教|育|知|识|文|库

做一辈子班主任

项延唐 —— 著

光明日报出版社

图书在版编目（CIP）数据

做一辈子班主任 / 项延唐著 . -- 北京：光明日报
出版社 , 2021.4

ISBN 978-7-5194-5853-9

Ⅰ.①做… Ⅱ.①项… Ⅲ.①班主任工作—文集
Ⅳ.① G451.6-53

中国版本图书馆 CIP 数据核字（2021）第 058037 号

做一辈子班主任
ZUO YIBEIZI BANZHUREN

著　　者：项延唐	
责任编辑：陆希宇	责任校对：张　幽
封面设计：中联华文	责任印制：曹　净

出版发行：光明日报出版社
地　　址：北京市西城区永安路 106 号，100050
电　　话：010-63169890（咨询），010-63131930（邮购）
传　　真：010-63131930
网　　址：http://book.gmw.cn
E - mail：luxiyu@gmw.cn
法律顾问：北京德恒律师事务所龚柳方律师

印　　刷：三河市华东印刷有限公司
装　　订：三河市华东印刷有限公司
本书如有破损、缺页、装订错误，请与本社联系调换，电话：010-63131930

开　　本：170mm×240mm
字　　数：254 千字　　　　　印　　张：15.5
版　　次：2021 年 4 月第 1 版　印　　次：2021 年 4 月第 1 次印刷
书　　号：ISBN 978-7-5194-5853-9

定　　价：56.00 元

前　言

从 1990 年从教至今，我已经连续担任了近 30 年的班主任。年龄近 50 岁，教龄 30 年，这在当年看来遥不可及的数字，如今就要成为现实。之前有段时日养成写随笔的习惯，不管当天多累多忙，总是及时记录下原生态的感想。我喜欢在朋友圈晒每天的班级工作，也有一些机会去宣讲教育梦想，一些熟悉的同行总是问我："项老师，您真的可以出书了，您的很多做法要好好梳理一下！"经过半年的整理，借助"志家言堂"公众号发布平台，克服长期后背疼痛的老毛病，抵制住班级琐事的干扰，坚持写作，现在这本书终于可以面世了。虽整本书近 20 万字，但个人认为文字太过粗浅碎片，感觉难以出手，对个人经验积累可能有些启发，但明显"含金量"不足，这也是一直最为纠结的。

关于书名，我思考了很久，实在想不出能吸引读者眼球的题目。我的梦想就是当一辈子的班主任，就暂且取名《做一辈子班主任》吧，也算是个人教育生涯的回忆录！尽管没什么新意，估计能做出这样承诺的老师应该不会太多。本书基本架构粗分为四个篇章。第一章"岁月留痕"，是值得珍藏的些许回忆和痕迹；第二章"言为心声"，是曾经参与的讲座级别不高但努力准备过的发言稿；第三章"我行我述"，是参加专业培训或开展班级活动的记录；第四章"学思感悟"，主要是读书笔记和研修感悟；第五章"育海拾贝"，是日常琐碎点点滴滴的记录。文章所写内容截止到现就职学校苍南县嘉禾中学，时间则截至 2015 年。最近三年的文章以及历次讲座的讲稿均未收录在内，期待还有第二次结集出书的可能。

过往可贵，未来可遇。我是一个出生于偏僻农村的穷苦孩子，如今成长为一位有一定知名度的人民教师，其中父母的殷切期盼、家人的大力支持、导师的热心相助、领导的悉心关怀、同事的宽容理解、学生的大力配合、家长的热情鼓励都给我的成长之路带来了极大的帮助，我也都一一牢记在心。回想起还算丰富的从教经历，我从一名小学语文老师到初中数学老师、后来的高中数学老师，再到现在的初中数学老师，曾在六所不同学校奋斗过，不管是"学校宗祠二合一"的项桥小学，还是"实验室武装到牙齿"的龙港实验中学，始终没离开过生我养我的苍南。对不同学校、不同学段的学生，我总是充满期待，不忘教育梦想，没有让教育懈怠有可以占据的地方。我敢保证，书中的每一个文字朴实真挚，代表自己当时乃至现在的真实心态。我知道，缺乏教科研意识是我明显的短板，除了参加自学考试那段时间的大量阅读，参加苍南智客期间的记录习惯，以及成为工作室学员的积极参与外，平时我也缺乏阅读和积累习惯。我从不以写论文、做课题、开工作室、出专著作为努力方向，看到这些总是以各种理由回避或者等待观望。而我日常所做，实为一心扑在班级和学生身上，"陷入"班级琐碎中"不能自拔"，但我还是感觉自己力不从心，总能给自己在这些方面的不努力找到借口。在工作中，我虽偶尔有些灵感，却往往被日常的大量琐碎冲淡，甚至意乱心烦，很少有机会一个人静下心来敲打键盘记录内心感受，这不得不说是前30年最大的遗憾。"昨天班级发生了什么，我该怎么办？""今天班级会发生什么，我能怎么办？""明天班级将发生什么，我要怎么办？"如此这些，是我每天思考最多的方向，总以家长、学生领导的夸奖和激励作为班级工作的出发点，很多好创意只停留在班级小舞台具体操作上，缺乏理论总结提升，没有去更大的平台尝试推广。这些缺陷，我一直想去改变，却一直没有改变。只羡慕同行著书立说、论文成卷，却不跟风去实践可说是性格使然，也因此令好多对我赞赏有加、充满期待的人失望，这段时间自卑的负面情绪一直占据着心房。

过往可存，未来可待。一辈子说长也长，说短也短，但余生不长。随着头发数量的不断减少，颜色的不断变白，面容的不断憔悴，视线的日益模糊，我越发感受到这一点。但我并没有一丝后悔和遗憾，我给了我所忠诚的教育事业一生中最美好的时光，也日益体会到教师职业的幸福永远在岁月的后方。如何给有限的生命一个交代，如何让余生不再虚度时光，愿此书的出版能让我找到答案。

为岁月留痕，为人生交代。

序（一）

记得应该是8年前，我很有幸与4位大学教授、特级教师一起受聘成为温州市首届名班主任高级研修班的导师。没想到，23个学员中已经出了7个德育特级教师和一个正高级教师，他们是方海东、林志超、曾蓉蓉、郑小侠、陈建仁、郑碎飞、梁世累、黄秀娟老师等，真心为这个班主任的"黄埔军校"的同学们感到高兴！在我印象中，项延唐老师当初是很有激情也很有成绩的资深班主任，只要他稍微重视一下教育写作，提升一下教育科研，就完全可以继续为这个神奇的班级书写神奇。记忆里，不管是温州市班主任论坛上的展示，还是研修班结业典礼上的汇报，以及到我学校跟岗实践时的交流，在桐乡实验中学等各所名校的演说，都留下他不一样的精彩印记。他每次活动之前认真准备，虚心请教；活动之中激情满满，全心投入；活动之后梳理感悟，总结提升。他是研修班中的活跃分子，给大家留下深刻的印象。

他和我，一个在苍南，一个在桐乡，平时忙于各自的事情，很少联系，但出于对班主任工作同样的坚持和努力，一直感觉不曾分离。更为巧合的是，在温州首届名班主任研修班结业后，他又参加苍南县首批百名领军教师研修学习，我再次成为他的导师，当时真是感慨得不知说什么好。在我的办公室跟我家夫人见面时，他开玩笑地说："女的，您跟朱老师最有缘；男的，我跟朱老师最有缘。"说得大家哈哈大笑，由此可见，项老师的幽默风趣非同一般。在温州研修班期间，很多学员就已经著书立说，但他迟迟没有出手。最近看了他发来的书稿，甚是为他高兴，并欣然答应为他的人生第一本著作写些文字。

纵览全书，大多为他个人的成长经历和在一些场合的会议发言，还有参加德育实践的过程和感悟，以及一些学习反思和记录，基本上是原生态的粗线条实录，是当下时兴的农家特色菜，没有任何添加剂和染色素，没有经过严格的打磨和加工，这也正是一线班主任的可贵之处。由于缺乏写书的体系，是先有了平时积累的素材以后，后才有了自下而上的提炼，因此难免有重复和不成系统的嫌疑，就像是一盘萝卜青菜式的大杂烩，但我们完全可以随机地选读，就像日常听故事、拉家常一样，读来也不觉得累，甚至还有些被莫名的打动。我同情项老师特殊的成长经历，甚至可以用苦难来形容。我欣赏项老师对教育事业的执着和热爱，甚至可以用痴心来概括：他组织的班级活动十分走心难忘，他有勇气组织学生去上海世博会，他胆敢把数学课上成人生哲理课，他在学科教学中渗透德育智慧，他善于利用身边的具体事例，他及时抓住教育的契机，他大胆创新班级管理形式，他特别重视学生的理想志向教育，他用智慧走进学生心灵，他让班级活动充满仪式感……他写此书，并非都为自己树碑立传。他不避讳缺陷和不足，向大家展示的是完全真实的普通人的喜怒哀乐。估计在他的学生和家长中，也不可能都是向他一片叫好，甚至会有误会和矛盾，这才显示本来的教育现实。他的教育实践和看法很多只是个人做法和一家之言，经不起仔细推敲和深入拷问，他从来没有试图去寻找教育理论依据，也没有总结出所谓的育人模式和方法，也许不值得同行仿效，但应该给有兴趣的读者很多启发。可以肯定的是，项老师为这本书整整准备了大半辈子，是用近三十年的教育岁月用心写成，这一点是值得尊重的。

他的成长经历让人感动，他的执着精神让人敬佩。就目前来说，并不是每一个人都愿意当老师，并不是每一个老师都愿意当班主任，并不是每一个班主任都愿意当一辈子。"一辈子，就教书；若教书，必带班；若带班，必家访；若家访，必全部。"这是多么坚定的教育誓言，这段"三字经"要用一辈子的时间去实践。对比温州首届名班主任研修班的其他同学，他现在才想起要出书立说，这样的顿悟也许迟了些，因为一步落后，将会落后许多，这是他的短板和软肋。但我相信，只要起步，再晚也不迟。在我看来，他有时过于自足自恋，甚至有些自卑自弃、自我封闭，他只热衷于自己所带班级日常的"一亩三分地"，很少在个人专业发展上到处寻求机会，谋求更进一步的提升。他也许是民间草根好老师，能够得到小地方的一些认可，但还做不到名扬四方。就目前官方对老师的整个评价体系来看，只守着一个"温州市名班主任"的称号，还有之前的一些荣誉，还是显得有些分量不足。现在的名师评选不太看重一个教师在社会发展中的实际付出和贡献，主要是所谓的论文课题与专著，文字崇拜的传统已经变成立言名利双收，潜心育人立功和立德的老师很难得到肯定和掌声，但就有这样一些人，偏偏不太在乎这个。我常常在想，一辈子就痴迷于一项伟大工作的人生是充实而美丽的，我从项老师身上看到的是对乡村教育一生的付出和情怀。我和他同样有机会去大城市发展，却因有浓厚的家乡情结厮守当地。同样敬佩陶行知先生"为了苦孩，甘为骆驼，于人有益，牛马也做"的境界，这也算是师徒同心同行吧！

让我们发自内心肺腑地去爱每一个学生，努力成为给学生带来希望的心灵魔术师吧！愿每一个有爱有志向的班主任都会被这个世界温柔以待。只要我们不断提升自己，做好规划，注意积累，自我加压，每一位老师都可以成为自己心目中的名师，都可以立下一辈子的雄心壮志，不负岁月，不枉此生。

是为序。

朱永春

2019年7月15日于桐乡

（作者系桐乡市第三中学教师、德育正高级教师、桐乡市劳动模范、嘉兴市德育名师、浙江省教育年度新闻人物、浙江省春蚕奖、浙江省十佳心育导师、浙江省教育学会德育分会理事、浙江省名师名校长工作站德育导师、《浙江省中小学生日常行为规范（试行）》初中版执笔人）

序（二）

　　能为别人的新书写序，于我是一种荣幸，因为信任和尊重；第一次写序，就遇见延唐，于我又是一种挑战。我的笔力勉强可以勾勒他诸多的教育创意，但我知道，一定抵达不了他有趣的灵魂。

　　我比延唐痴长两岁，他中师，我大专，同为苍南人，都在1990年统配，那时的我们彼此并不相识。苍南常以方言划分区域，他属江南片，我是南港人；我入职之初并不认可教育且有一段"浪迹天涯"的经历，他从踏上讲台的第一天就是老黄牛式的教师；我在"教育在线"笔耕不辍结交天下名师达人，他却心甘情愿在小地盘做着感动别人也感动自己的事。直到2006年，在"教育在线苍南俱乐部"的引领下苍南教育智客网风靡全县，他屡屡登上奖台，频频出现在网站，甚至被评为"智客之星"，才引起我的关注。在徐斌的推介下，他成为温州市首届赖联群名班主任工作室的学员，从此开始有了交集，并结下了难以割舍的情谊。后来他告诉我，我们最早的相逢是在2005年温州市优秀班主任提高班上，我应邀介绍自己的成长历程，诉说"抱着孩子写随笔"的传奇经历，宣讲"有高飞的冲动，就不要在地上爬"的全新理念时，他说自己就是台下一个专注的听众。从那时起，他就经常浏览我的随笔，默默地模仿，暗暗地努力。后来，在苍南县首批名班主任考核现场，我是评审组成员，无论是主题演讲，还是班会说课，我始终用信赖的眼光鼓励他，他的激情与才干深深地打动了我，同是苍南德育人，我们便开始惺惺相惜起来。

　　在历时两年的工作室研修期间，作为班长的项延唐表现非常突出，做规划、看著作、立课题、写随笔、谈感受，敢于上台亮相，一次次高质量完成艰巨的任务。每次活动之后，他总是不顾奔波疲劳，连夜赶制工作室新闻报道。每周一次的网络聚会，每月一次的见面活动，他总是率先到位积极协调。他几乎全程参与工作室的所有活动，不断与我短信、邮件往来，他堪称刻苦修炼的标兵。特别让我感动的是他反复阅读我的教育随笔，写了9篇相关的评论，引起了教育界同仁的强烈共鸣。他还用心经营个人智客、博客，撰写教育随笔几十万字，多次被评为温州市优秀博客一等奖。功夫不负有心人，2010年教师节，在温州市人民大会堂，他捧着鲜红的"温州市名班主任"荣誉证书接受政府表彰。同年，县电视台、《温州日报》《温州教育》杂志都争先报道他的先进事迹。2011年教师节，他带领全县一百名新教师在影城庄严宣誓，不忘初心，倾情教育。在温州市第二届班主任论坛之后，机会终于垂青这位勤奋而朴素的年轻人，他声名鹊起，到处受邀，多次在省内各地讲座。他能说会写敢于创新，书面表达功底不错，口头表达能力更是不一般，他对待一些小事的认真态度常常出乎我的意料，比如一些发言稿总是先让我过目审阅，虚心听取意见；对班级里发生的棘手问题，总要在群里抛出探讨，以求更完美的解决方案；对于教育写作及投稿，他也很认真地求助于我，如此等等，不胜枚举。

在2011年的市首届名班主任研修班中，割舍不断的缘分让我们由师徒变为同学，在德育探索的道路上携手同行。我们北上嘉兴，转战上海，集训金华，游学台湾，一路走来，他的优点被越来越多的人所熟知。他是最幽默的，有他的场合就是欢乐的海洋；他是最质朴的，与他交流没有任何压力；他是最煽情的，他的讲座创意迭出，时而朗诵，时而高歌，让人动容……

再后来，我邀请他担任我的县名班主任工作室导师，原想以他的名义组班，但他谦虚地表示会误人子弟，愿意配合我做一切事情。此时的他在温州市内已经是粉丝众多，影响巨大，但他始终低调地和学员们一起继续研修学习，又让我狠狠地感动了一把。最近几年，他几乎活跃在苍南县德育舞台的各种现场，成为县里参加市班会优质课评比、班主任基本功比赛的核心指导师之一，成绩斐然。后来，我离开为之奋斗近30年的苍南调往杭州滨和中学任教，他虽依依不舍，但仍厮守在苍南这片教育故土上。

对于人生的第一部专著问世，他是很花心思的。除了请他的两任导师朱永春老师写序外，还特地要我在卷首嘱咐几句。该书用很多篇幅介绍我的随笔，不是因为我多有水平，而是缘于他不忘故旧的感恩情怀。收到书稿，我非常激动，因为我乐见一个有梦想有追求的草根战友在茁壮成长。关于这本书的内容，我不想做过多的褒贬评价，我只想说四个字"书如其人"。有时，写什么比怎么写重要，说什么比怎么说重要，做什么比怎么做重要。作为一名有特殊经历的一线老师能够以一本书的形式总结教育人生，这件事本身就比任何的评价语言更生动更鲜活。我常常在想：一个人在用笔书写个人历史的同时，也是在用行动努力地证明自己，提升自己，改变自己。一种职业的选择会有很多机缘巧合，但一旦确立了未来的行走方向，就要执着地走下去，一辈子做好一件事，足矣！不奢望未来有多成功，每个当下都要不断地更新自己，让自身永不贬值，这才是教师成长的真谛。延唐留给我的，就是这样的感动。九秩高龄的于漪老师说过"做一辈子老师，一辈子学做老师"，而不到50岁的他郑重其事地以《做一辈子班主任》来命名此书，我读懂一种决心和誓言，这很不简单。我相信：他能创造出每一个教室的奇迹，他会成为"苍南的雷夫"，他能成为他心目中的"教育界科比"。

最后，我想引用网师张万祥先生的一句话作为结尾，与延唐以及所有我认识和不认识的同行们共勉："班主任要追求事业的成功，追求心仪的高峰，追求崇高的目标——做教育专家，做一流的教师。"这种定位，也许你我终老一生都做不到，但必须用一辈子的努力去追求，这是教师专业成长高悬的"苹果"，也可能是本书的最大意义所在。

是为序。

赖联群

2019年7月18日于杭州

（作者系杭州滨和中学语文教师、杭州市班主任工作室领衔人、全国推进素质教育先进个人、浙江省春蚕奖、温州市首届模范班主任、苍南县专业技术拔尖人才、苍南县十大杰出青年，著有教育随笔两百万字，发表论文六十余篇）

目 录
CONTENTS

第一章 岁月留痕 ……………………………………………… 1

一 爱我所爱，无怨无悔
  ——走进苍南县首批名班主任项延唐老师 …………… 1

二 用我的努力，创造我的记忆
  ——走进温州市第三批名班主任项延唐老师 ………… 4

三 县首批名班主任评选之路 ……………………… 7

四 晒晒龙港实验中学的头三年 …………………… 9

五 盘点 2008 年 ………………………………… 11

六 盘点 2009 年 ………………………………… 13

七 盘点 2010 年 ………………………………… 15

八 盘点 2011 年 ………………………………… 17

九 终生感动人物，我的追求
  ——给校长的一封自荐信 …………………… 19

十 温州市名班主任评选记 ………………………… 24

十一 您是我见过的最严格的老师 ………………… 26

十二 首次外校讲座记 ……………………………… 27

十三　读《给项老师的一封信》之后 ·············· 30

十四　享受教育的幸福 ····················· 32

十五　记第一次县级班主任讲座 ··············· 34

十六　童年的"丑小鸭" ··················· 36

十七　"官场"回忆录

　　　——兼工作前十七年回忆 ··············· 38

十八　一辈子学当班主任，一辈子当好班主任 ······· 40

　　　——记嘉禾中学项延唐老师 ·············· 40

第二章　言为心声 ······················· 42

一　献身教育，坚贞不渝 ··················· 42

二　刻苦努力，终成心愿

　　——在龙港实验中学志成班陈璧玺同学保送苍南中学感恩谈心会上 ··· 44

三　在师生共写随笔座谈会上的发言 ············· 45

四　用我一百天，改变一百年

　　——在学校首届初中毕业生总复习百日动员大会上的发言 ········· 47

五　迎接人生新辉煌

　　——在龙港实验中学首届学生毕业典礼上的讲话 ········· 48

六　谈公立寄宿制学校发展的两大瓶颈问题

　　——在县教育科学和谐发展座谈会上的发言 ·········· 50

七　用心工作如一，用爱负责到底

　　——在龙港镇第 24 个教师节座谈会上的发言 ·········· 52

八　十年寒窗勤苦读，金榜题名天不负

　　——在龙港实验中学首届志成班章海潮考取温州中学感恩谈心会上的讲话 ··· 53

九　有一种分离是为了更好的相聚

　　——在首届初中毕业生 2010 年新春同学会上的讲话 ········· 54

十　做一名让学生感到幸福的班主任

　　——2010 年 6 月 21 日在市第三届名班主任考察会上的发言 ········ 55

十一　每个孩子都是家长的骄傲

　　　　——在苍南中学高一（10）班第一次家长会上的发言 …………57

十二　努力到无能为力，拼搏到感动自己

　　　　——在苍南中学2017届高三第一学期期中表彰大会上的发言 …59

十三　日常见奇妙，智慧显关怀——两个班级班主任的那些事 …60

第三章　我行我述…………………………………………………64

一　学车跟教育有关 …………………………………………64

二　教师节琐忆 ………………………………………………65

三　一切回忆都将美好

　　　——为三年高中任教经历而写 ………………………66

四　为首届"温博会"喝彩！

　　　——参加温州市首届博客大会实录 …………………67

五　提高认识，学以致用

　　　——记苍南县第七期心理健康C证培训班开班仪式 …68

六　昨夜，无法入睡

　　　——参加项桥中学96届学生同学会有感 ……………69

七　市局派人来考察 …………………………………………71

八　参观县广播电视台有感 …………………………………72

九　参加学生婚礼有感 ………………………………………74

十　记我的三次即兴演讲 ……………………………………75

十一　同学会琐忆 ……………………………………………76

十二　我和我的历任校长 ……………………………………78

十三　儿子，因为爸爸是老师

　　　　——给读小学的儿子的一封信 ……………………80

十四　让爱心的接力棒世代相传

　　　　——苍南县第三届智客颁奖典礼侧记 ……………82

十五　在幽默欢乐的互动中充分展示

　　　　——苍南县第四届智客颁奖典礼侧记　·············· 83

十六　智慧因交流而生动

　　　　——温州市中学名班主任工作室开班典礼暨首次培训会侧记 ··· 85

十七　学师德垂范，激青春动力

　　　　——温州市中学名班主任工作室瓯海中学第二次培训会侧记 ··· 87

十八　学会适应，做好规划

　　　　——记温州市中学名班主任工作室联谊会第四次活动 ········· 88

十九　志远班上海世博会亲子夏令营活动记 ·············· 92

二十　精彩纷呈，感动不断

　　　　——龙港实验中学初一段感恩主题班会活动听课侧记 ········· 95

二十一　真情付出，心灵交融——志远班亲子心理团队辅导活动纪实 ··· 96

二十二　与浙大研究生面对面 ·········· 98

二十三　请抓住教育的机遇

　　　　——读林方平老师《民主传递的是理解》一文有感 ········· 100

二十四　共话教师成长，同议班级建设

　　　　——温州赖联群、黄友上、项光亮名班主任工作室平阳水头活动综述··· 101

二十五　续缘朱老师，再次桐乡行 ·········· 104

二十六　主题班会课到底该怎么上

　　　　——我校第三届"爱我实验中学，从我做起"主题班会活动听后感···110

二十七　在告别中感恩成长——志远班"'告别六一'联欢晚会"侧记 ··· 114

第四章　学思感悟 ·········· 117

一　感受智慧，敬佩能力

　　　——读赖联群老师随笔有感（一） ·········· 117

二　真情流露，实践感悟

　　　——读赖联群老师随笔有感（二） ·········· 119

三　经验历练，创意无限

　　　——读赖联群老师随笔有感（三） ·········· 122

四 性情中人，以仁治班

    ——读赖联群老师随笔有感（四）……………………………124

五 用心关注，用情思考

    ——读赖联群老师随笔有感（五）……………………………126

六 非常举措，源自理想

    ——读赖联群老师随笔有感（六）……………………………130

七 心灵净化，灵魂升华

    ——读赖联群老师随笔有感（七）……………………………133

八 辩证思维，不断改变

    ——读赖联群老师随笔有感（八）……………………………135

九 老赖不赖，依赖成功

    ——读赖联群老师随笔有感（九）……………………………137

十 磨炼的舞台，成长的土壤

    ——温州市赖联群名班主任工作室研修心得（2010—2011 年）…… 140

十一 智慧感悟，心灵成长

    ——苍南县百名领军教师研修班第一阶段研修体会…………… 141

十二 人文为本，慈善为先

    ——赴台湾学习心得体会……………………………………… 144

十三 不仅暖身，更是暖心

    ——知行中国初中班主任培训第一天活动感悟………………… 146

十四 开始入门，逐渐上心

    ——知行中国初中班主任培训第二天活动感悟………………… 148

十五 积极寻找，育人新径

    ——知行中国初中班主任培训第三天活动感悟………………… 149

十六 聆听号角，落实行动

    ——知行中国初中班主任培训第四天活动感悟………………… 150

十七 完美尾声，欢乐前行

    ——知行中国初中班主任培训第五天活动感悟………………… 151

十八 捧起自尊，捧出希望
  ——听台湾师大吴丽娟博士心理讲座有感 …………… 152

十九 培训着，是幸福的 ………………………………… 154

第五章 育海拾贝…………………………………………… 157

一 记忆中的仰头山中学 ……………………………… 157

二 学生面前，我哭了 ………………………………… 159

三 教室里新来的饮水机 ……………………………… 160

四 给某同学的一封信 ………………………………… 162

五 第一次参加高考监考有感 ………………………… 164

六 给某家长的感谢信 ………………………………… 165

七 真了不起，温州龙港的老师 ……………………… 167

八 给朱老师的一封邀请信 …………………………… 169

九 班级开学初工作回顾 ……………………………… 170

十 新年给家长的一封信 ……………………………… 172

十一 "丑陋"的老项 ………………………………… 173

十二 一样的讲座，不一样的效果
  ——某年听某专家两次讲座之外的思考 ………… 178

十三 普通教师的一天 ………………………………… 180

十四 让当班主任成为一种习惯 ……………………… 182

十五 如何做新时期的"明班主任" ………………… 184

十六 是体验教育，还是虐待幼苗
  ——读"温州好老师"《老师，我要吃饭》后有感 ……… 186

十七 是语文课，还是班会课
  ——读"温州好老师"《处罚》一文有感 ………… 188

十八 成就自己，还是成就学生 ……………………… 190

十九 由跑八圈想到的
  ——《跑步的神奇功效》一文再思考 …………… 192

二十　从"很混蛋"到"奋发向上"

　　　——记一次"关键词"活动 ………………………………… 193

二十一　教师节与母亲节随忆 ………………………… 194

二十二　是孩子读书，还是家长读书 ………………… 196

二十三　一场特殊的成绩发布会 ……………………… 197

二十四　一场特殊的宣读仪式 ………………………… 198

二十五　一次即兴发挥的教育安排 …………………… 199

二十六　读《假如我是班主任》一文后 ……………… 201

二十七　有感于菩提花教育公司的用心 ……………… 204

二十八　校园呼唤"男子汉" …………………………… 205

二十九　扬善于公堂，归过于私室

　　　——关于宽严尺度之杂感 ……………………… 206

三十　与某两位老师的对话 …………………………… 207

三十一　不要因爱而伤害

　　　——由暑期亲子冲突高发想到的 ………………… 209

三十二　男女互助，性别互补 ………………………… 211

三十三　德育无止境，形式须创新 …………………… 211

三十四　我眼中的和谐校园 …………………………… 214

三十五　脚的距离就是心的距离 ……………………… 215

三十六　男女同桌真是好 ……………………………… 216

三十七　一则特殊的短信 ……………………………… 218

三十八　回顾梦想，忏悔过失 ………………………… 219

三十九　将文明班级进行到底 ………………………… 220

四十　与赖老师的几次见面 …………………………… 222

四十一　导师朱永春老师初印象 ……………………… 223

后　记 …………………………………………………… 225

第一章　岁月留痕

一　爱我所爱，无怨无悔
——走进苍南县首批名班主任项延唐老师

　　1997年农历十二月初九的晚上，这是一个令他终生难忘的夜晚。在一间房顶只钉着油布，墙上只刷过石灰的简陋的洞房里，摆着一套价值只有4000元的家具和一台只有25寸的彩电，这就是房间里的所有的硬件。突然，房间被一双双小手推开，数不清有多少张稚嫩的脸庞异口同声地说："老师，祝您新婚快乐！""老师，祝您美满幸福！"霎时间，房内就摆满了各种各样的小礼品：鲜花图片、电光瀑布、音乐风铃、可爱的洋娃娃、一大叠贺信……一位身高只有一米六，体重仅98斤，年龄27岁的又黑又瘦的小伙子只是激动地反复在说："谢谢！谢谢……"这一来，使原本过于简单朴素的婚礼多了一些浪漫和回味。这个小伙子是谁？就是龙港实验中学曾经的新郎官——普通教师项延唐。

　　（一）选择农村作为自己的出发地

　　他出生于一个偏僻的小山村，父亲当年已经50岁了，母亲又身患残疾。为了培养他读书，他60岁的父亲无奈之下外出要饭。不识字的父亲让他写好家庭地址给父亲带走，每到过年时，他父亲带回许多破损的分币、角币，他的心就像刀割一样，幼小的心灵里充满了这样五个字：一定要争气！为了节约用钱，一毛钱的红糖和萝卜条就是他一星期的菜，已穿三年的有好几个破洞的袜子洗了没干就得穿上……就这样，他在艰难的家境中反而用优异的学业成绩度过了大家难以想象的11年。

在1990年普通中等师范学校（以下简称中师）毕业分配工作时，本来他有一个非常好的机会可以到当时刚创办的钱库第二小学（以下简称二小），因为当时二小的校长看过他的档案后，点名要他，但他毅然决定到当时条件十分简陋的项桥小学。当时有许多好心人劝过他，但他觉得应该为农村教育事业贡献青春。他自愿选择，无怨无悔。当时的办公条件艰苦得现在真难想象：办公桌由两张老式的长书桌用草绳绑成，地上由于坑坑洼洼还得在桌脚垫上小石块，办公椅是宽度只有五六厘米的长椅子。十几平方米的小地方里空气沉闷潮湿，由于光线太暗连白天也得点上小白炽灯，那灯还不听话地忽明忽暗，活老鼠、死老鼠，时不时地交叉出现……

穷人的孩子早当家。他并没有被艰苦的条件所吓倒，却把一个年轻人的所有热情和干劲无私地奉献给了学生。当时每月400多元的工资，还得照顾年老的父母，生活过得十分清苦，他从没买过一双价值100元以上的皮鞋，每双旧皮鞋总是在破得实在不能再穿时才买新的，学生时代的校服还常常穿在身上。虽然自己省吃俭用，从没享受过现代文明带给人们的文化娱乐，但他对学生慷慨异常，为学生付医药费是家常便饭。每当流感高发季节，他把自己省下的钱用来买药，给全班同学每人发一大包板蓝根冲剂，嘱咐学生预防感冒，小心着凉。他也记不清，自己有多少回亲自到学生家里探望、慰问、了解情况，被村民们戏称为"项桥的活地图"。有一次去家访竟因骑车走神，见对面来了个老人，躲闪不及，连人带车跌进臭气冲天的小河……

他还经常资助一些经济困难的学生上学。项西村有一对双胞胎姐妹，因家中孩子众多，生活困难，重男轻女的父母决定让她俩辍学做工。但他却不允许自己的学生放弃读书的机会，后来三番五次地到姐妹俩家做工作，并答应每学期给她俩资助，一直到初中毕业。他经常利用节假日时间义务为成绩不好的学生补课，晚上还要到各村去上农村妇女夜校扫盲班，并对这一批特殊的"大学生"关怀备至。他还常常送个别居住偏僻的学员回家，由于交通不便，回来时常常是"月朗星稀，孤影相随"。

说到接送，有件事至今仍难以忘怀：在他接的一个三年级的班里有一位因曾患小儿麻痹症下肢瘫痪的学生，由于家长平时很忙常常很迟才来接孩子，看着学生孤苦无助的眼光，他毅然承担了送他回家的任务，放学后骑自行车驶过弯弯曲曲的小泥路送学生到家。有一个下雨天，由于路很滑，加上车技不过硬，竟然摔倒了，摔得满身是泥。后来，在他的倡议并带头行动下，全校捐助爱心款为这个同学购买了残疾代步车。

还有位学生曾被一个学校开除过，初二转到他所在学校时，他主动将其接收到自己班里，开始时这位学生表现稍好些，但过不久老毛病又犯了，经常逃学去打扑克。为了彻底改掉该生的一些坏习惯，他首先让学生住在自己的房间里，过了一段时间学生确实变了许多，成绩也进步不少。为了考验学生，他答应了学生要外住的要求，于是他亲自给该学生租房子，垫房租，搬床铺，扫房间，甚至有一段时间还经常住到该学生的寝室里。有时从寝室回来较晚，还被过路人误认为是疯子。

（二）感情的天平，倾向哪里

我们当老师的，在亲情与学生之间、家庭与事业之间，总会面临一次次的抉择，而他感情的天平总是自然地倾向学生和事业这一边。1998年，他姐因犯严重的胃病去医院看病，因不识字叫他陪同前往。后医院检查项目需要第二天一大早再做一次仪器检查，他却因为一心惦记学生，安顿好姐姐后就自己急着要回校了。临行时，初次到温州的姐姐辛酸委屈之意涌上心头，偷偷地哭了。现在一想起这件事，他总是觉得欠从小苦难相依的姐姐的这笔感情债无论如何也还不了。

哪个老人不希望子女能多陪伴自己？他参加工作后，父亲再也不用在外漂泊了。但由于没有房子，只好在项桥租了间房子给老人住，自己则住到了离学校较近的丈母娘家里（孩子交给丈母娘照顾）。虽然每月给父亲送去生活费，每月亲自带父亲理发、剃胡须、剪指甲，每逢过节欢聚一堂，但平时专门探望父母的时间仍不算多，偶尔探望也是匆匆而别，又投身校园之中。

在孩子出生的前半个小时里，他还在校上课。当好心的邻居打电话给他说孩子要出生时，他却说："等一下，等我上好课马上回去。"堂堂一位本科毕业的人民教师，连最起码的生小孩不能等的常识都不懂，至今这件事仍是一段"笑话"。当把妻子送往医院，胎儿已在腹中严重缺水，急须动剖腹手术，若再迟些后果不堪设想。在孩子出生后，初为人父的他真的憔悴了，每天奔波在医院和学校之间。由于睡眠不足，再加上赶时间，曾好几次骑车摔倒，一瘸一拐地去上课，但他却从没耽误过学生一节功课，从没少批过一次作业。就在他妻子30岁生日那天，他曾答应过给她过生日。后因当天校工会召开先进教师新春茶话会，身为工会副主席，他负责其中的筹备和组织工作，茶话会结束后，作为学校初三段的蹲点干部，他又参加了年级段的家长座谈会。就这样在妻子生日的这一天里，早上6点半出发，晚上10点半才到家，"遗憾"地错过了给妻子庆祝生日的机会。回想起妻子当时不顾家人强烈反对，不嫌他家境贫寒和外貌欠佳，毅然选择和他相爱，他内心觉得十分对不起妻子。

（三）付出是艰辛的，收获是甜蜜的

他带的第一届初中毕业班，在当时相对偏僻、教育氛围欠佳、升学率低下的项桥中学，第一次出现了开家长会坐不下的动人场面。他带的第二届初中毕业班，中考学区第一名、第二名的学生均在他班里，重点高中三人上线，普通高中43人上线。他如今担任中学高级教师，先后获得市园丁奖、市优秀自考毕业生、市博客一等奖、市优秀班主任、县教坛新秀、县师德标兵、县名班主任、县首届班主任技能大赛第一名、县优秀教师、县优秀班主任、县先进工作者、县学习型家庭等奖项及荣誉称号。他曾在全县做师德巡回报告，在苍南电视台做演讲，是学校唯一一位连续三年获得年度感动人物称号的教师。大大小小的荣誉证书和奖状已塞满了整整一抽屉，虽然级别不是很高，但品种之齐，数量之多，密度之高已足以使其成为小地方家喻户晓的"新闻人物"了。教书育人，只有"逗号"，没有"句号"。爱的奉献，只要付出，总有回报。在十多年从教的辛勤耕耘中，他深切体会到：蝴蝶只有在飞舞的时候，人们才会感到它生命的美丽，人只有在工作中才能体现他真正的人生价值。

——此文为2008年苍南教育网教师节宣传材料

二 用我的努力，创造我的记忆 ①
——走进温州市第三批名班主任项延唐老师

学校在给他的感动人物颁奖词中写道："项延唐，一位事业型、创新型的班主任。班级管理有声有色，注重细节，从班级文化氛围的营造到班级组织

---

① 此文为2010年的温州日报、温州教育网等教师节宣传材料。

机构的设置以及别开生面的活动开展，让班集体始终洋溢着生机与活力。他始终活跃在学生当中，善于用机智幽默的语言和真诚感人的行动走进学生的心灵，不断激励学生走向成功。他把欢乐带给学生，把惊喜送给家长，把智慧留给学校，以满怀的激情抒写诗意人生。"

他每接一届学生，总要求朗诵两首诗：《美好的中学时代》和《什么是集体》。他每带一个班级，班级的班名、班训、班歌、班级寄语、班级精神、班级领奖台、奖杯、奖牌、班旗、班牌、组名、男女生生歌、家长会会歌等总是一应俱全。他的每位学生的桌角均有"我和我追逐的梦"小名片，上面写有学生的个人梦想，崇拜的英雄，喜欢的格言以及远、中、近期目标。

作为寄宿制学校的班主任，工作非常辛苦，"吃喝拉撒睡，全都要到位"。有时单靠班委还真难有效解决一切问题，为此他成立了一些专门的班级组织，如"制止打闹管理委员会""转笔转书管理委员会"，有效地使一些"老大难"问题销声匿迹，给了学生很好的自我教育。"桌椅横竖一条线，地上纸屑看不见"，仪表"勤剪指甲，每周一查"；男生"奔头"，女生"马头"（马尾辫）。发新校徽时，让学生为同桌戴上校徽，并给对方说几句"为学校争光，为校徽添彩"之类的话语。

提起"爱让我们在一起"亲情沟通家长会，项老师还沉浸在回忆中：文明礼仪生身披鲜红飘带，手拿"爸妈您辛苦了""志远班欢迎您"的标语牌，喊出句句深情响亮的"家长好！"。玻璃窗上挂满了围成"爱心"形的圣诞老人图片，后黑板贴满了学生全家福照片。整个教室围成十个大圆桌，桌上摆满了瓜果，学生和家长围坐在一起，屏幕上播放平时活动的亲情照片，耳边响着动听歌曲，每个家长、学生佩戴爱心笑脸标志，桌上放着孩子写给家长的一封信《20年后的我》，以及长达46页的家长会资料汇编。到处充满家的氛围、爱的温馨，幸福写在每个人脸上。

还有学生全家参加的大型"告别六一"联欢会、家长论坛，带去"一封信、一礼物、一红包、一爱心，共同过一节日，体现一慈善集体"的"六一贺礼"去慰问龙港聋哑学校，去消防队学习军人生活作风，开展亲子关系团队辅导、叠被子生活技能比赛等。评选各类班级十佳、班级之最，实行班级干部"部长负责制"，组长轮流竞赛制等。并且成立志愿者爱心服务队，每天进行日常交接仪式。每次考试进行诚信宣誓，开展同学之间的学法交流活动，安排学生讲座，邀请校友交流，聘请家长上课等。"学会道歉"活动让学生懂得许多道理，男女生十大优缺点的评选让学生重新认识自己的言行。此外，还有每周十人谈心，分批多次的座谈会，以及师徒结对活动，"入室即静，落座即学"的要求，励志故事的动情演讲，别具一格的体育节入场式，节约主题班会的十佳标兵评比，男女生互助活动开展等。从入学教育到结业典礼，从班队作业到家校联系，从离校临别交代到返校收心教育，从《给项老师的一封信》到《期中十大新闻》，从班级"法院"到"调解委员会""律师事务所"，从"男子汉推荐"到"年度感动人物"评比，无不凝聚着他对班级文化的思考和投入。

他注重对学生的感恩教育，让学生伴随感恩成长。通过举办集体生日庆祝会，传达对母亲的祝福，对生活的感恩。在母亲节等节假日，给学生布置了家庭作业，开展"我给父母送祝福、做家务"社会实践活动，召开"感恩的心"系列主题班会。建议全班给有突出贡献的同学写感谢信，对一些在感恩活动中表现突出的同学，他自编三句半节目来表演，把教育活动寓于文艺创作之中。每周家校联系单上家长、老师的留言，要求学生进行感恩回复。坚定的感恩宣言响彻校园，温馨的感恩话语贴满教室，炙热的感恩交流传递心间，共同筑起了一道流动的"感恩长城"。

他算得上是一个全身心投入教育的学者，一个不知疲倦的行动者。他走遍了每个学生的家里，把爱洒向学生们的心里。手握整整十几本《班主任工作手册》，密密麻麻的字迹，每周要事做一件、记一件、划一件，反复修改补充。每节班队课有准备，有记录，有反思，他始终坚持认真细致的做事风格。

有网友在他网站留言："该老师身为初中班主任，担任两个班的数学课，工作量绝对不轻，但他的工作怎么还能做那么细？比如结业典礼，他将每个程序的先后都写成书面的东西；班主任工作总结，大致每周的工作做很详细的记录安排。这么看来他已经在走专家之路。做他的学生真是有幸！"

学生这样评价："在寝室里，你亲自指导我们生活，有时会跟我们一起睡，简直跟我们形影不离。在不被人了解的寂寞里，您不厌其烦地教导我，从那小小的鞋带到深夜里为我们盖被子。用餐时，您总是看着我们吃得差不多了，才慢慢离开。操场上，时常还能看到您和我们一起做操的身影。您让我们在笑声中学会道理，感谢您给我们生活创造了许多乐趣。您总是很勤快，就连地上一丁点的小纸片都要亲自去捡起来，亲自送到垃圾桶里。"

家长如是说："让我感动的事太多了。家长会如此精彩，让我感动，可想而知,您在背后的付出,您对工作的热情。每参加一次班级活动,都让我感动。每次与您交流,溢满幸福感。因为在您的教育下,孩子变化很大,这么多年坏习惯,您在短时间内改变了他,衷心感谢您!"

在从教20年的每一天里,他从未懈怠过自己,也从没放弃过努力。对学生无私的爱,就是他每天的动力。他常说:"用心工作如一,用爱负责到底!不管我头顶是怎样的风雨,我将用我的努力来创造我的记忆!"

三 县首批名班主任评选之路

记得去年时,县教育局就已经把县名班主任评比的规定公之于众了。一直在当班主任这方面有些想法的我,十分关注这个信息,提早到德育处和校办口头报名。

2007年7月14日的这次报名,尽管我也符合县名师的报名条件,但我还是填写了县名班主任的材料清单和报名表。后来县名班主任需要补报,这时我就感觉自己比较有把握,但没想到后来补报的人会这么多。看到同办公室报名师的两位同仁既要考理论,又要做课件,还要参加论文答辩等"过五关斩六将",而我毫无消息,心想一定是自由地免试过关了,禁不住暗自高兴,同事们也很羡慕我,说我一定有十成把握。一直到2008年6月22日上午,我接到德育处周主任的电话通知,县首届名班主任评选小组将于本周到学校实地调查有关情况,吩咐我准备好近三年来的十二项材料,分门别类地装袋整理好。两天后,考核小组认真细致地履行各种表格打分和座谈了解工作,召集了学校领导、班主任、任课老师、学生代表开会进行打分,并且找报名者本人座谈了解,其规格之高,不亚于校长考核。

2008年7月14日,我在外地接到学区通知,说要进行说课和演讲考核,心想大概是最后一关了,但也不知做什么准备好。7月16日回来后,我就进入全面的备战状态,准备还是艰难但却十分充分的,跟当初参加比赛一样的全身心投入。为了背下演讲稿,达到完全脱稿的要求,我用手机录音,反复地播放给自己听。还动员全家,要求妻子、孩子把演讲稿读给我听。演讲稿改动了好几次,放在口袋里随身携带。我们家的每个房间、屋前屋后屋旁的草地、凉亭、田埂、桥边都是我练习演讲的地方。入睡前，回忆讲演内容；醒来时，第一件事就是默念讲稿。我终于克服记忆力不如以前的困难，在两天内把讲稿背熟，找到了很好的竞赛状态。

2008年7月18日，经资格审查、组织考察两个阶段考核后确定的全县高中、初中、小学、幼儿园各班主任共20人入围，在县教师进修学校四楼圆形会议室进入名班主任主题演讲与说课考核阶段。大家表面上说说笑笑，其实都暗中较劲，气氛紧张激烈。当天，我是第一个到达比赛现场的选手，校门还没有开。于是，我就在校门口回忆演讲内容。传达室的大哥对我这么早到来有些不耐烦，但还是边嘟囔边把门打开了。到了会议室，工作人员在整理设备，我就对着空的评委席，在讲台上轻声试了试演讲，感觉以前经常参加演讲比赛的经验起了很好的作用。不久，学生科吴科长等领导来了，关切地询问我吃早餐情况。两次抽签，我在初中6位选手中分别是5号和4号，我对抽到的号码还是比较满意的，心里更有谱了。领导做了简要的心理指导并强调纪律后，要求所有资料、手机上缴，我们在指定地方等候，然后依次进场。非常巧的是，抽到有关习惯的班会课题，我上午刚好看到了一个关于习惯的笑话，于是就把它作为开头，当时评委都笑了，其余都是我平时的一些做法。我想效果肯定不错，只可惜对为什么这样上的理由阐述不够，好像缺乏说课的味道，总感觉一小时准备时间紧了些，讲十分钟总怕会超时。

上午结束后，我就在旁边小店里吃了碗面，中午继续适应场地和背演讲稿。连续作战的学生科领导和工作人员看到我后都很受感动，连连叫我"项老师，你多休息吧"。下午，从实际演讲效果和评委表情上看，是我历次演讲中最满意的一次，但我还是对演讲稿有些不放心，好像侧重师德和成就方面多一些，对班主任理念、做法阐述还不够。评委级别相当高，都有些脸熟，有特级教师、市名师、教研室、教科所、督导室领导等我心目中的前辈导师。我非常相信他们的眼光和判断力，哪怕评不上，能够在这些名流面前露露脸，也很心满意足了。晚上，郭校长关切地询问我的情况，我说"应该没有太多问题"。校长又给了我很大鼓励，也坚信我能评上，因为他也曾在考核组的领导前夸下海口说："如果项延唐评不上，就应该没有人能评得上。"

2008年7月28日，我在去温州都市报领奖时，巧遇上了曾老师，她鼓励我说："你一定还会丰收！"在回来的车上，我接到德育处领导的报喜电话，得知入围名单已经公示，一直牵挂的心才放松了下来，才知十多年来的努力，为之准备半辈子的付出终于有了一个"名分"。"苍南县首批名班主任"的光荣称号给我很大的鼓励,我会朝着更高目标继续努力!

四 晒晒龙港实验中学的头三年

不经意间,我调到龙港实验中学已经三年了。今天,把积累起来的满满一抽屉的个人资料进行分门别类整理,装入不同的成长记录袋。三年前的暑假,由于确实不适应高中教学,我毅然冒险决定参加县教育局公开选调,却出乎意料地在众多报名者中脱颖而出,以数学学科第一名的成绩成功应聘。新的学校,新的机遇,激起无限的潜能,我仿佛从有些退居二线的老教师蜕变为刚参加工作的新教师一样,没有放弃各种机会,得到更大、更多的历练,取得一些小成就,逐步实现了从有经验资历的班主任到县首批名班主任的跨越。越来越多的评比锻炼,让我有幸结识很多教育界精英,越来越感觉到自己的浅薄粗俗,有些力不从心和"高处不胜寒",在惭愧万分的同时,不知不觉寻找自身差距。我搜索其他名班主任的资料,感觉他们在专业上均颇有成就,讲座、论文、专著、报道、读书、发表、获奖、交流、拜师,真是专业的、智慧明哲的班主任。我向来只局限于日常管理中积累的经验和认识,在教科研方面一直不重视、不在行,只是最近几年才有些认识和参与,但明显缺乏紧迫感。在此以个人成长大事记年鉴的形式,尽可能罗列这三年的成长轨迹,为回顾个人经历,为感恩组织培养,为鞭策专业发展,勇敢晒近三年的自己。

2005 年专业成长大事记

4月,报名参加龙港实验中学的公开选调;

6月,龙港实验中学教师拟选调公示,分数第一;

8月,第一次以新学校老师的身份参加杭州教师教育院新课改培训;

9月,聆听阶梯教育专家宋盛玲讲座,参加龙港镇委开展的保持共产党员先进性演讲比赛获二等奖,首次主题班会《学校就是我的家》得到大家一致好评;

10月，上龙港学区数学公开课《用字母表示数》，在建校庆典上代表教师宣誓；

12月，以龙港学区初中组第一名的身份参加县首批中小学班主任技能大赛获第一名，并被评为学校年度感动人物，同时七年级三班获"学区文明班级"称号。

2006年专业成长大事记

1月，在校刊《鹭吟集》第一期上发表家访随笔和演讲稿；

2月，获得龙港"学区先进工作者"称号；

3月，以龙港学区唯一推荐资格参加市第五期初中优秀班主任提高班培训，主题班会《感恩的心》受到龙港学区小学政教主任的好评；

4月，班级智客《志成阁》创建，从此拥有及时记录和反思的习惯。数学组全体同仁赴华东师大参加"聚焦课堂"培训活动，取得计算机培训合格证书，在学校《阶梯教育简讯》第一期上发表"阶梯教育三句半"以及形式创新文章等；

6月，年度教育教学考核优职，在校报第二期、教科研简讯上发表多篇文章；

9月，八年级三班获"县先进班级"称号，学生章海潮获市优秀学生；

11月，平生第一次受聘担任钱库二高校庆顾问，参加筹备会议；

12月，在与瓯海名师联谊活动中上《一次函数的应用复习》公开课，班级智客《志成阁》获县三等奖，与学生同台朗诵，第二次被评为学校年度感动人物。

2007年专业成长大事记

1月，参加省农村教师素质提升工程培训，作为阶梯教育研究室的成员到北京怀柔三中实地考察，并在学校《阶梯教育简讯》第二期上考察报告和教案；

2月，在学校的阶梯教育培训会上做题为《我心中久违的玫瑰花》发言；

3月，被推荐为苍南智客网第30期智客之星；

4月，在学校名师讲坛上做数学学习方法讲座；

6月，获县德育论文三等奖；

9月，在我校首次班主任工作交流会上做《我和志成班的孩子们》工作报告；

11月，获学校教师基本功大赛一等奖，参加县师生共写随笔和班主任座谈会；

12月，评上中学高级教师，获县教育故事征文二等奖，班级智客《志成阁》获县二等奖，并第三次被评为学校年度感动人物，党员年度考核为优秀。

五　盘点 2008 年

看着一本写满记事的台历即将完成它的历史使命，当我将它收进抽屉打算珍藏时，不禁有一股想重新一页一页翻过的冲动。总要求学生在回忆2008年的感想，对于自己的本命年呢，有想过吗？看着学生一篇篇潦草随意的应付式文章，不禁有许多遗憾和不满，可能是年龄阅历上的原因吧，学生对自己的思考总是很少。当我打算写下2008年感想时，剩下的只是模糊的记忆，以及自以为可值得骄傲的点滴。

记得，请已经在浙江大学读书的学生给已毕业的志成班学生面对面交流的情景，文章还发表在苍南教育网的教师文萃栏目上。记得，新学期的第一次阶梯研讨会，校长就专门研讨我的文章《论阶梯教育的十大关系》，称我是阶梯教育方面的专家。

记得，作为工会委员自己也参加一些参政议政的工作，包括教代会筹备等一些民主会议和工会活动。记得，为了沟通家校联系，请学生当老师的妈妈来班级做学习方法讲座和"听妈妈的话"亲情交流活动，至今还引以为傲。

记得，在初三学生百日动员大会上作为教师代表发言，"用我一百天，换我一百年"的响亮口号仿佛还回响在耳边。记得，把班级学业最优秀的十位学生带到苍南中学参观，组织他们与校友座谈，并且在操场上留下了奔跑的足迹。记得，在中考的最后日子里，给每位学生发了中考倒计时表，前面的文字是这样开始的："人的一生，关键的只在于几步，特别是当人年轻的时候。"记得，在中考的最后日子里，亲自撕下教室里贴满的所有奖状，然后告诉学生：让我们忘记过去，一切重新开始，一切从零开始！

记得，当得知章海潮同学被温州中学提前录取时，我新买了一辆电动车，总是觉得它的价格很便宜，还价显得太小气。海潮当晚的感恩演讲"十年寒窗勤苦读，一朝成名人皆知"至今难以忘记。记得，在首届学生毕业典礼上，作为教师代表发言，与学生在告别中互相珍惜，和学生一起高唱校歌一曲。

三年没日没夜的努力啊，终于迎来了学生升学的满堂欢喜，全班近40位学生考上自己理想的学校，考上重点高中的人数名列全校第一。记得，在炎热的假期，我拿到驾照和新房的首付收据，通过打拼和努力，离现代都市人又接近了一步。

期待中的相逢哪，志远班的孩子们与我命中相遇！第一次大扫除就是我全家和班长郭翔在努力。在第一次见面会上，家长就说："这个老师真的了不起！"忘不了，教师节作为县首批名班主任登台领奖，那雄壮的颁奖乐曲就是对我的激励。忘不了和学生一起的朝朝夕夕，跑步、吃饭、睡觉、学习。又怎能忘记，我们刻苦训练得到的广播体操比赛第一。《挑战三五班》成为我们共同前进的动力，阶梯教育又让我们不断地为一个成功走向另一个更大的成功而努力！

难忘学区班主任论坛又让我有了一次提高和学习的机遇，很多小学老师都对我们学校寄予厚意。永嘉四中等外地老师的听课，很好地展示了我们的功底，从此，志远班声名鹊起！一定不会忘记，我们第一次的温州之旅，大学城科技馆留下我们的记忆，那时我们的梦想在升起。又怎能忘记，精心准备的家长会让家长朋友们了解我们真正的教育，使他们在忙碌中看到孩子们成长的欣喜，我们还拥有了我们崭新的小媒体。更难忘记，自己身体力行，仅一个学期就走遍了每个学生的家里，足迹遍布了苍南大地，把爱洒向学生们心里，从此师生之间内心不会有距离。学生们的成绩也填满我的记忆，从未有这样的一个班级，竟然把年段的前十名占了一半多，这样的成绩既过瘾又解气，简直就是没道理！

又怎能忘记，在雪花纷飞的东北师范大学学习，名师间的交流带来阵阵暖意。杭州安吉路实验学校的学习之旅，也在收获中珍藏记忆，一直在寻找一个更优秀的自己。在教育局的年度务虚会议上留下我的建议，连局长都夸我说得有道理。

元旦文艺节目上，我斗胆登台献艺，虽然不能与陈曳同学的家长朱老师专业的演绎相比，但家长、老师同台参与这本身就很了不起。还有值得一提，班级智客在假期获得市一等奖后，现又获县第四届智客评比一等奖，精彩的颁奖典礼还在持续。明天，2008年的最后一天，我将以县名班主任的身份到宜山一中讲2008年班级工作中的点点滴滴。还有，还有，还有许多想得起、想不起，值得和不值得的记忆，都已融在我的生命和岁月里。

拿出新的一本台历，我又遇到一个新的问题：在空白的台历上，我又将留下怎样的记忆？我又将走过怎样的足迹？我的2009年，我拿什么迎接你？此时，有个声音在响起："不管我头顶是怎样的风雨，我将用我的努力来创造我的记忆！"

六　盘点 2009 年

昨晚，又度过了一年一度的学校元旦文艺汇演，歌声、笑声、掌声还在耳边萦绕，鲜花、彩旗、灯光还在眼前闪耀。仿佛昨天还是2008年的元旦，怎么不知不觉又过去了一年。今天是2009年的最后一天，此时此刻的我，依旧面对整本写满密密麻麻小字的台历记事本，想着已经永远不再回来的一年，不知所措地翻着过去的一页页，思绪也渐渐被逝去的足迹——填平。

真是这样，一切回忆即将变成美好。回望过去的一年，难忘的细节依然清晰。难忘那第四届智客颁奖典礼，我终于实现了获县一等奖的凤愿，我的颁奖侧记文章也被列入精品推荐行列，我也斗胆在全县那么大的场合，那么多高手的聚会上，秀一秀《北国之春》的歌曲。难忘寒假时，学生们写《给项老师的一封信》，那表扬，那建议，那爱心，甚至是批评都在情在理，值得珍惜。说起爱心，少不了我们的家长慷慨奉献。薛刚家长定制了班级感动人物奖杯，王野、陈俊绮家长为班级捐赠图书，陈曳家长赞助妇女节召开的"听妈妈的话"主题班会鲜花，王野家长还专门设计我们志远班笔记本，这凝聚着家长的无限关爱。主题班会《凡事要感恩》得到郑奇家长的大力赞助，吴镇家长为我们买了新的饮水机，周甲豪家长为学校捐献价值上万元的大榕树，"爱让我们在一起"亲情家长会、"告别六一"联欢晚会以及元旦文艺汇演得到许多家长大力支持。尤其是陈曳家长朱老师，每次活动总少不了她热心的参与、精心的指导、倾心的相助。学生们也纷纷捐献自己的小饰物放书架上面，爱心无时无刻不在彼此的心中涌动。

回望今年，依稀还看得见一些学术交流的身影。受宜山一中陈校长的多次诚恳邀请，做了一次有关感恩和细节教育的班主任讲座，把龙港实验中学的良好精神带到了宜山。参加县名师林植树座谈活动，把县名班主任的名字写进了树林。获学校全员赛课一等奖，参加校首届班主任论坛发言，参加县教育科学和谐发展座谈会，获市师德演讲比赛二等奖，参加市博客大会获市一等奖，县教师节征文比赛一等奖，文章入编《我的教育我的故事》一书，去金乡当评委等，无不感受到好学上进和积极打拼的意志，从不懈怠自己，也从不浪费有限的生命。

提起工作，对于我自己来说，真可以算得上是一个全身心投入的教育人，一个不知疲倦歇息的班主任。让学生写《给卫生部的一封信》《男女同桌真是好》，开展给某某同学写信活动，就某个思想问题专门进行讨论，每周布置班会作业提高学生的认识水平。培养学生的自治能力，全员担任班干部，由学生排位置，开展组长负责竞赛制。注意学生学习方法交流和榜样激励教育作用，分别召开吕慧林、周翔、金小微、龙高学姐等系列报告会。沟通家校关系，坚持写家校联系单，成功举办首届家长论坛，召开"走进学科"系列主题班会，举行被校长称为"前无古人、后很难有来者"的"告别六一"大型联欢晚会，好评如潮的"爱让我们在一起"亲情沟通家长会，开学初的关键词活动，特殊的颁奖仪式等。"学会道歉"活动让孩子们懂得许多道理，集体的生日祝贺让校园生活充满温馨，男女生十大优缺点的评选使孩子们重新认识自己的言行，逐一在同学面前展示夏令营情商测评使我们更有自信。每周十人谈心的承诺，分批多次的座谈会，以及师徒结对活动，"入室即静，落座即学"的要求落实，励志故事的动情演讲，别具一格的体育节入场式，节约主题班会的十佳标兵评比，男女生互助活动的开展，无不凝聚着对学生的极端负责和无限关爱。对教育，我无怨无悔；对学生，我问心无愧；对家长，我尽责到位；对领导，我从容面对。

说起学生的成就，也是喜报连连。学生感恩诗歌朗诵获一等奖，班级乐队成功组建，令人骄傲的情商夏令营活动进展顺利，集体跳绳刷新全校最高纪录，刚刚闭幕颁奖的体育科技节也获得预想中的冠军。成功实施的阶梯教育，令人妒忌的学业成绩，慕名而来的远方嘉宾，以及学生们一张张日渐长大而成熟的脸，知名度不断见长的志远班班名，无不见证着岁月留下的痕迹和烙印。回忆起生活，有车的日子当然兴奋而幸福，从此带来上班的方便，避免许多风雨之苦。

比起2008年的匆忙和庆幸，2009年我多了一份从容和淡定，当然还有一些遗憾和痛心，班级里还有许多孩子让我操心，我不知该怎样迎接我的2010

年。昨晚，我们班级的元旦节目诗歌朗诵《献给父母的诗》和歌曲联唱《让爱发光》已经圆满结束，老师们给予了很高的点评。

七 盘点 2010 年

看到了学生们认真地准备元旦节目，听到了有关年度盘点的消息，拿到了一份 2011 年的崭新台历，才豁然明白，2010 年真的要离我们远去了。怀着这种复杂的心情，逐页翻着略微发黄的旧台历，重新寻找每一个密密麻麻的字迹中值得回味的点滴，逝去的 365 天在回忆中逐渐清晰。

2010 年 1 月，我有幸加入温州市赖联群名班主任工作室并担任班长职务，开始了我个人专业成长的二次规划，第一次出台了个人三年发展规划，第一次写出了班级文化建设方面的课题研究方案，成了市名班主任网站、名师网的热心参与者，并整理出长达 100 页的年度研修材料，阅读了十几本班主任专业著作，特别是如饥似渴地全文拜读赖老师所有教育随笔，写出了 2 万多字的读后感，并且全程参与了工作室所有联谊活动，足迹遍及温州各地。作为县名班主任工作室的导师，参加龙港高中的成立仪式和心理健康课研讨活动，到县实验二小听有关班级文化建设的论坛。

值得一提的是，我抓住机遇，积极报名参加市第三届名班主任考核评比，历经资格审核、主题说课、综合评价等层层选拔，过五关、斩六将，最后从报名的 60 多位对象中脱颖而出成为最终的幸运者，成功登上了我个人专业发展的一个新高峰。接着就是一系列挡不住的表彰活动，教师节在市人民大会堂接受市长的接见和表彰，市县教育网、县电视台、温州日报、《温州教育》等都专文刊登文章介绍我的事迹，市教育展览馆也征集材料。我一鼓作气，参加心理健康培训并取得 C 级证书，参加市师德楷模评比和心理健康提高班、市名班主任研修班、县专家评审委员会报名，在校第二届班主任论坛发言、暑假师德讲座，特别是暑假主动连续四天听县班主任全员培训活动并且给全国优秀班主任万玮老师写了一封信，受到《温州日报》特别报道。我主动参与县心理健康研修班在苍南中学、赤溪小学的研修活动，也得到县教研网专题宣传报道和教科所林老师的大力表扬。同时班级网站再次获市博客评比二等奖、县首届图文评比一等奖，还荣幸地成为苍南教育视点网刊第七期推荐人物。

在班级德育工作方面，志远班获县文明班级，校第五届体育科技节总分冠军，班容班貌评比再次荣获一等奖。县初二数学竞赛陈皓、陈曳、孙小荷分别获二、三等奖，吴婷婷等7人获学校奖学金，上学期班级考核总分第一名，陈星童、陈曳同学获市县优秀学生，县科学竞赛先后有陈皓等十人次获奖，班级篮球队获段亚军，县艺术节吴镇等五人次获奖。班级整体风气很好，特别是就餐的秩序受到学校多次表扬，学生有秩序、有素质，能为他人着想。在学校首届田径运动会上取得总分第二名的骄人成绩，班级乐队的表演也独领风骚，颇受好评。六一儿童节，到龙港聋哑学校联谊慰问；暑假，组团参加世博会夏令营。

在班集体建设方面，除继承一些优良传统外，也有一些新创意：班情问卷调查、班级文化测试、班级之最评比、学生生日祝贺活动、同桌座谈会、分批谈心会、个别谈话、分部工作会、班级系列辩论赛、苍南中学校友联谊活动、亲子家长会、男生家长会、每周批阅寝室长手册、班级曝光台等。积极协助体育训练，体育课经常去看看，并且查找中考录取分数线、体育评分标准等预先告知学生。组织全班义务劳动，团员志愿者活动。开展"阳光男孩"教育活动《为什么坏学生都当了老板？》《男孩危机》《拯救男生》、歌曲《不要认为自己没有用》等，讲哲理小故事，宿舍宣言仪式，邀请班级尖子生上台介绍《尖子生的十大特征》，重视卫生和仪表检查工作，开展诗歌《坚持》背诵比赛，预防火灾、踩踏逃生教育，任课老师会议等。重视学生的自我教育，充分相信学生，虚心听取学生呼声和建议，让学生排位置自我管理，自主进行阶梯评定，民主推荐重大场合的发言学生。开展学法指导，重视学风建设，通过成绩分析、家长交流、时常对照，及时发现问题并加以解决，学生的总体学业成绩在年段也是遥遥领先、令人瞩目。成绩的背后也伴随着一些不可避免的问题，初三总有些遗憾和意外。有一小部分学生自暴自弃、顽固不化、言行野蛮、崇尚暴力，素质之低下令人发指。发生抄作业，对生活老师不尊重，早锻炼不积极等多起事件，集队队形有些松散，晚自习或自学课纪律还存在一定问题，部分学生有带手机、看电子书等现象且屡教不改，卫生值日工作有所放松，仪表仪容不太注重，宿舍管理有待加强等。但这些比起主流的整体风气，还是前进中的正常问题，随着学生的不断进步和感悟，相信一定会得到改善和提高。

在教学方面，为了提升自身业务水平，我每天坚持大量做题目，整天埋头中考题海之中，甚至有时虚心向学生请教。针对学生的练习力争做到先做精选、全批全改、当面订正。对教学进度抓紧抓实，从不随意浪费学生的功课和学习时间，也专门抽出一些时间对数学薄弱的学生给予特别关注，尤其是课堂上对他们给予一定的倾斜和关爱。作为一个并不十分专业的数学老师，还是显示出自身修养的不足，虽全力弥补，但终有缺憾。

在其他方面，认真完成每月的德育、教学考核，认真履行一个共产党员的职责，注意作为老师的一言一行，经常随手捡起地上的纸屑，看到教室或宿舍不太卫生之处，能及时提出教育或亲自动手加以解决。我还兼任一些工会、教代会、年段会等临时工作，或主持或发言，总是尽心尽力、出色完成。同时，还婉言拒绝了许多老同学邀请我去做讲座和县名班主任工作室的接手工作，一是觉得自己能力不够，二是唯恐精力不济，最主要还是担心影响学生。因为我属于学生，我的职责是教育培养学生，为他们提供尽可能好的服务。

在生活方面，三月份接妻子的台湾人爷爷回家探亲，几乎是全程陪同访问，也算是为祖国统一大业，为尊老爱老做些实实在在的事情。此外，完成了新房子装修，已故父母亲的旧坟修建，了却家里人的心愿。遗憾的是对"再忙也要投稿"的承诺没有做到，对教科研工作有畏难情绪，不积极主动，没有想方设法，原本打算整理文章出书的工作也是半途而废，只能把期待放在来年。

温州市首届市名班主任培训班将在 2011 年元月举行，在这个高手云集的班级里，也许我就是后进生，但我会竭尽全力，去迎接我专业成长生命中的第二个春天，我的二次发展也将在这里起步。感谢与我共同度过 2010 年的孩子们，感谢给我帮助关怀的所有亲人、朋友和师长，2011 年即将迎来我 40 岁的生日，也是我搬到龙港做真正龙港人的日子，同时还是我的志远班孩子们辛辛苦苦三年通过中考踏上新学校的转折时刻。

八　盘点 2011 年

这几年养成一个习惯，在辞旧迎新之际，总要来个年度盘点。今年是我从"三十而立"步入"四十不惑"的第一年，很多人生感悟掺杂其中。前天，县委组织部派人来考察我的市人大代表候选人初步人选资格，要求我写最近五年主要业绩的述职报告，我便有梳理一下这一年情况的想法。旧的一年即将永远离我们而去，面对即将到来的2012年，又不得不面对一个问题：如何整理过去，迎接未来？

2011年，我最深刻的体会是：在一个新的高度努力耕耘。好多领域都是初次涉及，面对的人群，挑战的事项，参与的活动，都是我之前未曾有过的。因为有了市名班主任工作室联谊会的舞台，有了市名班主任的头衔，有了市班主任论坛的机遇，有了市名班主任研修班的推动，我在学术交流上显示出前所未有的活跃，所取得的成绩和反响，也是我始料未及的，让我无比陶醉，同时也深感不安。

4月，为泰顺中小学班主任以及市名班主任工作室学员做讲座《做一名播撒阳光的使者》；5月，《让教育因细节更加美丽》入编《教育创新研究》一书，同时为永嘉初中班主任培训讲座《例谈我的带班策略》；6月，被聘为苍南县中小学教师专业发展培训的指导委员会委员；7月，参加教育部"知行中国"初中班主任骨干培训，担任苍南团队100位学员的特聘导师；8月，由市教育局主办的温州市第二届中小学班主任工作论坛在温州中学报告厅举行，来自各县（市、区）的教育分管局长、市直属学校校长及全市班主任代表等相关人员900多人参加，我以《用智慧为学生的心灵点灯》为题做经验介绍，用亲身经历讲述了在班级管理和学生工作方面的点点滴滴，现场掌声雷动、气氛活跃；暑假，作为学校阶梯教育先进研究者成为阶梯教育出书的副主编，负责前言、后记撰写以及教师、家长文章的收集、整理编辑工作。同时，赴永嘉实验中学、温州十二中、赤溪中学等多所学校讲座。9月10日，在苍南影城召开的庆祝全国第二十七个教师节大会上，我有幸应县教育局邀请带领全县近百名新教师宣誓。9月18日，受温州市教师教育院指派，到桐乡市实验学校、桐乡市求是实验中学、桐乡市三中、海宁初级实验中学等名校考察讲学，以风趣的讲座语言、先进的管理理念、深刻的哲理报告，获得了当地教师的一致好评。同时，获县2011年中小学德育论文评比一等奖，《温州教育》2011年第7—8期刊登《用智慧为学生的心灵点灯》；10月，在市教师教育院为温州初中班主任班级管理策略主题培训班做讲座，成为苍南县中小学教师专业发展培训和学科素养提升行动学科指导小组教育管理组成员；11月，应邀参加温州实验中学班主任沙龙活动并做讲座，这所名校向我抛来橄榄枝；

12月，在苍南县教师进修学校为教师心理素质提升班授课，还有幸成为市人大代表候选人初步人选接受上级考察。

这一年，好像当了一回"名人"和"专家"，经常接到一些讲学邀请和咨询电话。但我十分明白自己的底子和角色，还是应牢牢扎根基层一线，我不过是一个普通的班主任和数学老师，离开这个，我什么都不是。特别是我怎么都想不到担任两个班级的班主任后，我遭遇了前所未有的困难和挑战，承受不一般的压力和重担，好在都能平安度过，甚至略有成效。但总感觉工作忙乱无序，做不到点子上，效益十分担忧，不甚满意。

但愿我能尽快适应这两个班的班主任工作，但愿志向、志强班的学生更加懂事和上进，都能成为全段最优秀的班级，但愿我能继续保持难得的工作激情，持续不断地激发智慧，走进学生的心灵，缔造完美幸福的教育生活，为实现一辈子当好班主任的梦想而努力！2012年，我将继续在一个新的高度努力耕耘！

九　终生感动人物，我的追求
——给校长的一封自荐信

尊敬的郭校长：

您好！又到了我们学校很有特色的年度感动人物评选的时刻了。您说："只要在某些方面贡献大，或者有特别感动大家的地方，就是感动人物候选人。只要有五年被评为学校感动人物，就授予学校'终生感动人物'称号。"您的后半句话，对于已经连续四年当选学校年度感动人物的我来说，很是心动，特别希望能够"五连冠"，特别渴望能有幸成为终生感动人物，好多同事也是这样鼓励我的。终生感动人物，我的追求！我要自荐成为2009年度感动龙港实验中学人物，有以下十条理由。

1. 我是学校唯一一位连续四年的年度感动人物，并且始终以这个要求来激励自己，好学上进，积极打拼，从不懈怠自己，从不浪费有限生命。

2. 我有一颗公益心，有良好的公共卫生意识，积极响应卫生校园号召。在校园里，发现路过的地方有垃圾，就能像您一样马上去捡。学生大扫除，我也带头干，连路过的学生都说："这样的老师实在不容易！"办公室卫生清洁活动，我是主要力量，每次办公室卫生评比，总是得到好评。就算是学生的马桶脏了或者塞住了，我也主动去疏通，去清洗，从来不怕脏，不怕累，毫无怨言。

3. 我被公认特别有责任心，算得上是一个全身心投入的教育人，一个不知疲倦的班主任。不管是不是我的晚自习，我基本上都在学校坐班，把大部分时间给了学生。一日三餐，总是看到所有学生都打到饭菜后才放心。在教育工作上，总是虚心学习，不断创新。坚持每周写班级工作回顾，不断总结反思。每周布置班会作业，提高学生思想认识水平。培养学生的自治能力，全员担任班干部，由学生自己排位置，开展组长负责竞赛制。注意学习方法的交流和榜样的激励作用，召开优秀学生系列报告会。沟通家校关系，坚持写家校联系单，成功举办首届家长论坛，召开"走进学科"系列主题班会，举行被您称为"前无古人、后很难有来者"的"告别六一"大型联欢晚会，好评如潮的"爱让我们在一起"亲情沟通家长会等。每周把您的"校长寄语"化为学生的实际行动，"学会道歉"让学生懂得许多道理，集体生日祝贺让生活充满温馨，男女生十大优缺点评选让学生重新认识自己的言行，在全班展示夏令营情商测评使学生更有自信。每周十人谈心的承诺，分批多次的座谈会，以及师徒结对活动，"入室即静，落座即学"的落实，励志故事的动情演讲，别具一格的体育节入场式，节约主题班会的十佳标兵评比，男女生互助活动开展，无不凝聚着我对学生的极端负责和无限深情。

4. 受宜山一中的邀请，得到您的允许后，做了一次有关感恩和细节教育的班主任工作讲座，把龙港实验中学的精神带到了宜山。我参加县名师林植树座谈活动，把县名班主任的名字写进了碑林。此外，获学校全员赛课一等奖，参加校首届班主任论坛发言，参加县教育科学和谐发展座谈会与您商量提出寄宿制学校发展的瓶颈，代表县教育局参加市师德演讲比赛获二等奖，参加市博客大会获市一等奖，县教师节征文比赛一等奖，文章入编《我的教育我的故事》一书。我还为第一届第三次教代会的成功召开做了许多会务工作，工会陈主席安排我的工会工作，总是尽力去完成。

5. 学校组织管乐队其实难度相当大，但我尽自己的力量去支持发动并陪同学生一起训练，我班成为乐队的主要力量，为学校管乐队的成功组建做出贡献，也为乐队训练顺利开展提供一切方便，夏令营的情商测试活动情况也是一样。

6.学校接受市优秀家长学校验收，我积极提供了大量翔实的第一手档案材料，特别是家长论坛资料，得到评估组的好评。德育处布置的工作，我从未推脱。特别是为校园网改版献计献策，积极上传校园信息几十条，受到您在大会上的表扬。

7.为永嘉黄田中学老师开设阶梯教育公开课，为树立学校品牌，为推广阶梯教育做出努力。我们班级出色的文化建设、同学超群的能力水平和纯洁上进的精神面貌，赢得参观学习者的一致好评。

8.班级元旦节目全班朗诵诗歌《献给父母的诗》和联唱歌曲《让爱发光》，凝聚着我精心的设计和对校园文化活动的用心，老师们对此都有很高的点评。

9.在我的努力和动员下，我班的周甲豪同学家长周科全先生为学校捐献价值达上万元的大榕树，开了家长捐赠实物先河，也使我校的绿化面貌上了一个新水平。

10.我主动报名参加县第七期心理健康培训和市名班主任赖联群工作室，牺牲宝贵的周末休息时间，为的是成为新时期的合格园丁。

在实验中学这五年，我没少给您添麻烦，身上也还有许多缺点，对工作十分惭愧。此时此刻，我面对整本写满密密麻麻小字的记事本，回望走过的不会再回来的一年，思绪渐渐被奋斗的足迹一一填平，如果能在您的手下实现这一殊荣，将是我一生的荣幸。如果我能评上学校终生感动人物，我将为无愧于这个荣誉而终生奋斗；如果我未能评上学校终生感动人物，我也将为争取到这个荣誉而奋斗终生！

祝您身体健康，万事如意！

自荐人：项延唐

2010年1月25日

附：学校给我的历次感动人物颁奖词

走进学生心灵的人
——记我校2005年度感动人物项延唐老师

一个始终活跃在学生当中，善用机智幽默的语言和真诚的心曲拨弄学生心弦的人，他的形象也从此定格在了学生的脑海里。自从主动要求担任班主任工作以来，他每天早上和学生一起跑步，一日三餐和学生一起吃饭，早自习和学生一起读书，体育课和学生一起做操，音乐课和学生一起唱歌，平时和学生一起学习、交流、活动，甚至常常睡在学生寝室里，和学生形影不离，思学生所思，虑学生所虑。他曾自我调侃道："当我抽空回家时，连儿子都不认得我了。"

他致力于班级管理，对班主任工作更是极端负责，一丝不苟，他所带的班级在"让人们因我的存在而感到幸福"的班训指引下，连续获得学校黑板报、班容班貌、五项竞赛、广播体操、大合唱比赛等多个第一。他也两次被评为县师德标兵，在全县做过师德巡回报告，在苍南电视台代表教育系统的党员做过《我为党旗添光彩》的演讲……上学期参加县首届班主任技能大赛获得第一名，镇共产党保先演讲获中学组第一名，学区公开课、主题班会公开课深受好评。现在已是市优秀班主任提高班成员，拥有一定荣誉和成绩的他常常这样想：蝴蝶只有在飞舞的时候，才看到她真正的美丽；人只有在不断的奋斗中，才体现他真正的价值。

用激情书写人生
——记我校 2006 年度感动人物项延唐老师

项延唐，一位事业型的班主任，一位创新型的班主任。尽管要照顾早已年逾古稀且体弱多病的父母，但班级管理仍然有声有色，班主任工作富有创新意识，班级管理注重细节落实。从班级文化氛围的营造，到班级组织机构的设置以及别开生面的活动的开展，他让班集体始终洋溢着生机与活力。他致力于教学研究，对外主动承担学校安排的开课任务，多次公开课及家长会的设计匠心独具，反响极好。他把欢乐带给学生，把惊喜送给家长，把智慧留给学校，在教育教学上永不甘寂寞，以灵动的线条演绎趣味课堂，以满怀的激情抒写诗意人生。

在坚持中守望，在守望中坚持
——记我校 2007 年度感动人物项延唐老师

曾是我校 2005 年度、2006 年度感动人物的他，用他特有的执着和真诚，成就了连续三年获此殊荣的感动人物。连续三年，谈何容易！他在坚持中守望，在守望中坚持，内心执着地追求，付之坚定的努力，不断地实现新的奋斗目标。他除了继续保持勤奋工作、全心投入的优良作风外，凡事能从大局出发，全心全意为发展出谋划策，尽心尽力支持学校改革，实事求是反映老师呼声，积极主动参与学校的建设，热心周到帮助同事工作。他不计个人得失，以集体利益为重，不顾误会和委屈，吃苦在前，勇挑重担，淡泊名利。他克服了家中父母双亲病故的重大困难和评定高级的繁重压力，继续把班级总体实力提升到一个全新的高度，脱颖而出。他坚持每周有一到两个晚上住校管理，听评课十分积极，撰写了近5万字的教育教学随笔，他的班级智客《志成阁》和教育故事获县二等奖。他开的主题班会课和数学公开课，总能引起一些较好的反响，参加比赛总能为学校争取声誉。面对荣誉，他这样对自己说："我除了说些什么，更应该做些什么，坚持些什么，守望着什么。我要感谢领导的关怀，使我感受到事业的价值；我要感谢同事的帮助，他们是我亲密的战友和真诚的兄弟；我要感谢学生和家长，我的每一个足迹总少不了他们的理解和支持！"

用心工作如一，用爱负责到底
——记我校2008年度感动人物项延唐老师

他是全校唯一一位连续四年获此荣誉的人。在学校首届毕业生优异中考成绩里，有他的一份努力。他和学生形影不离，吃、住、学统统在一起。每天在汗水的疲惫中，时刻关注学生习惯的养成，从细节之处体现教育的真谛。吃饭排队管理，夜点检查纪律，课间一起做操，午间睡觉指导，中午写字训练，早上跟班锻炼，晚上宿舍睡遍。教师节作为县首批名班主任登台领奖，接受县电视台的采访，参加学区班主任论坛，向全县开班级工作讲座。精心准备的家长会让家长朋友们在忙碌中感受到孩子们成长带来的欣喜。仅一个学期，家访的足迹就遍及每个学生的家庭，把爱洒向学生们的心里。班级智客获得市一等奖后，现又获县第四届智客评比一等奖。班级网站总访问量近30万人次，登录次数已达3000多次，总评论数有2000多条，总留言数为100多条，文章近800篇近十万字，一年四万字的教育教学随笔。对学生无私的爱是他的动力，他从不放松自己，用心工作如一，用爱负责到底！

十 温州市名班主任评选记

我是一大早起来写这篇备忘录的,生怕落掉脑海中任何一个稍纵即逝的念头。昨天,兴奋得脑子里一片空白。也许,现在整理这样的文字有些为时过早,但不这样就无法平息和表达我此刻的心情。

2010年8月12日,温州市第三届名校长、名教师、名班主任的评比结果终于在温州教育网上公布了!我一连看了几次自己的名字,生怕会看错。在反复确定无误后,急忙叫上妻子共同分享这份喜悦,畅谈评比过程中的酸甜苦辣。

自从参加市名班主任评比以来,我就一直特别关注市县教育网上发布的相关信息,坚持每天至少浏览一次,生怕落掉任何一个与之有关的消息。特别是在成为考察对象后,由于是1∶1.2的残酷竞选比例,且此事众人皆关注,心理压力可想而知。担心自己会属于24位考察对象中被淘汰的4位,但又心存侥幸,相信是金子总是会被发现的。我还顶着另一个压力,原本我还参加市师德楷模评选,由于材料被校办无意中迟送了,遭到学区的拒绝,事先的"双保险"成为如今唯一的希望。

我迫不及待地将正式公布名单与前次考察对象名单进行对照,与我设想的比较一致,心中又不免为另外落选的4位老师感到可惜,他们毕竟也很不容易走到这一步。在考察对象中普高6位,职高1位,初中7位,小学10位,我当时预计普高和职高会比较安全,可能将从初中淘汰1位,小学淘汰3位,以保持不同年段的一种合适比例。我给自己唯一的安慰是,在初中组7位中能代表县市区的只有永嘉和苍南2位,而我们苍南又是教育人口大县,不会一个也不留吧,如今看来,领导在最后终审协调时是充分考虑了这些因素的。

回想自己的参评经过,说起来纯属偶然。我很早就看到有关评比文件,但感觉自己还是不自信,所以一拖再拖。就在截止日期最后一天,学区政工领导电话通知德育处周主任,要我马上组织申报材料送县教育局。送材料时,还得县名师办一路催促。据了解,本次申报的人不多,其中还有个别不符合条件需要退回的。与我同批被评上县名班主任又递交材料的只有我一个,也许他们已经领教这其中的威力了。县名师办看了我的材料后,说我可能是县推荐对象中最有优势的,我听后内心稍稍安定几分。后来参加几次会议,总听到领导抱怨说:"如今的市级名师评比,我县后备力量乏人,送交材料非常单薄。"我心中又不免暗暗担心。

漫长的资格审查等待后,终于迎来了说课考核,要从剩下的14位佼佼者中再淘汰一半。这比如今高考还要难许多,我极度没信心,想着抱着试试看的心理,仅当增加见识罢了。由于有了赖联群老师提供的《魅力班会课》的先前大量阅读积累,有了在平阳县当评委的现场感悟,有了心理健康培训的收获启发,尽管面临其他选手可以上网找资料,而我却只带两本书的不利条件,但最终还是很顺利地完成了说课答辩考核。从自我感觉上,从评委眼神里,从赖老师后来点评中,我看到了希望和可能。

又过了一段时间,县教育局人事科亲自通知校长,说市里要来考核我,我已经进入第三轮,苍南县初中就我一人通过考核进入最终决赛,实在难得,要我好好准备。一个风雨交加的日子,市局派朱校长(也是当时的评委之一)来主持考核工作,陪同的还有县局沈科长。考核程序类似于直属校长工作考核,进展非常顺利,从领导班子到同事都给了我很高的评价,我原本准备的十分钟发言由于内容过多也有些超时,但是大家听后都很受感动,坐我边上的几个年轻老师甚至还悄悄落泪,掌声特别热烈。校长向我打包票,说他已经深深说动了考核组,说像我这样的优秀人才确实难找,这又给了我许多安慰。

又是一段焦急的等待,我几乎每天都得回答热心同事们共同关注的这个问题,这种情况又幸福又煎熬。最后终于公布了考察对象——我成了"初中七君子"之一,注定还有一位将会被淘汰。尽管大家说,绝对不可能淘汰我,我还是在惶惶中度日。

如今市名班主任的评选虽还只是公示阶段,可能还有一些不可预知的变数,但我还是抑制不住内心的欣喜和激动。现在想来,在我身上发生的有些事情还真具有戏剧性:师德楷模用心评选,莫名遭拒回天无力;名班主任最后草就,喜讯频传一路顺风。也许,这就是所谓的"塞翁失马,焉知非福"吧。

不管事情最后结局如何,我要感谢的人和事很多。感谢赏识我的校长、学区县市教育局的领导,感谢素昧平生的评委辛勤劳动和公正履职,感谢市县名师工作室的指导帮助,感谢赖联群老师特别的鼓励支持,感谢全体同事的公正热心,感谢冒着大雨远道而来忙碌半天却怎么也不留下吃饭的市考核组,感谢县进修校及时举办心理健康培训班,感谢平阳县教育局给了我当班主任说课评委的机会，感谢金荣乐、林中训、郑林娟三位同事在个别座谈中对我的肯定和推介，感谢全体学生、家长给予我的支持，感谢市教育局政治处谢老师对我的接待和鼓励，感谢市二十一中这块福地给我带来的好运，感谢我的老师和历次任教学校对我的培养，感谢对我恩重如山已经逝去的父母，感谢所有我该感谢和我要感谢的人！

十一　您是我见过的最严格的老师

"好汉不提当年勇"，人到老时喜回忆，这是一个两难的问题。更何况，我既不是好汉，又暂时未接近老年，可就是喜欢回忆，尤其是见到过去的学生、同事、家长后。在昨天的学期结业典礼上，我又饶有兴致地和学生谈起了自己的过去。

前不久的农历十二月初九，全家人庆祝我和妻子的十二周年结婚纪念日，因为特别喜欢"永远的朋友，和睦的家庭"这一句广告词，把地点选在龙港区龙跃路"永和豆浆"店。此时，来了一个身高一米九的清秀帅气小伙子，一直盯着我们一家人看。过了许久，他前来试探性地问我："您是项老师吧？"我竟然一时想不起他是谁，他自我介绍是我的学生吕某后，脑子里就马上想起他初中时代可爱淘气、倔强个性的样子。真是很激动，没想到时隔这么多年，居然会在此时此刻此地相聚。初中时代确实在他身上发生了太多的故事，不方便一一提起。他告诉我，考上钱库高级中学后，高考时参加高复一年，现在在澳大利亚留学，即将学成归国创业。他动情地说，以前太幼稚和不懂事了，不能很好地处理与同学的关系，老师、家长的话不是很听得进去，现在一切全明白了。"老师，您是我见过的最严格的老师，我真的要好好感谢您，您教给我的好多东西对我一生都有用！"我慌忙解释说："那时老师年轻，可能太严格了，还请你谅解！"简短的交谈结束后我们告别，但一句"老师，您是我见过的最严格的老师！"一直萦绕在我的脑海里。

就在上个周末，在钱库金处村"健康人生"理发店，我巧遇到项桥乡桐桥村颜某同学妈妈。十几年未见面，她依然还能叫出我名字来。她告诉我，现在儿子很好，在杭州每月工资1万多元，还娶了杭州妻子，生了孩子刚一岁，买了杭州房子足足一年。听到学生成家立业，幸福生活，我这依然蜗居乡下的老师无比激动和开心，歌曲《只要你过得比我好》歌词代表了所有老师的心声。之后，我们又讲起当初项桥中学的情况，大多数家长都说我是好老师，他们表示，如果不是我，他们的孩子可能真的没有这么好的成才机会。我也动情回忆起当初的做法，农村的孩子要想在读书上有些作为和出息，能与城里的孩子竞争，必须付出多倍的努力。想起那时自己生活很拮据，却能花钱统一给学生租房子，每天半夜巡视，艰难地去学生家里一一家访，坚持带学生做锻炼，统一吃早餐、营养餐，冬天大雪纷飞还为学生义务补课等，这些情形在我深情的回忆中全部被一股脑地宣泄出来，在场的理发师傅和老板也深有同感。

说来也巧，可能是大学生都放假回家，前天在龙港外滩偶遇高中时的一位女学生林某，她叫我时，我一下子愣住了。在她的身边站着一位威武帅气的小伙子，我除了祝福还能做些什么呢，同时也越来越感受到当老师的成就和幸福了。

昨天，在学期结束会议后回家的路上，搭我车的同事跟我讲起了一件令我骄傲的事情：她在出租车上，听一位原先在我班级的学生家长讲，他孩子原先如何习惯不好，后来在我的影响和教育下，考上龙港高中，现在表现优秀。我自豪地说："夸我的家长真不少，毕业之后说我们好的家长才是真的好，但是骂我的学生和家长肯定也不少，我就是这么一个有争议的人！"同事鼓励我说："那只是人家看问题的角度不一样而已，你做事情的执着是大家公认的！"

写下这篇随笔，绝不是为了炫耀和宣传自己，我觉得我们应该珍惜每个人对我们的回馈和评价，以及我们生命中值得回忆的每一个精彩瞬间。就在昨天的全体教师大会上，校长宣布我成为全校第一个"终生感动人物"。是以记之，作为"感动自己"的理由和不能磨灭的记忆。

十二 首次外校讲座记

之前常有同事开玩笑说："延唐，看你班主任工作干得不错，又有很好的表达能力，这样会说、会想、会写、会讲的老师很难得。以后你如果成名了，一定会到处讲座，记得叫我给你开车、提包啊！"大家都知道是开玩笑，所以就打哈哈一笑而过。虽然我参加过县师德大型巡回报告、县市各类的演讲比赛、电视台采访、县内交流会、外校专题点评、学校专题发言和介绍经验，以及学区班主任论坛和县名班主任讲座，也获得了较好的口碑，但像教授专家一样到处外出做报告，还是想都没敢想的事情。

就在前几天，学校有位领导很认真地跟我说，宜山一中陈校长想请我去他学校讲座。我连说："不敢，还没到那个水平，我在那里刚讲过，是教育局的安排没办法，你一定帮我推辞！"第二天，他还是要求，我还是推辞。我是怕出差错，怕出洋相，砸自己牌子事小，坏学校名声和介绍人威信事情可就大了。可真是没想到，后来陈校长亲自给我打电话，想诚挚邀请我去他们学校做学术交流。我诉说我的担忧和心虚，他鼓励我说："我们学校很多老师很佩服你，我对你也早有耳闻，经常听到你的名字，请你一定要答应。"我思考再三，出于对关心爱护我的领导的尊重，便小心翼翼地向本校郭校长请示，没想到他一口答应，很开心，很支持。连说："这是好事，你只要安排好手头的工作就可以了！"第二天，他还鼓励我说："你一定能讲得好，凭你没有任何问题！"

经过两天两夜的精心准备，我整理了历次比较满意的文章，经过大胆取舍删留，分出几个版块，凑足11000多字的长篇大论，并取了个比较煽情的题目《用心工作如一，用爱负责到底》，估计可以讲1小时左右。我也不敢大声宣扬，交代完班级事情和功课后，怕路上耽误时间，也因为第一次做讲座心怀紧张期待，就悄悄地提前出发了。

2009年2月20日下午2点半，我来到了宜山一中北校区（寄宿部），这个对我而言具有历史意义的目的地。一到校门口，就看到这样一则让我心惊肉跳的显眼的通知：下午周前会议全体教师集中听讲座，请带好笔记本并参加考勤。以前我看到过很多这样的通知，但从来没有一次体会到，这则通知与我的关系如此密切，浑身不由得紧张和不安起来，终于懂得什么叫"硬着头皮"。这时，约定的开始时间还没到，也不敢提前打乱陈校长的工作计划，因为我毕竟不是什么"大腕""专家"。于是，就认真地看起宣传栏上有关校庆的内容，不由得被这所有着辉煌历史和骄人成绩的老牌学校所吸引。

一直到下午3点，我拨通了陈校长的电话，他在二楼校长室迎接我，亲自为我端茶倒水，并且已经吩咐手下准备电脑等，我说："我还是就这样讲吧，如果像正儿八经的上课一样，好像还不太习惯。陈校长，您给我出了难题，很可能会令大家失望。"陈校长连说不会，向我讲起了他的想法，就是想通过请附近一些有名望的老师，促使大家更好地交流和创新，为大家打开一扇窗，看看外面的世界，做个可持续发展的老师。他说他最近在做培训教师电脑、书法、业务等方面的工作，从各方面提高老师的技能。我称赞他是一位学者型的好校长，非常认同他的观点，因为教师长久在一个地方从事同一项工作，会很容易有职业倦怠和满足感，安于现状，经验至上。只是，我今天是向大家学习来的，因为这里是历史悠久的名校，藏龙卧虎，高手云集。我很好奇地问陈校长是怎么知道我的，他说是通过多种渠道了解的，我们都是寄宿学校有许多地方很相通，并介绍了学校的一些相关情况，说对我讲座的针对性可能有好处。我向他介绍了我的发言思路，基本上是自己的成长经历，细节教育案例，感恩教育做法，开学至今的工作等。陈校长很客气地询问我："该如何介绍你的头衔？"我说："不需要什么头衔，我也没什么头衔。"后来，陈校长还收藏了我的网站，并和我一起到了会议室。路上遇到了我的老同事戴老师和市优秀班主任培训班的同学韩老师，互相打个招呼，做了简短交流。

下午3点40分，老师们陆续到场，宽大的会议室基本坐满，大概有七八十位的样子，个个学者风度，我倒像"刘姥姥进大观园"似的，找不到方向。陈校长亲自主持，介绍时说，难得请到什么高级教师，县名班主任等。其实，我也多次听过这样为别人的主持和介绍，今天讲的是我，感觉有些吃惊、异样和幸福。刚开始，我心里也直打鼓，因为可能有些老师不是很在意，根本不会把我放眼里，毕竟两地的老师对龙港、宜山都很了解，还不知是谁指导谁呢。但随着内容的深入和时间的推移，我感觉大家还是比较专注的，甚至还有与我表情的交流，不时还有一些会心的回应和自发的掌声。特别是我在讲座中唱《亲爱的爸爸妈妈》，居然让前排一位女老师流泪。后来，我也越来越放得开，居然有时能离开讲稿即兴发挥，但由于时间的限制，后面的内容显得有些急促。除了偶尔中间有听觉疲劳以及有个别教师做私下交流外，整体秩序我是非常满意的。老师们给了我这位外来人员足够的面子和尊重，也体现了宜山一中老师良好的素质和涵养。

下午4点30分，我讲完了准备好的愿意诉说和不太愿意诉说的所有内容，报告会结束。陈校长亲自做了总结，特别提出了我讲座中最为深刻的一句话"只要用心，就有创新"。校办主任和校长都先后亲自送我到校门口，校办主任还和我探讨了演讲心得，他认同我的讲话内容，并要了我的讲话稿。陈校长也表示深受感动，说以后还有机会进行更多的交流，嘱咐我路上注意安全。我表示终于完成任务了，感谢陈校长和宜山一中给了我学习和锻炼的机会。在回程路上，有老师骑车经过我旁边，还特地停下来与我交流家长工作心得，我表示：如果赢得家长的心，就能赢得教育学生的合力。还有一些老师不断地与我点头打招呼，特别是老同事戴老师还邀请我吃饭，我因要回家庆祝妻子生日而婉言拒绝。

我用我人生的第一次所谓的个人讲座，作为献给妻子的生日礼物。

十三　读《给项老师的一封信》之后

距离产生灵感。和学生朝夕相处的我，自以为追求教育机遇的我，自以为对教育尽心尽职的我，很少有这么好的空间和时间来思考自己，特别是与学生的关系问题。我在寒假布置这样的班会作业，要求学生给我写封信，说说对我的看法和心里话，也给我写一段评语。一是为了了解一学期来到底给学生留下怎样的印象，从而更好了解自己；二是为了更好了解学生，知道学生内心真实的想法。据说，曾经有位知名班主任就是给每届毕业生布置这样的作业，作为赠给老师的礼物。

趁难得的放假在家时间，一口气认真阅读了学生真挚的《给项老师的一封信》。我是怀着感激，带着惭愧读完这几十篇文章的。时而激动，时而脸红，时而反复阅读文本，时而又陷入深深思考。我深深地佩服学生尖锐的视角，欣赏学生辩证的观点，感谢学生热情的鼓励，珍惜学生真诚的提醒。所谓幽默、负责、尽力，好像真有那么一点。做到这些并不难，因为这是多年以来，甚至是父母亲遗传给我的习惯。但同时，我讲话有时不注意场合，不注意对象，没有控制好不良情绪，只是纯粹地本着对学生的关爱，无意中伤害学生的心灵，真是非常抱歉！随着年龄的增长，我在不断改进，给了自己无数个不生气的理由，无数次地想改，确实非常困难。这也是多年的习惯，改了一段时间后，有时感觉反而不像自己。因为如果学生发现你已经没了脾气，情况或许会比想象要差许多。对比以前，我已经有了很大进步。至于平时的表情，是长相给人的"误会"，天生就是一副脸拉下来的样子，一直装笑显亲切，对我来说确实有困难。在网络环境下成长的学生，他们比较难以理解适当的惩罚，有时甚至难以区分骂和批评，更不用说其他了。与其说是我们教育学生，还不如说是学生在教育我们，这也许就是"教学相长"吧！以学生现在的年龄，能提出商量式的中肯意见，我是一定要虚心接受和反思的。但愿我能在如此优秀的学生教育下，改掉不足，不断进步！

下面是部分学生的内容摘要。

"我一想到你的表扬就会偷偷地笑，笑得灿烂，充满成就感，相当的舒服。"

"开学典礼的讲话，您让我们开怀大笑。你也要一点小幽默，令我们在课堂上对数学产生兴趣，您的教学方式很独特，会在那些枯燥的公式、符号上添上自己的风趣，令我们更容易记住。"

"上数学课时，您仿佛把我带进数学王国，领悟数学的乐趣。生活上，您对我们无微不至，说话一说就说到同学们的心头，有缺点让我们改正，有优点要我们再接再厉。在宿舍里，你陪我们度过一个又一个夜晚，在不被人了解的寂寞里，您为我们盖被子，关窗户，您对我们的好，永久难忘！"

"您是一个细心的人，无论什么事情，都早已经想到了，为我们跑上跑下，十分辛苦。从您口中蹦出的每一句话，甚至每一个字，都能逗得我们哈哈大笑，同时又十分有哲理，让我们在笑声中学会道理，感谢您给我们的生活创造了许多乐趣。"

"刚接触各种新面孔时，印象极深的就是项老师了。第一次，我看见老师会夸张地挥舞着双手和同学们唱军歌。第一次，我听见老师在课堂上的讲课可以眉飞色舞，搞笑幽默。我们的班会课独一无二，我们的队形独树一帜，我们的老师与众不同。"

"您常说外表再好，也比不过内心的知识。您外表是'不太好看'，有两个明显特点：皮肤黑了点，身材短了点。但您内心的知识和才华都足以把这些缺点变成特色，让人过目难忘。"

"只有您不厌其烦地教导我，从那小小的鞋带到深夜里为我们盖被子，让我们十分感动，家长赞不绝口。美中不足的是，你有时面无表情，有时笑不合嘴，让我们猜不透您的心。"

"不知不觉中，我与同学们喜欢上了同一个老师——项老师。您为人耿直，不辞辛苦，热爱班级。您不仅是优秀的班主任，而且是一个良好的生活老师，关心我们的饮食、健康，您与我们一起流汗流泪，走过风风雨雨。"

"您的一些'名人名言'在民间广为流传，数学课不仅能体现数学的趣味，还能展现文字的魅力。主题班会精心策划，难以忘怀。用餐时，您总是看着我们吃得差不多了，才慢慢离开。操场上，时常能看到您和我们一起做操的身影。"

十四　享受教育的幸福

当教师这么多年，算是比较幸运的那一类。几乎每年都被评为先进教师，每个教师节都有进步，每年都能收获上级颁发的荣誉。

之所以记得1992年的教师节，是因为钱库学区1000多名教师在电影院隆重集会，镇委书记、镇长等领导亲自到会讲话并颁奖，我有幸作为教师代表发言，那是我第一次教育宣言。这一年，我被评上了县先进工作者，第一次去首都北京，第一次坐上梦寐以求的飞机，第一次看到了天安门，实现了当时想都不敢想的心愿。当时的我内心确实温暖，总感觉始终在党和政府的关怀之中，人民没有忘记我这位平凡而又普通的教师。

我出生于一个偏僻的小山村，母亲身患残疾，父亲年事已高。初中毕业时，我以全乡第一名的好成绩考取中师。我非常珍惜在乐清师范学校深造的机会，当时年年都是奖学金获得者，多项基本功测试和实习成绩均是优。为了减轻家里的经济负担，我常常把省下的助学金带回家，有时还偷偷地将学校发的电影票卖掉以补贴自己的生活费。中师三年只穿过两双袜子，袜子上布满补丁，常常洗了还来不及干就得穿上。

毕业时，我有一个非常好的机会可以到刚创办的钱库二小任教，因为钱库二小的校长看过我的档案后，曾点名要我。但我毅然决定到条件十分简陋的项桥小学，当时有许多好心人劝我别这么"傻"。但我觉得应该为农村教育事业贡献我的青春，因为这里需要我，尤其是同我有过一样经历的孩子更需要我。

当时的办公条件极其艰苦：办公桌由两张老式的长书桌用草绳绑成，地上由于坑坑洼洼还得在桌脚垫上小石块，办公椅是宽度只有五六厘米的长椅子。十几平方米的空间里空气沉闷潮湿，由于光线太暗只能连白天也得点上小白炽灯，而那灯还不听话地"忽闪"着，活老鼠、死老鼠肆意横行。就是在这样艰苦的环境中，由于我诚恳为人，认真工作，凭着一颗献身教育、忠诚事业的炽热之心，在学校时时事事带头干，从不计较个人得失，受到大家的认可。校长委我重任，让我教毕业班，当教研组长。而我也不负众望。我的班级每学期语文全乡统考都是第一名，我开的几次乡级公开课，听课老师评价很高，称我是"项桥小学一盏正在亮起的明灯"，我也慢慢成为小地方的"新闻人物"。

当时每月400多元的工资，还得照顾年老的父母，我的生活过得十分清苦。从没买过一双价值百元以上的皮鞋，每双旧皮鞋总是破得实在不能再穿时才买新的，学生时代的校服还常常穿在身上。虽然自己省吃俭用，但对学生慷慨异常，为学生付医药费是家常便饭。在流感高发季节，我把自己省下的钱给全班同学每人发一大包板蓝根冲剂，嘱咐学生预防感冒，小心着凉。我也记不清，自己有多少回亲自去学生家里探望、慰问、了解情况，被村民们戏称为"项桥的活地图"。

我把一个年轻人所有的热情和干劲都无私地奉献给了学生，我的爱生事迹也在老百姓中广泛流传。我的班级里有一位因曾患小儿麻痹症下肢瘫痪的学生，由于家长平日太忙常常很晚才来接他。看着他孤苦无助的目光，我毅然决然承担了送他回家的任务。有一个下雨天，由于路很滑，加上我的车技不过硬，竟然摔倒了，摔得我们满身是泥。学生哭了，我问学生："你是不是摔疼了？老师下次一定小心。"他说："不，我是恨，恨我自己为什么不能拉老师起来呢？"我紧紧地抱住这位身残志坚的好学生。后来在我的倡议并带头行动下，全校捐助爱心款为这位同学购买了一辆残疾代步车。我常常为学生义务补课忘了吃早餐，头冒冷汗。课间时，她们就偷偷地往我窗口塞粽子，并在纸条上写着："老师，请当面吃下，我们才走。"我手捧粽子，眼含热泪，觉得自己是世界上最幸福的人。晚上，我还要到各村去上农村妇女夜校扫盲班，并对这一批特殊的"大学生"关怀备至，常常因为送个别偏僻的学员回家，回来时常常是"披星戴月，孤影相随"。

为了更好地服务学生，我通过两年半艰苦的自学，拿到了大专毕业证书。这么快的速度，这么投入的自学，考出这么高的分数，自考办同志纷纷夸奖我，我也获得了"温州市优秀自考毕业生"的光荣称号。也就在这一年，有一位贤惠漂亮的女教师在校长、同事的撮合下，不顾家人反对，不嫌我家境贫寒和身材欠佳，毅然和我订婚，我初次尝到了事业、爱情双丰收的甜蜜。

回顾我的成长经历，从一位穷苦人家孩子，变成在社会上有一定影响力的人民教师，并得到上级领导如此肯定和嘉奖，我心底无限感激。我从未懈怠对自己的要求，从未忘记对教育的承诺，从未放松对教育的执着。全国优秀班主任魏书生老师说过："工作可以是精神寄托，是精神生活的需要，也可以是谋生的手段，是物质生活的需要。以前者的态度对待工作，工作能创造奇迹。"为了创造更多的奇迹，我会用心工作如一，用爱负责到底。

（此文编入苍南教育局教师节专辑"25年25人教育故事"）

十五　记第一次县级班主任讲座

在东北师范大学学习结束时，县教育局金理胜科长就与我们约定，下次在宜山再见时，要开展县"名师进校园"活动。对于这个约定，一直在将信将疑中期待，后来在忙碌中逐渐淡忘。半个月前，接到了老同学洪永胜老师的通知，说要开展县名班主任讲座，我就开始忐忑不安了。大概一个星期前，接到了副校长黄通领老师亲自打来的电话，叫我关注教育局网上通知，在县名班主任讲座上准备半个小时的班主任工作经验介绍。我很认真地问："半个小时太多了吧？好像没什么内容可以讲！"黄校长笑着鼓励我说："你应该说半个小时不够讲，要不怎么叫县首批名班主任呢？"在询问过有哪些听课对象后，感谢了领导的鼓励，剩下的就是更加的忐忑不安了。

在这期间，我有幸参加龙港学区首届班主任论坛，当时递交的是有关细节教育的心得，后来学区政工干部杨老师通知我，说发言的老师中没有人讲感恩教育，而他前次和小学政教主任一起听过我的感恩教育主题班会，印象深刻，建议我写这方面的文章。我马上答应，开始认真整理曾开展感恩教育的一些典型做法。没想到，这次在学区的演讲获得很好反响。取材于现场的感恩事例，又说又唱的演讲风格，把全场的气氛推向高潮。郭校长在手机里听了我的演讲，杨老师对我竖起了大拇指，学生科郑科长对我赞不绝口，很多小学老师向我表示敬意。

想到了在学区的这次演讲，我灵机一动，何不把这两次的演讲稿合为一次讲座的内容呢？于是，就有了本次演讲的开头："我也是'拿破仑的孙子'，刚才县名班主任矾山一中苏静老师讲过矮个子长才的故事，由于高度的问题，我打算站着讲完，因为这样我就可以有一定的高度看清各位的表情了，刚才县名班主任龙港一中陈晓微老师讲过与学生对话的位置问题。（大家笑）真的很荣幸，同时也很高兴，能够在2008年最后一天，在这岁末年初内心充满岁月沧桑感的今天，和苍南教育界这么年轻的未来的明星朋友们（全是2008年参加工作的新老师）以及宜山学区优秀的班主任代表们，还有十分尊敬的名师朋友们共同研讨和交流班主任工作。首先请允许我代表本人借此机会预祝各位领导、老师2009年身体健康、万事如意！（大家鼓掌）由于本人水平有限，很难就一个专题讲上半个小时，我的水平就是15分钟。（大家笑）我把我的发言内容分上下集两部分，上集是'让教育因为细节更加美丽'，讲怎么关注细节教育；下集是'让青春伴随感恩一起成长'，讲怎么开展感恩教育。中间插播广告，为大家唱一首《亲爱的爸爸妈妈》，献给在座未来的年轻爸爸妈妈和现任的爸爸妈妈们，以及我们的爸爸妈妈的元旦礼物。"

感谢听众的配合，原本打算讲20多分钟的内容，由于讲的过程还即兴发挥，又说又唱，结果接近40分钟。但我发现，大家都坐得笔直，非常安静，还时而爆发出笑声和掌声，大家跟随我的演讲内容，整个会场气氛非常热烈。此刻的感想是，我何德何能，受此厚爱，非常感谢现场所有领导和老师对我的鼓励！

演讲结束，有许多老师要我的联系方式，我体会了一回当"明星"的感觉。很多老师围在我的旁边说："项老师，能做到你这样，真不容易，真的是很用心！"我说："我只是想把孩子吸引到学校、老师身上来，这样孩子就有更大的希望！"有老师说："你应该在更大的场合给更多的老师讲。"还有一些年轻老师笑着说："我是你的粉丝。"特别令我感动的是，一位十分帅气的年轻男老师在去宜山高中的车上居然给我让座，让我享受了一回当"长者"的待遇。

在名师与新教师结对仪式完成后，很多未到初中班主任讲座现场的老师告诉我，"听说你下午的演讲很精彩"，我解释说："可能是谣言或误传！"心里却是止不住的高兴。晚上，教育局局长和我们共进晚餐，向我们敬酒，局长的"十分荣幸与市名班主任项延唐老师同席"再次给了我鼓励。回来后，我马上发短信向校长致元旦祝福，向他汇报下午的表现，并表达了自己能为学校争光很开心，感谢校长给我提供舞台和一直以来对我的培养。校长很激动地回信说："你行！你太有才了！祝贺你！学校以你为荣！我代表学校感谢你！"校长总是这样热情鼓励我，以各种方式，各种场合，令我深受感动。

当年已经当了近二十年的老师，会在一些场合露脸亮相，但在全县演讲40分钟还是第一回。这次特殊的经历将永远记入岁月的档案里，这次讲座后，我把在宜山高中结对仪式的会议室第一排座位上的"项延唐"三个字悄悄带回家珍藏。

十六　童年的"丑小鸭"

小时候我就不太爱玩，是一个特别爱读书的人。童年是在物质贫乏的岁月里，特别渴望有书。小时候家庭困苦，连上学书本的钱都是欠着的，根本谈不上买什么课外书，更何况在乡下也没有书店。有时偶尔有机会去一趟城里，只是在书店里站着看一些书，也在摆在外面的小人书摊位边徘徊。到其他小伙伴家玩时，看到他们家有很多小人书，我总是痴迷地看，忘了回家。

记得当初好像在书本里读到丹麦作家安徒生的童话《卖火柴的小女孩》，深深地被小女孩穷苦的命运所感动，并且从书中看到了我自己的影子，感觉自己也特别需要温暖，于是对安徒生的作品产生了浓厚的兴趣。在我再三要求下，在金乡打工的姐姐拿出当初不多的工钱，带我到供销社新华书店买了本《安徒生童话》，这是我童年买的唯一一本课外书。我欣喜若狂，爱不释手，反复阅读它，仔细品味，字斟句酌，每一次都有新的感悟。遗憾的是几经搬家，现在已无法找到当时那本书了，但至今我还可以想出它的样子来。

在这本书中，《丑小鸭的故事》深深打动了我，在儿童时代，我就对自己的命运和前途有乐观的向往和深切的思考。仿佛自己就是"丑小鸭"，又黑又瘦，很不起眼，但我的学业成绩优秀，心中从不缺乏信念和理想，坚信总有一天会变成白天鹅。

我的妈妈就是"丑小鸭"，她的境遇没有丑小鸭好。丑小鸭是在苦难中坚持的。听长辈们说，我的妈妈曾在小时候落下残疾。那时，才3岁的她由于受到惊吓，从高处摔了下来，当时没钱医治，因此导致终生视力微弱和身体驼背。她一直受到别人的嘲笑和歧视，但她凭顽强的意念生活了下来。我大哥3岁时，她就丧失了自己第一个丈夫，后来年事已高、家庭贫困的爸爸去妈妈家入赘。妈妈这一辈子，经历了大儿媳上吊自杀，大儿子外出入赘，女儿离婚风波等一些变故，但妈妈都坚强地挺了过来。

"丑小鸭"是坚强且宽容的。当时印象深刻的是，妈妈每天买菜总到街上去赊账，有时为了躲债，经常得避着债主，受人奚落。但她对我照顾得非常好，有时为了找我吃饭，在村里大声喊我的名字，经常把一些故意答应是我的孩子当成是"我"，闹了许多笑话。为了我，她受尽了冷眼和欺负。记得小学高年级时，我每天早上去离家5公里远的括山中心辅导学校上课，妈妈总是每天起大早，点着漆黑的煤油灯，烧着难以燃烧的稻杆，整个人都被熏黑了，只为了让我不饿着肚子去上课。有一次下雨，我忘了带伞，正愁回不去时，妈妈在学校里出现了，她到处找我。很难想象，视力几乎为零的妈妈是怎么步行冒雨来给我送伞的。当时幼稚的我怕被同学认出是我妈，被同学笑话，拿到伞后没管妈妈就自己走了。

"丑小鸭"是善良不求回报的。妈妈从来不让我吃苦，学校里的要求总是尽量满足我，不让我在伙伴面前觉得不如人家。至今，我小时候的伙伴还经常说起，如果大家一起合伙买什么东西吃，我妈妈总是第一个给我钱。妈妈对我的读书开销从不小气，不管买《新华字典》、红领巾等，我总是第一个拥有。妈妈从小就想把我培养成一个读书人，为了不让人家瞧不起，也给家里争口气。我那时还小，家里人少，缺乏劳动力，每次因事与邻居争吵，妈妈总是占据下风。他们骂我妈妈："看你到时能不能喝上你儿子的水？"意思是说不能把我养大，也得不到我的赡养。而如今看来，妈妈养我到19岁，我赡养了妈妈18年，这就是最好的回答，也是给妈妈最大的欣慰。对于妈妈，我内心仍有许多负罪感，一直压在心底，直到为人父母时，更加体会到一个家境困难、身体不健全的母亲把孩子抚养成人的艰难，真切体会到面临各种困境的"丑小鸭们"内心的痛楚和期待。任何时候，我都以丑小鸭的命运告诫自己：有梦想就会有阳光！

十七　"官场"回忆录

——兼工作前十七年回忆

　　初看标题，或许觉得是"吃不到葡萄说葡萄酸"，或许觉得我有很强的"官"瘾，觉得我拼命工作就是为了得到提拔重用。按通常的想法，一个有追求的老师最终都会以成为学校领导来证明自己的成就。而我却是一个在仕途上毫无建树的"老实人"，给自己的准确定位就"不是那个料"，压根没往那处想。但我也曾遇到了一些机会，也曾经尝试一些非正式的头衔，与正式的"官"擦肩而过。

　　中师毕业时，由于专业知识尚可，且为人处世诚实，工作态度更是没话说，很快得到领导赏识。校长决定好好栽培我，经常找我谈心，有意无意透露一些消息给我，并以过来人的成长经历教导我："千万要争取，以后可能会后悔满腹的才华得不到重用。"学校团支部选举，我成为支部宣传委员，我做过的工作——第一次的五四慰问信，第一次的团员联欢会，使很多人对我刮目相看，他们想不到其貌不扬、毫无背景的我其实很有才华和能力。第一年，我被评上了县级先进教师，享受去北京旅游的待遇，校长破例给我报销飞机票，这是大多数为教育奉献一辈子的老教师想都不敢想的事。由于年轻不懂事，在几次关键的学校决议中，固执己见，没有考虑大局，但校长对我的栽培还是没有改变。我是学校账目互审的固定成员，并且学校也争取将在全学区教师节表彰大会上发言的机会留给我，这在乡下小学并不多见。我还担任教务员，这是学校有意安排，为我成为全县最年轻的教导主任做业务上准备，但对这些我毫无察觉。此外，我在学校人缘比较好，在工作中得到全校上下的支持，特别是老教师对我评价很高，和教导主任的配合也相当好，把全校功课及一些代课安排得好好的，为整个学校的教学秩序尽心尽力。

　　为了更好地发展，在大专自学考试毕业后，我就想往中学调动。这令当时的校长十分失望，说什么也不同意。我历经两年，直到学校领导班子每个成员都签了意见后，校长才勉强放行。这是我当时遇到的最大困难和挑战，刚做了一个手术，行动不便，却到处求人。现如今，好多比我资历轻的老师都成为了学校的领导，如果按当时的情形发展，我说不定还可以有"校长"头衔。由此看来，我缺乏长远眼光，毫无想法，因为在学生时代当惯班长班干部的我，深知当干部领导真很烦，我是一个责任心较强的人，会有很重的心理负担，对即将到来的事情总是很操心。我也偶尔有亲眼看到过学校与当地人、与老师的一些冲突，使我对当领导也产生一些恐惧。

那时就想专门教书的我到了中学后，学校让我担任组长、段长、工会委员之类的小职务。我最满意的还是担任两届六年的段长，确实是轰轰烈烈地开展工作，现在看看当时的活动照片我深为自己骄傲，确实是开了学校工作先河，敢作敢为，特别是年段的比赛和表彰，课外活动开展得有声有色。由于我做事雷厉风行但同时缺乏经验，确实得罪一些人，说过一些不当言辞，遭受到一些意想不到的阻力，至今想来心有余悸。如在年级段会议上，我事先未做任何沟通，就公然讲备课组工作不足，指出班级管理上的问题，言辞有些过激和直接，伤了同事的感情。

本科函授时，班主任看我的入学成绩第一名，要我当班长，从来不喜欢与人打交道的我，为了大家共同利益，比如复习考试补考之类的事，与老师联络感情，帮老师推销专著。真是"人在江湖，身不由己"。由于不太适合高中教学，想逃避这种"领导"生活的我，偷偷报考龙港实验中学全县选调，并且顺利成功。我终于有了当普通老师的可能，但我又害怕失去当班主任的机会，那是我第一次主动多次向领导要求当班主任。班主任是我追求最大的"官"，终生当班主任是我的追求。学校又给了我备课组长和工会委员等小职务，好在当时我的心智已经比较成熟了。不在其位，不谋其职，尊重领导，不发牢骚，做好本职工作。后来学校又有很多人事变动，幸运的是再也没有找我当领导的好事发生，因为同事大多是原学校的领导，他们非常优秀，我要好好配合他们，共同把事业做好。

明知这半辈子压根就没当过什么官，将来也不会当什么，现在还会有人跟我开玩笑，我也就一笑而过或表明真实想法。人尽其才，物尽其用。人各有志，不好勉强。想当官、有能力当官的人，最好越当越大，平台越来越多，因为这是他的人生追求；不想当官、没能力当官的人最好不要涉及，因为人生终究要过自己喜欢的样子。

十八　一辈子学当班主任，一辈子当好班主任
——记嘉禾中学项延唐老师

　　说起来在嘉禾中学的机缘，他相信缘分。他曾经有很多次去杭州、温州等知名学校的机会，但都无动于衷，唯独对家门口的优质学校——嘉禾中学完全失去了抵抗力，毫不犹豫地从公办学校走出来。在嘉禾中学近三年的时间里，他收获了太多的感动，见证了太多的奇迹。惊叹嘉禾中学机制的灵活，办事的效率；敬佩嘉禾中学领导的亲和，同事的努力；欣慰嘉禾中学家长的支持，学生的进步。他还谦虚地表示，在嘉禾中学强大的教师队伍中，做得比他好的老师比比皆是，他只是极其普通的一员。

　　班主任是班级的精神领袖、首席学生，自信阳光的精、气、神很重要，尤其是在寄宿制学校学生首次离家、感觉孤独无助的时候。他时时处处以身作则、率先垂范，充分展示自己的人格魅力、良好习惯和才华素养。宿舍、路上、食堂、走廊都是他和学生谈心的好地方。他及时和家长联系，热心接待家长，关注学生动态，特别是身体状态和情绪变化。他对学生恩威兼施，和学生朝夕相处。尽管班主任工作已经干了27个年头，但他对教育充满热情，全心投入，每天都拿自己是第一天当班主任一样去对待，时刻注意激发学生学习动力，用心凝聚团队精神。

　　他注意挖掘孩子的"名字财富"，教育孩子要对自己的名字负责，要对父母的殷切期待负责。开学第一天，就给每个同学桌头放一个姓名牌，让孩子有参加重要会议的荣誉感，感受到不一样的幸福。他要求学生向家长鞠躬感谢，同时表态初中学习生活的计划，家长借此给孩子提出希望要求。他还邀请孩子和家长拍照留念，留下永恒瞬间。初中三年，在他的志恒班里，这样感人的仪式经常出现。

　　他发动家长写下孩子名字所具有的含义，在全班进行"名字"发布仪式，孩子动听的名字和口号在教室上空响起，孩子们感受到父母的爱，充满自豪感。孩子轮流跑操领操时，他要求把领操学生的名字编成口号，既要符合名字应具有的意义，又要喊得整齐响亮。让孩子的名字响彻在操场上空，让孩子们享受了一回英雄般的待遇，这对激发孩子的自信心和幸福感意义重大。为了给有责任心的孩子应有的荣耀，及时发现身边榜样，树立正面形象，他

开展了班级年度感动人物评比，颁奖典礼场面隆重，颁奖仪式气氛感人。

为了凝聚班级力量，他举行"世上只有妈妈好"母亲节庆祝活动，一封信，一束花，一首诗，一首歌，表达了孩子们良好的祝愿和感恩的情怀；举行"我有一个好爸爸"父亲节主题活动；录制视频，拍儿时照片和现在本人对比照；齐读《背影》，齐唱《父亲》；给父亲颁发"最棒爸爸"奖；儿童节和幼儿园小朋友举行"告别儿童，走向成长"联欢活动等，节目丰富多彩。

节假日，他不是去家访，就是在前往家访的路上。足迹遍及苍南大地，爱心播撒学生心底。有一种形式，叫走进学生母校；有一种家访，叫志恒班的暑期家访会；有一种聚会，叫志恒班片区家长会；有一种熏陶，叫参观家乡名人故居；有一种活动，叫去同学家葡萄园采摘。一年内，全班全部家访完毕。关于他的教育之路和家访脚步。他说："一辈子，就教书；凡教书，必带班；若带班，必家访；若家访，必全部。"

他还设立"老项奖学金"奖励班级认真学习、进步明显的同学，请表现优秀的同学吃饭，带学生去他老家"西格里拉"重走"长征路"，追寻老项学习、生活过的足迹，让孩子享受被老师恩宠、肯定的幸福。他班里的颁奖形式总是丰富多样，颁奖道具应有尽有，甚至邀请国内外"各大媒体"来采访，像明星一样走红地毯，他给了每一个努力的孩子应有的尊重和光荣！

他把看到的每一件事都和教育联系起来，让每一件事情功能多样化、价值最大化。给每一个孩子展示和锻炼的舞台，给他们信心和力量。不遗余力地向学生传递幸福，给孩子的成长留下宝贵记忆。在漫长的班主任工作旅途中，他总是比别人多想一点，先走一步，且做且乐且珍惜，努力创造每一个和他有缘的教室的奇迹。他曾郑重许下承诺："一辈子学当班主任，一辈子当好班主任。"

第二章　言为心声

一　献身教育，坚贞不渝

各位尊敬的评委、老师们：

大家好！我今天演讲的题目是"献身教育，坚贞不渝"。我叫项延唐，出生于一个偏僻小山村的贫穷家庭，从小生活十分艰苦。自上学起就一直得到学校和老师帮助的我，早在儿童时代，在自己幼小的心灵里，就对学校充满神圣的向往，对我们敬爱的老师充满感激之情。后来，我以全乡第一名的优异成绩考取中师，毕业后又毅然选择了教师这一光荣而又艰巨的事业。

2005年，我积极响应县教育局关于选调优秀教师到龙港实验中学的号召，并以数学学科第一名的成绩成功应聘。已有15年班主任工作经验的我，主动要求继续担任班主任。在开学的第一天，我以充分的准备和出色的发挥赢得了家长的敬重。从家长期待的眼神中，我读懂了群众对优质教育的渴望，这不正是我作为一名教师的价值所在吗？在来这里之前已具有从小学一年级到高中三年级任教经历的我，一如既往地在课前认真准备，上课时精神饱满。我所带班级年年都是文明班级，我对班主任工作更是尽心尽力，全身投入！因为我深深地懂得：当好学生思想行为的引路人，这是教师应尽的职责！

其实，我在钱库的家与龙港交通十分方便，但我很少回家。说句心里话，我也想家。家中有我86岁高龄、身患高血压的老父亲，家中有我双目失明、生活极为不便的75岁的老母亲，家中有我刚读小学的天真活泼的好儿子，家中还有我日夜思念与我同甘共苦的亲爱的妻子！在学校，我每天早上和学生一起跑步，一日三餐和学生一起吃饭，早自习和学生一起读书，体育课和学生一起做操，音乐课和学生一起唱歌，平时和学生一起学习、交流、活动……操劳过度的我第一个星期就病倒了，匆匆打完点滴后，又急忙赶到学校迎接学生，开始了新一轮忙碌的工作。在中秋团圆、举家欢庆的美好节日里，我是在学校里度过的，为参加中秋赏月晚会精心编排大合唱、诗歌朗诵等节目。当学生们挥动国旗，高唱《我们是共产主义接班人》时，我的内心充满了欣慰和自豪！当手机里传来一个稚嫩而又熟悉的声音："爸爸，我快要忘记你了！你什么时候才回来呀？"霎那间，许多感触涌上我的心头，不争气的泪水在我的眼眶里打转……

老师们！在家庭和事业之间，在大家和小家之间，在忠孝难于两全之时，我始终没有忘记自己是一名教师，始终保持一个共产党员的本色，始终无愧于班主任这个神圣的称号！

教书育人：只有逗号，没有句号；爱的奉献：只要付出，总有回报。在短短不到一个学期的时间里，我所带的班级在我们强手如林的龙港实验中学，在"让人们因我的存在而感到幸福"的班训指引下，连续获得学校黑板报、班容班貌评比、五项竞赛、广播体操比赛等多个第一，学生吃饭、就寝的纪律受到全校上下的交口称赞，班风、学风得到科任老师的普遍好评。家长见到我的第一句话总是说："把孩子交给像您这样的老师，我们很放心！""我的孩子很幸运，在人生的转折路口遇到了一位好老师！"

18年来，我两次被评为县师德标兵，曾在全县八大学区做过师德巡回报告，在苍南电视台代表全县教育系统的党员做《我为党旗添光彩》的演讲，曾获得中学高级教师、市园丁奖、市优秀自考毕业生、县教坛新秀、县首批名班主任以及其他县级以上的各类荣誉称号及奖项几十次，我的爱生事迹被编进了《诗情的守望》一书，多篇论文在国家级刊物上发表，共写了600多篇近几十万字的教育随笔，班级智客获市第三届博客评比一等奖，参加市优秀班主任培训班，在县首届班主任技能大赛中荣获初中组第一名，是学校唯一一名连续四年的年度感动人物。

亲爱的朋友们，人生没有彩排，每天都是现场直播。在这长达18年的题为"如何当好一名教师"的"节目"中，我把欢乐带给学生，把惊喜送给家长，把智慧留给学校。在坚持中守望，在守望中坚持。如果你要问，为什么我对教育始终充满激情？因为我对教育爱得太深沉！对学生无私的爱心，对社会高度的负责是我努力工作的动力，上级不断给予的荣誉和群众对我的赞许，又促使我更高地要求自己。我将用我的行动来回答：用心工作如一，用爱负责到底！

我常常这样想：蝴蝶只有在飞舞的时候，人们才看到她真正的美丽；人只有在不断的奋斗中，才体现他真正的价值！让我们踏实工作，积极进取，为共同创建更加科学、更加和谐的教育做出自己应有的努力！谢谢大家！

二 刻苦努力，终成心愿
——在龙港实验中学志成班陈璧玺同学保送苍南中学感恩谈心会上

今晚，我们召开一个特别的班会，不用事先演练，一切顺其自然。记得，我曾经在班上开玩笑似地说过："如果我们班来自钱库的章海潮、陈璧玺两位同学能争取考到年段前两名，钱库镇委书记应该来看望他们，因为他俩为钱库人民争了光！"龙港是一个移民城市，大家来自五湖四海，讲着各地的方言，我们应该为各自的家乡争光！作为钱库人，我为我们班有这么出色的老乡而感到幸福！

当我们还沉浸在章海潮同学考上温州中学的幸福中才一个星期时，我们班又传来了一个令人振奋的好消息：陈璧玺同学考取了苍南中学保送生！这样的成就可是"高手过招见本事，狭路相逢勇者胜"。对陈璧玺同学来说，幸福来得太突然了，遥远的目标原来如此接近！保送上苍南中学看起来是一个偶然，但偶然中也蕴含着必然。她从初一时的年段一百多名，经过自身不懈努力，到如今的年段前十、前五、前三、前二，最终实现了上重点中学的心愿！我还清楚地记得，当初她给自己定的中期目标是考取钱库高级中学。我们在分享她的喜悦和激动之余，不禁要问："是什么在促使她不断地进步？"下面我们就邀请今晚的女主角陈璧玺同学上台给我们讲讲自己三年来的酸甜苦辣……

听了璧玺的介绍，我也深受感动。她确实是我们班学习最刻苦的同学，很多人做不到这一点。她善于利用一切"边角余料"的时间，她抓住了一切可以抓住的机会。她是我们心目中的"五一劳动奖章"获得者，她曾是我们班毫无争议的学习标兵"女一号"。她曾经在我情绪最低落的时候，也就是我们班级内忧外患、压力重重，我快要打退堂鼓的时候，给我写了一首诗，给了我很大的鼓励！

今天，在璧玺保送苍南中学的喜庆时刻，我号召全体同学向她学习，学习她奋斗不止、执着努力的精神，学习她不怕困难、以学为乐的精神，学习她追求目标、持之以恒的精神，争当一名优秀的初中毕业生，考取自己心目中理想的高中学校。

同学们，到目前为止，我们志成班的成绩是令人刮目相看的。一个保送温州中学，一个保送苍南中学，我们已经用行动来践行开学初提出的口号："精彩中考，回报母校！"没有"男女一号"的志成班，我们害怕了吗？不！我们还有更多的海潮、璧玺站出来！志成班的中考成绩目前无法估量！

我们要感谢璧玺同学，她作为班级的首批"精神领袖"，带给了我们无穷的精神力量。同时也希望她能以苍南中学作为起点，取得更为辉煌的成绩，成为一块真正的"璧"，成为一块真正的"玺"。同时也希望她不要忘记老师和母校的培养，不要忘记我们这个伟大班集体给予的养分和动力！那天在苍南中学综合测试的场面，我至今在脑海里挥之不去。那是我从教18年来第一次看到的，只有426位考生，但至少来了700多位家长和老师，坐满了苍南中学的每一个角落。任凭保安怎么驱赶，家长总是不断地向前张望。家长在期待什么？也许是家长一生的心愿，也许是考生一生的希望。

在前次的感恩会上，我曾说过："一个星期后，咱们把璧玺同学的书桌成功地搬走；一个多月后，每位同学都能心想事成，美梦成真！"祝愿志成班的明天更美好！祝愿我们在巨人中学的体育中考大获全胜！

三 在师生共写随笔座谈会上的发言

11月13日，县教研室副主任陈敬畅老师来我校就师生共写随笔项目进行座谈调研。他以十分轻松幽默的语言和我们亲切交谈有关教师职业的幸福感问题，介绍师生共写随笔的开展情况，要求我们就怎样使随笔载体更多、方式更多畅所欲言。下面是我当时的发言摘要以及现场情况。

陈主任，您好！真的很高兴，您能来我们学校指导。刚才，你说一个人如果被别人关注，那对他来讲就是一种幸福。您在发言中，指出我的名字，并且说我真的很不错，我如此受到您的关注，感到很幸福！

您刚才提到了教育智客网，我真的很有感触，因为我也有幸被评上过一次智客之星。每当我把班主任工作的一些做法在网上一公布，马上会引来许多网友的关注，他们或赞许，或建议，或批评。网络是开放的，有着一种无形的力量促使你更努力。记得有一次，我想做一次班干部的调整，把班级里所有的委员都称为班长，立即就有网友留言，说我"是不是在搞'官僚主义'作风？"使我对自己的做法有了更进一步的反思。又如，我经常会与同事林方平老师在智客网上互相留言，并且评论他的文章。我每听一次课，总要写听课评论，我写的关于新老师陈恩娜的"面对新老师，我们缺失些什么？"被推荐为精品栏目。随时写随笔的习惯，使我由一位老黄牛式的教书匠变成了积极的教育实践反思者。现在，我有许多要好的智友，因为有共同的追求和爱好，我们经常交流，我的知名度在原有基础上也有了提高。很多人其实是因为先认识我的班级智客——志成阁才认识我的。

下面汇报我现在使用的写随笔的形式。1. 我发动家长一起写随笔。主要途径有两种：一是班级网站留言，二是每周家校联系单上的建议和评语。2. 我利用了班会课。发动全班学生就班级里的某种现象、某个问题写随笔，谈看法，写感触，几乎每周都有这样的家庭作业。3. 我利用我的数学课。我是中文系毕业同时是教语文出身的数学老师，数学课在我这里会经常变成语文课。比如，学生做完一道题目后，我会叫学生说口头随笔。分析完一张试卷后，我会布置学生写书面反思随笔。在此也谈三点困惑向陈主任请教：1. 寄宿制学校实在太忙了，几乎是24小时都在学校上班，过度琐碎的事务，使思维枯竭，很难静下心来思考或写些高水准的东西。2. 特别是现在班级里的学生，不敢写一些教育故事或随笔，尽管已经化名，怕学生对号入座，又会说涉及隐私，很多鲜活的例子不能及时分享。3. 网络是双刃剑，有的人素质不高，把它作为攻击报复的工具，经常会受到不良留言或评论的困扰，也是我对它又爱又怕的原因。有时提心吊胆，心里很不是滋味。

我的发言结束后，陈主任说："这个形式好！"校长插话："如果推广，就说这是龙港实验中学项老师说的！"

四　用我一百天，改变一百年

——在学校首届初中毕业生总复习百日动员大会上的发言

各位领导、老师、同学们：

大家晚上好！从教18年来，我已经记不清有多少次作为教师代表在大会上发言，但今天晚上我没有理由忘记。因为，这是我们这所新办学校的首届毕业生中考总复习动员大会，这是我引以为豪的孩子们的百日誓师大会。这里吹响的是冲锋的号角，这里发出的是决战的命令！作为你们的老师，我见证了大家辛勤学习的近1000个日日夜夜，老师感谢你们，也祝福你们！

虽然短短100天，在人生的长河中只是短短一瞬间，是初中学习时间的十分之一，是初三年级学习时间的三分之一。但这100天，是中考的冲刺阶段。很多事实已经证明，这100天足以改变一切。如果利用得好，就会锦上添花；如果稍有松懈，就会功败垂成。老师想借次机会，简要概括根据我国历届高考状元总结出来的5点宝贵复习经验，希望对大家有所启发。

1. 地毯式扫荡。先把该复习的基础知识全面过一遍，不要有遗漏，哪怕是阅读材料或文字注解。复习时做错了题，一旦搞明白，绝不放过，做到"一错永不再错！"

2. 烙饼式复习。做烙饼需要翻几下才能熟透，记忆也需要强化。我国著名科学家茅以升83岁高龄仍能熟练背诵圆周率小数点后一百位数字，别人问他有什么好的记忆方法，他说："说起来很简单：重复！再重复！"我们记忆某些内容，刚能勉强背诵时，就不一定能准确回忆。如果能多学几遍，效果会大大提高。这样熟练的记忆，保持时间也特别长久。如背诵一首唐诗，用10遍刚好能基本背出，最好能再读3~6遍，这样就能倒背如流了。而有些材料只能死记。在考试时，要把记住的材料灵活运用，这就不仅要记得死，还要理解得活，需要"死去活来"。

3. 强弱要兼顾。"强科更强，弱科不弱；强科无弱项，弱科有强项"。有的同学只是补弱的，忽视强的；有的同学是放弃弱的，专攻强的。这些做法都不明智，正确的做法是：强的里面不要有水分，弱的里面还要有突破。

4. 考试有策略。"基础题，全做对；一般题，不浪费。""尽力冲击较难题，即使做错不后悔。""容易题，不丢分；较难题，不零分。"保住该保住的，顽强拼搏到最后一分和最后一分钟。考试时，难免会遇到难题，费了一番劲，仍然突破不了时就要主动放弃，不要跟它没完没了地耗时间。"绕过拦路虎，再杀回马枪。"在做别的题之后，很有可能思路打开活跃起来，再反过来做刚才不会做的题，此时就容易做出来了。考试时间是有限的，我们要把有限的时间投入到更多的分数中去。

5.保持好心态。有的同学像太阳，走到哪里哪里亮；有的同学像月亮，初一十五不一样。选择积极的心态，就等于选择成功的希望。为了不辜负父母的期盼，为了不辜负青春的理想，为了暑假能愉快地看北京奥运会节目，我们要争分夺秒奋力拼搏，全力以赴挑战自我！挑战人生是我们无悔的选择，决胜中考是我们不懈的追求，拼搏百天是我们庄严的承诺！100天，我们将唱出青春无悔；100天，我们将笑傲人生百年。

同学们，一百天后，我们即将奔向中考的赛场。到那时，机遇和奇迹肯定垂青于有准备的人。我们这群正在含泪播种的人，一定能含笑收获来自生活的恩赐。人生细细算来不过百年，今天，我要说："用我100天，改变100年！"老师坚信：你们一定会为龙港实验中学的2008年写下创造历史的辉煌诗篇！

五 迎接人生新辉煌

——在龙港实验中学首届学生毕业典礼上的讲话

尊敬的郭校长、各位领导、老师、即将毕业的同学们：

大家好！在这特殊的时刻，我有个请求，能一起唱一唱校歌吗？（唱）"青龙江畔世纪道，白露岛上彩虹桥。这里是求学的胜地，这里是育人的沃土。辛勤园丁耕耘浇灌，莘莘学子茁壮成长。啊，龙实中！啊，昂首向前！厚德、博学、和谐、奋进，指引我们永攀高峰！"

这几天，我的脑海里一直在回忆我们刚见面时的情景，无数次地在心里唱着我们的校歌。虽然，早在相逢之时，就知道会有今日的分别，但真正这个日子到来时，作为你们的老师，又觉得无以面对，不知从何说起。所以还是用掌声祝贺你们初中毕业吧，请允许我代表初三段的全体老师向你们表示热烈的祝贺！

2005年暑假，一批怀着共同梦想的老师从苍南各地聚集在一起，那时的我们在期待：迎接来的将是一批怎样的学生？ 2008年暑假，一批已经茁壮成长的少年，从这里走向四面八方。这时的我们在思考：我们告别的将是一批怎样的人才？三年来，你们刻苦学习，孜孜不倦。三年来，我们从陌生到相识，从相识到相伴！三年来，老师呵护着你们所有的优点和希望，见证着你们所有的进步和梦想！忘不了广播操、大合唱的艰辛，忘不了篮球赛、拔河赛的喜庆，忘不了中秋节、红五月的欢歌笑语，忘不了课堂上智慧和心灵的交流，忘不了一起跑步、吃饭的点点滴滴。忘不了啊，《感恩的心》时常在心中响起的时刻！

在美好的回忆中，在依依惜别时，老师请求同学们的原谅。同学们，请原谅，老师的脸上并不是时常挂着微笑，有时是一脸严肃。老师曾经所做的一切，也许会损害你当时的利益，但绝不会损害你的将来。同学们，请原谅，老师总是不停地对你们提出新的要求，有的甚至近乎苛刻，那是因为，老师知道你还有巨大的潜能，有必要磨炼奋飞的翅膀。同学们，请原谅，老师没能走进你们所有同学的心灵，但听到你们的歌声，仿佛是重读自己的曾经；参加你们的游戏，仿佛又唤醒曾有的年轻。上课时，你们帮助老师纠正一个字的读音，一道题的解法，一句话的口误，都会让我倍感师生之间的温情。

昨天，我打开邮箱发现六年前的学生给我发来这样一封信："项老师，您好！自从高中毕业后到现在都没见过您，前些天有同学告知我您有智客，我很兴奋。马上参观了一下，发觉您变化好大，貌似年轻许多，看到您现在事业蒸蒸日上，真的替您开心，希望您能一切顺利！看了您写的文章，确实很好，有的让我看后很感动。看到您现在带的志成班，让我想起当初高一（2）班，脑子里像是在放电影似的，特别怀念。现在的我们都已步入社会，我也只和个别同学有联系，好多年没见到他们了。怪想念他们的，等我们有机会聚会时一定请上您，好让大家叙叙旧。我有点语无伦次了，突然兴奋，想给您写点什么，可文采有限，您别怪我没水平。先这样吧，希望您一切顺顺利利的，您永远是我可敬的老师！"

同学们，这就是当老师最幸福的时刻，这就是人世间最美好的真情。有一首毕业的诗这样写："在毕业的晚会上，我们在深情地讲。讲那谆谆教诲，讲那殷切期望，也讲那恩师的语重心长。在毕业的晚会上，有多少难忘的故事，讲得热泪盈眶。在毕业的晚会上，有多少未了的情结，又在续写动人的篇章。在毕业的晚会上，我们在放声地唱。唱那美好憧憬，唱那热切渴望，也唱那崇高的抱负理想。在毕业的晚会上，我们在豪迈地唱。唱那坎坷平坦，唱那风雨阳光，也唱那不败的自信坚强。在毕业的晚会上，有多少金色的遐想，放飞蓝天翱翔。在毕业的晚会上，有多少雄心和壮志，迎接挑战人生的新辉煌。"

同学们，离别时，捡一捡地上的一张纸吧！那是对母校爱意的表达。离别时，擦一擦窗户的玻璃吧！那是与母校深情的对话。离别时，看一看种下的小树吧！那是对母校深情的报答。离别时，握一握手吧！彼此把珍重和祝福留下。没有比心更大的舞台，没有比脚更长的路，既然我们选择了远方，就该踏上征程。今后，无论身在何处，无论心在何方，我们都会祝福彼此幸福平安。

最后，我建议大家起立，用最热烈的掌声感谢我们的郭校长，感谢我们的母校，感谢我们的老师和父母，感谢我们的同学，感谢所有帮助关爱我们的人！谢谢！谢谢你们！祝福你们！

六 谈公立寄宿制学校发展的两大瓶颈问题
——在县教育科学和谐发展座谈会上的发言

各位尊敬的领导、老师们：

大家好！我是来自龙港实验中学的普通教师项延唐。真的感觉到作为一名老师的幸福，很高兴有这样的一次机会与我们尊敬的局领导面对面地表达一线教师的心声。我还清楚地记得第一次参加2008年度务虚会的情形，深深地被现场民主气氛所感染，被领导民主作风所感动，回去后马上写下《第一次参加教育局年度务虚会》发表在苍南教育网《教师文萃》上。另外，还参加一次县名师林植树座谈活动，名师代表的发言也给我很大启发。每参加一次座谈活动，我都发现我县教育发生很大变化，从开始有很多话要说，到如今觉得"无话可说"，是因为局领导纳谏如流，一一将基层的建议化为具体的行政行为，已经产生巨大的社会效应，这真的是广大教育同行们的荣幸。

为了进一步广开言路，凝聚共识，促进我县教育又好又快发展，今天我们又共聚一堂，召开教育科学和谐发展座谈会，研讨教育、教学、教师的现状、存在的问题和发展的建议。我想借此机会，结合自身的经历和体会，谈谈我县唯一一所初中公立寄宿学校——龙港实验中学在发展中遇到的两大瓶颈问题。龙港实验中学的产生，本身就是县教育局领导具有科学和谐发展前瞻眼光的表现，解决了一大批在外奔波的家长的后顾之忧，留住了人才，也带动了经济。龙港实验学校作为今后的窗口学校，每一个进步的足迹都凝聚着局领导的智慧和心血。作为第一批从全县公开选拔到实验中学的我，比别人更为深刻地体会到这一点。我主要想针对学校的两个现状进行汇报，并提出粗浅建议。

1. 经费和编制问题。一所寄宿制学校，就好比是一个居民小区，它需要许多的配套人员和相应设施，需要很周到的全天候物业管理和服务，如生活指导老师、水电工人、医务室、保安、保洁员等，比起普通走读学校，要增加更多人员和经费支出。学校仅一年的水电支出就达40万元，以上配套人员的工资就需30万元，这两项近百万元的巨大金额目前都是由学校支出。学校是在可以收捐资费的前提下艰难维持的。如果捐资费取消了呢？是不是意味着学校就要面临办不下去的危险呢？这是摆在面前很严峻的现实问题。因此，我建议，是否考虑到寄宿制学校的实际情况，采取福建、安徽等地的做法，给予寄宿制学校的有关岗位以适当的人事编制。因为我们很多岗位的运转都是24小时制的，在下拨公用经费时，最好给予3倍于走读学校的比例，以确保学校的正常运转。

2. 学校招生问题。关于招生问题。我们虽然没有指望招收最好的学生，但希望教育局能给一定的招生政策倾斜，允许比如可以通过体检、心理测试、面试等，如果发现身体有严重问题的，有传染病史的，或者有严重心理问题或行为偏差的，建议不要读寄宿学校。这种做法绝不是在推脱责任，歧视学生，而是为了对更多的在校学生健康成长负责。在寄宿学校，如果出了问题，绝对是大问题，什么意外都有可能发生。24小时安全责任重于泰山，这既是学校的责任，也是教育局的责任。不像走读学校，放学了还有家长在身边监护，我们放学了，责任往往才刚刚开始。由于日夜相守，学生之间的互相影响特别巨大，不论是生理上的还是心理上的，为寄宿学生提供一个相对纯净的环境意义特别重大。我建议从安全的角度出发，教育局能给予一定的招生自主权，尽量减少寄宿学校的办学难度和潜在风险。

由于本人的思想素质和政策水平的限制，只是从自己的角度谈一所全新的寄宿学校所面临的两点困难和体会，不一定正确和成熟，甚至有些狭隘和偏颇，仅供局领导在科学决策时参考，十分感谢大家的倾听！

七 用心工作如一，用爱负责到底

——在龙港镇第 24 个教师节座谈会上的发言

尊敬的各位领导、老师们：

大家好！在这喜庆隆重的第 24 个教师节座谈会上，在即将度过我的第 18 个教师节的美好日子里，作为一名普通人民教师，我被邀请参加这样高规格的会议并且有资格发言，感到万分荣幸！

我叫项延唐，出生于一个偏僻小山村的贫穷家庭，我从小就对学校充满了神圣的向往，对我们敬爱的老师充满了感激之情。后来，我以全乡第一名的成绩考取中师，毅然选择了教师这一光荣而又艰巨的事业。2005 年，我积极响应县教育局关于选调优秀教师到龙港实验中学的号召并成功应聘，非常荣幸地成为一名"新龙港人"，成为龙港教育界新来的"外来务工者"。已经有了 10 多年班主任工作经验的我，主动要求继续担任班主任。在开学的第一天，我就以充分的准备、出色的发挥赢得了家长的敬重。有过从小学一年级到高中三年级任教经历的我，课前总是认真准备、精心设计，上课总是精神饱满、幽默风趣。我所带班级年年都是文明班级，对班主任工作更是尽心尽力，全身投入！因为我深深地懂得当好学生思想行为的引路人，是我们应尽的职责。我每天早上和学生一起跑步，一日三餐和学生一起吃饭，早自习和学生一起读书，体育课和学生一起做操，音乐课和学生一起唱歌，平时和学生一起学习、交流、活动，甚至常常睡在学生的寝室里，和学生形影不离。时刻注意学生良好习惯的养成，从细微之处体现教育的真情和本质。

这三年来，在我们龙港大好社会形势和良好教育氛围的影响下，我的成长非常迅速。班主任工作富有创新意识，班级管理卓有成效。从班级文化氛围的营造，到班级组织的设置以及别开生面的活动，我让班集体始终洋溢着生机活力。

人生没有彩排，每天都是现场直播。在 18 年的教育生涯中，我把欢乐带给学生，把惊喜送给家长，把智慧留给学校，在坚持中守望，在守望中坚持。如果你要问，为什么我对教育始终充满激情？因为我对教育爱得太深沉！对学生无私的爱心，对社会高度的负责是我努力工作的动力。上级不断给予的荣誉和群众对我的赞许，又促使我更高地要求自己，我将用我的行动来回答：

用心工作如一，用爱负责到底！

八 十年寒窗勤苦读，金榜题名天不负
——在龙港实验中学首届志成班章海潮考取温州中学感恩谈心会上的讲话

十年寒窗勤苦读，金榜题名天不负。今天，章海潮同学成功了！如期达成了他的中期目标，顺利地考上了温州中学。此时此刻，我再一次强烈地感受到，原来梦想与我们如此遥远，却又如此接近！当我再次将他的课桌放在最后面时，我吃惊地发现：在他课桌的左上角"梦想版"奋斗目标——温州中学的旁边，早早就已经写上了"即将到手"这四个字，这是多么豪迈、多么自信的举动呀！

我得知海潮考上温州中学时，正好在钱库街上买电动车。于是，我急忙到对面的一家商铺上网查询。看到海潮的名字后，我到处打电话报喜，以致手机没电。那天买的电动车，我没有还价，我认为这将给我们带来好运！

今天，海潮成功了！作为班长的他更希望全班同学和他一起成功。明天早上的国旗下讲话，他将作为我们初三（3）班的代表讲述他的心得感受。今天晚上，应老师的邀请，他来给我们做一个小型学习心得"成功路上的感受"讲座，希望大家认真地听，仔细地记，并且提出自己感兴趣的问题。

下面，我们以热烈的掌声欢迎我们的班长、来自温州中学的准高一新生章海潮校友给我们讲话！……（大家"答记者会"式的提问交流）

海潮，正如他的名字一样，像大海的潮水有时起，有时落。重要的是，他面对成功和失意时的心态以及为之付出的努力！我希望，在5天之后，我们能成功地将我们另一名苍南中学保送生的位置搬到后面去，到时我们再邀请苍南中学的准高一新生给我们做讲座。我希望在40多天后，我们能听到我们班新的男一号、女一号的好消息，以及听到其他同学各种各样的好消息！"5个上重点，30个上普高"是老师的目标，也是大家的心愿。为了我们能心想事成，我们还须努力，努力，再努力！从体育中考开始，从巨人中学开始，一步一步地迈上成功的人生之路。到那时，我们再来全班联欢、共同庆祝！对海潮同学来讲，考上温州中学仅仅是成功人生的开始，我们希望他能在新的学校、新的旅程中取得新的成绩！

九 有一种分离是为了更好的相聚
——在首届初中毕业生 2010 年新春同学会上的讲话

两天前，接到班长孙丁供同学要召开同学会的电话，我就无比激动。今天早上，他又代表组委会通知我给大家讲几句，我就心情更为激动。我反复问地址，生怕找不到地方耽误与大家见面。这几天，我一直在看班级名单和你们当初的照片，回忆过去的难忘情景。同学们，15 年了！见到你们真的很高兴！因为激动，事先想好的话一句也讲不出来，许多想表达的话语一时竟然不知从何说起。世界这么大，我们能成为师生纯属偶然。我要衷心感谢我的岳母，如果不是她当年坚决要求我调入中学，我也许就会坚持当小学老师到如今。我要感谢你们的师母，一直默默全力支持我的工作，直到你们毕业后第二年才结婚。你们是老师的第一届初中毕业生，对老师来讲意义非同一般。老师曾经有很多地方对你们的要求很过分，很不近人情，对你们太严格了。现在想来，那时求胜心切、过于负责的我讲话从不口下留情，惩罚也是不留情面。想想你们女生当初清一色的短头发，就知道老师当初有多残忍。在这里，请同学们接受老师向你们深深的鞠躬道歉！

与同学们分别这么久来，老师变老了，从 24 岁变成 39 岁；体重变多了，从 98 斤变成 130 斤；还有结婚生子，工作变迁，父母离开人间。但不变的是对你们的思念和牵挂，无时无刻不在为你们的成才高兴。有一种爱是为了分离，有一种分离是为了更好的相聚，这就是老师对学生的感情。不变的是始终充满工作热情，从小学老师到初中老师、高中老师，再回到初中老师，我不断地在努力打拼。我热衷写博客积累经验，我给从教经历写了副对联，上联：安贫乐教奉献青春献身教育坚贞不渝；下联：甘为人梯教书育人爱我所爱无怨无悔。横批：学生成才。最后借此难得机会，在新春佳节之际给大家拜年，祝大家永远幸福开心！

十 做一名让学生感到幸福的班主任

——2010年6月21日在市第三届名班主任考察会上的发言

各位尊敬的教育局领导、亲爱的同事们：

你们辛苦了！我汇报的题目是《做一名让学生感到幸福的班主任》。我是一名有着15年党龄的党员，从教20年，连续当了20年的班主任，有过从小学一年级到高中三年级的任教经历，还给农村妇女扫盲班的"大学生"们上过课。曾在不同学校多次谢绝校长给我的提拔机会，就想一心一意当好班主任。我现在是市名班主任工作室学员，县名班主任工作室导师。我的教育格言是"用心工作如一，用爱负责到底，做一名让学生感到幸福的班主任！"如果此后能有幸被评为市名班主任，那将是我莫大的动力和幸福。

我出生于一个偏僻的小山村，父亲从小穷苦一直没成亲事，后来与丧失前夫的母亲结婚，50岁时生下了我。为了培养我读书，60岁的父亲无奈之下外出要饭，每月寄些钱供我们母子生活。后来，大嫂因与我同母异父的大哥吵架上吊自杀，她娘家人纠集了两百来人，把我家唯一的一间小平房踏为平地，家里所有的东西被砸个精光。没过几年，才16岁的姐姐嫁到定了娃娃亲的夫家，因两人感情不和，那"姐夫"竟在他母亲的指使下用剪刀剪掉姐姐的头发和衣服。大哥前往了解情况，他家竟然拿出粪便当众侮辱并把我哥打成重伤住院。为了打官司，家中更是雪上加霜，父亲每晚彻夜难眠，有时为了省那几块钱路费，常常起大早从括山步行到县城灵溪。我曾多次在梦中哭着发誓："我一定要好好读书，报答父母！"在少年时代，我以特有的认真和聪明赢得老师的爱护和表扬，年年都是三好学生，在我幼小的心灵里对老师充满感激之情。小学升初中考试我以全乡第一名进入初中，为了省钱，我中午在校吃的菜是红糖或萝卜条……我取得了学校应届毕业生中第一名的好成绩，但离中师正取分数线还差一分，昂贵的代培费差点使我当老师的愿望成为泡影，最后在村里好心人这个五块、那个十块的帮助下才凑齐了学费。我非常珍惜在乐清师范深造的机会，努力学习，年年都是奖学金获得者，多项基本功测试和实习成绩均是优。为了减轻家里的经济负担，我把省下的助学金带回家，将集体包场发给我的电影票卖掉去买一些学习用品。中师三年只穿过两双袜子，布满补丁不用说，洗了还没干就得穿上。我讲这些苦难的经历绝不是为了博得大家的同情，而是因为班主任本身就是一本活生生的德育教材，班主任的人格魅力将会影响孩子的一生。我从小就在心里埋下"理想志向、感恩报答"的种子，也深刻体会到教育对改变一个人的一生有多么重要，和学生一起"常怀感恩之心，常做感恩之事，成为感恩之人"将是我永恒的追求。

我注重对学生的感恩教育，让学生伴随感恩成长。在母亲节等节假日，给学生布置特殊的家庭作业，开展"我给父母送祝福、做家务"社会实践活动，召开"感恩的心"系列主题班会，提醒学生表达感恩之情。建议全班给有突出贡献的同学写感谢信，对一些在感恩活动中表现突出的同学，我自编节目来表演，把教育活动寓于文艺创作之中。每周家校联系单上的家长、老师的留言，要求学生进行感恩回复。就这样，坚定的感恩宣言响彻校园上空，温馨的感恩话语贴满教室墙壁，炙热的感恩交流传递学生心间，共同筑起了一道流动的感恩万里长城。

提起班主任工作，我自认为真可以算得上是一个全身心投入的教育人，一个不知疲倦和永不歇息的行动者。我特别相信这么一句话：认真做事，只能把事情做对；用心做事，才能把事情做好。我开创的阶梯教育，是我校的省级实验课题，阶梯评定课是我校的一大特色，我创造的"老项模式"得到很多班主任仿效。新学期的第一次阶梯研讨会，郭校长就专门研讨我的文章《论阶梯教育的十大关系》，称我是阶梯教育方面专家，还多次指定我为外县来考察学习的老师开阶梯教育公开课，很多老师与我探讨阶梯教育问题。来实验中学5年，整整10本《班主任工作手册》，写下密密麻麻的字迹，每周要事做一件、记一件、勾一件，反复修改补充。每节班队课有准备，有记录，有反思，始终坚持认真细致的做事风格。我特别想起小学课堂上的一篇文章《养花》：有喜有忧，有笑有泪，有花有果，这就是养花的乐趣。而这也是我当班主任的乐趣。我在日常生活中经常参加一些学术交流活动，常常静心看书，耐心研磨文字，沉浸于教育生活之中。

有网友留言："有幸拜读了龙港实验中学项老师的博客后，感触颇深。该老师身为初中班主任，担任两个班的数学课，工作量绝对不轻，但他的工作怎么还能做那么细？比如结业典礼，他将每个程序的先后都写成书面的东西；班主任工作总结，大致每周的工作做很详细的记录安排。怎么会有那么充沛的经历，那么多的时间，真是了不起！这么看来他已经在走专家之路。他的学生真是有幸！"

有一位几乎给我每篇文章写评语的网友说："最近一段时间里，我喜欢进入你的网博中拜读你的个人自传，浏览你的教育教学心得，感悟了人生哲理，欣赏了你个人事业的辉煌成就，这些无不让我敬佩与羡慕。在工作和学习、生活中，我们都有着很多共同之处，我愿意做你的学生向你学习，与你交流，为了能够有所长进，在今后教育朝圣前进的日子里，你可不可以带着最边远、最平凡、最实在的我与你一同成长，一路同行，我期待得到你更多的帮助！"

在这次市名班主任评比的过程中，面对这么多有名的班主任，我很不自信，但得到了学校同事、领导的热情鼓励，学区、县教育局的大力支持，特别得到市教育局的青睐和关注。我只是一名普通的热爱班主任工作的老师，在此我只能表示无限感激！谢谢曾经给我一切，如今已经长眠大地的父母！感谢上级评委！感谢学校亲友团！感谢学生和家长！感谢所有关心帮助过我的人！感谢你们！

十一　每个孩子都是家长的骄傲
——在苍南中学高一（10）班第一次家长会上的发言

尊敬的朱老师、各位全县最优秀的家长朋友和亲爱的高一（10）班同学们：

大家好！我是项方颂同学的家长，也是他的初中班主任、数学老师。我和他妈妈都读师范，没读过高中，更没读过全日制大学。只是当老师后，一边参加工作，一边在职进修，通过自学考试、函授学习取得本科文凭。我跟苍南中学有过擦肩而过的缘分，由于当时是先录取中师，再录取重点高中，我曾经为到底要读师范，还是读高中，有过一次痛苦的选择，最终还是因为家境贫困、父母年事已高选择了可以提早三年就业的国家提供资助的师范学校，为此还一个人偷偷地哭过。现在想起来，还有太多的遗憾。但心若在，梦就在。由于我儿子的努力争取，他帮助我弥补了这样的人生遗憾。我很羡慕我的儿子，因为他爸爸比我爸爸年轻有文化。我也很羡慕我自己，因为我儿子比我爸儿子更年轻、更有文化！

在苍南百万人口的土地上，每个家长都以自家孩子能进苍南中学而自豪，每个孩子都以能来到这里学习而辛勤奋斗，每个老师都以自己的学生能考进这所学校而充满骄傲。在座的每位同学背后肯定有许多刻骨铭心的求学故事和令人难忘的成长岁月，你们都是母校老师的掌中宝。但在高手云集的苍南中学，一切都成为过去，一切都得从头再来。大家都要尽快地调整好这个巨大的心理落差。尤其是在最近高中第一次月考中，每位同学的排名重新洗牌，导致的落差需要我们重新定位，全面思考。成功也许不用排名，但成绩必须排名。这是我国高校优质资源还相当紧缺的大背景下，必须面对的基本现实。我们不得不承认，在相当长的一段时间里，高考是改变人生的重要途径。

作为一名还算比较认真负责的老师，我却成了一个很不称职的家长，亏欠儿子的地方很多。往往为了教育好别人家的孩子而忽略了自家孩子，造成人生越位。他在钱库读小学一年级时，我调到龙港，很少在他身边，父爱严重缺位；他初中到了我的班级，几乎天天和他在一起，但由于担任两个寄宿班班主任，更多的是严厉的教师身份，角色扮演错位。好在上天给了我儿子一位好妈妈，一直陪伴他健康成长，他也相当好学且有志气，做事目标明确有计划，还养成勤俭节约、认真负责的优秀品质，很少让我们操心。

每个孩子都是家长的骄傲。父母的爱从来都是只要付出、不求回报。昨天，我校一位家长在微信上说："我能想到的最幸福的事就是陪儿子一起吃饭，听着他诉说学习的事情，看他心情不错，当娘的也放心了。"是的，开学到现在，方颂回家说得最多的是我们班任课老师有多么厉害多么传奇，我们的朱老师为人处世、教学治班无不神奇。我听得一惊一乍，幸福的表情无法掩饰。作为家长，很感动、很感激。作为学生，多幸运、多有福。近朱者赤，让我们接近朱老师，学习他，感谢他！

我很荣幸，今天能抢到发言的机会，和大家分享感受和心情。作为一名从事教育工作25年的老教师，一位连续担任小学、初中、高中班主任25年的过来人，我想借此机会呼吁：家长们要在家委会的领导下，积极配合班主任工作，让老师因家长的存在而感到幸福。同学们要在班委会的带头下，主动执行朱老师的指示，让老师因同学的存在而感到幸福。高一（10）班要在各个方面有所作为，主动领先全校各班，让苍南中学因我们班的存在而感到幸福！

人生宛如初见，相逢便是有缘。让我们共同祝愿朱老师带领下的高一（10）班十全十美，老师桃李满天下，家长万事皆如意，学生学业大有所成。让我们进校门遭保安询问时，自豪地说："我们是高一（10）班的！"让我们在苍南中学40周年校庆时，在著名校友简介里，看到的都是我们曾经高一

（10）班同学的名字。

十二　努力到无能为力，拼搏到感动自己
——在苍南中学2017届高三第一学期期中表彰大会上的发言

各位尊敬的领导、老师，亲爱的同学们：

大家下午好！我是高三（14）班项方颂同学的爸爸，是一名初中老师。感谢学校的邀请，让我有机会见证如此有创意的颁奖典礼。请允许我代表今天所有未能到场的家长，向获奖的同学表示热烈的祝贺和衷心的祝福！这是你们辛勤劳动、努力学习应有的光荣！你们是我们学习的榜样和追赶的方向，你们必将带领大家取得一个又一个荣光，一定在苍南中学的历史上书写新的辉煌！说来惭愧，我没有读过高中，也没有读过正式大学。中等师范学校毕业后，19岁就开始当老师，一边参加工作，一边在职进修，通过自学、函授取得本科学历。工作27年，教过小学，教过高中，获得证书和荣誉很多。最值得我骄傲的是，在一年半时间内取得自学考试大专文凭，获得温州市自学考试优秀毕业生，圆了大学梦。在高手云集的苍南中学，你们面对的压力，承受的艰辛，心里清楚。不管是暂时的成功，还是后悔的泪水，对青春而言，那都叫成长。只要我们树立努力拼搏意识，懂得自我管理，一定能找到成功的金钥匙。

还记得吗？今年七月份的高三校区入驻仪式，我们喊着口号，踏着青春的脚步经过得胜门，留下战斗的身姿。还记得吗？在教学楼前各班飘扬的战旗，令我们激动无比的喊班活动：从这里出发的旅程最美！我们要克服偷懒怕苦的负面心理，坚定目标不放松，刻苦学习讲方法，在学校的统一安排下，严格要求自己，训练自己的意志品质和坚定的执行力，对青春负责。只问耕耘，不问收获。

电影《美人鱼》的导演周星驰创造了中国票房纪录的神话。他刚当演员时只是在扫地和跑龙套，但他觉得自己是"研究僧"，他说："人生没有梦想，与咸鱼有何区别？"在拍《射雕英雄传》时，他演的小角色一出场被梅超风抓一次就死了，他建议能否先挡一招再死，遭到导演拒绝。但是，此后他依

然开心地提建议，开心地被否决。成名后，别人问他成功秘诀是什么，他说："两个字：努力！努力是我永远的信念！"

我们要赢得起，也要暂时输得起，化不服气为动力。侥幸考好了，骄傲放松，好事就变坏事；暂时考差了，迎头赶上，坏事就变好事。现在关于学考、选考的很多信息都是传闻，不可全信，有的数据分析仅是一家之言靠不住，高考成功的关键还是传统学科语数英。新高考，比起"一考定终生"有很大的进步，但新生事物不可预知的因素很多，造就了很多黑马，也让有的同学不适应，这都很正常。每次考试，总是几家欢乐几家愁，我们必须重整士气，鼓足信心，绝地反击。亡羊补牢，未为晚也。哪有那么多的天生学霸，不过是他们经历挫折不甘心放弃而已。衡水中学是学霸级学校，衡中的奇迹是"练"出来的。衡水人上厕所、跑操记公式，吃饭排队记单词。衡水人英语课文倒背如流，错题本高达一人高。每个人都有无限潜能，当为了目标而拼尽全力的时候，身体就会释放出巨大的能量，并最终会取得令人刮目相看的成绩。

同学们，认真是一种态度。我很喜欢高三（14）班教室后面的一句话："努力到无能为力，拼搏到感动自己！"你不努力，谁也给不了你想要的生活。每一个为梦想竭尽全力的你，都是勇士。人活世上，需要呼吸。呼，就是为了出一口气；吸，就是为了争一口气。"一等二看三落空，一想二干三成功"。人生只有走出来的美丽，没有等出来的辉煌。尊重生命，就要不断超越自己。渴望成功，需要无比坚定的信念。唯累过，方知闲；唯苦过，方知甜。没有经过无聊和痛苦的学习过程，就不可能取得让你快乐的学习成绩，任何学习都是一种艰苦的付出。昨天再好，也走不回去；明天再难，也要抬脚继续。当全世界都在说放弃时，告诉自己再试一次。只有经过地狱般的磨炼，才能拥有创造天堂的力量；只有流过血的手指，才能弹出世间的绝唱。你可以不优秀，但绝对不可以不努力。优秀是一时的结果，努力是一生的需要。学习肯定是辛苦的，全世界都一样。安静地做一名学霸，就是最美好的青春。

同学们，人生就是一本书，封面是父母给的，内容是自己写的，厚度可能不完全由本人决定，但精彩程度却由自己创造。比起面朝黄土背朝天的农民，比起在建筑工地受烈日暴晒的工人，比起在寒风中叫卖蔬菜水果的果农，你会发现，学习是最轻松快乐的事。不要辜负这十几年象牙塔的时光，它足能撑起你的梦想，让你的目标落地开花，人生充满无限可能和希望。如果在最该努力的年纪选择碌碌无为，借口平凡可贵，我敢保证，将来你会非常后悔，当然现在却无法言说。不要抱怨读书苦，那是你通向世界的路。罗素说过，人生应该像一条河，开头河身狭窄，夹在两岸之间，河水奔腾咆哮，流过巨石，飞下悬崖，后来河面逐渐展宽，两岸离得越来越远，河水较为平缓，最后流入大海，与海水浑然一体。其实，这也是学习历程的写照。走过这段最狭窄的地方，那些你吃过的苦、熬过的夜、做过的题、背过的单词，都会铺成一条宽阔的路，带你走到你想去的地方。

拥有梦想是一种智力，实现梦想是一种能力。我们要感恩父母养育，牢记老师栽培，珍惜高中生活，充分利用高三最后冲刺阶段的日日夜夜，为命运代言。如果你是雄鹰，没人鼓掌，也要飞翔。如果你是小草，没人心疼，也要成长。如果你是深山里的小花，没人欣赏，也要芬芳。哪怕遍体鳞伤，也要活得漂亮。成功，就是将别人坚持不下去的事情坚持做下去。感到绝望的时候，请相信，有时候奇迹不过是三个字：不放弃。天赋可以使你优秀，但坚持却能让你卓越。人生会遇到各种挫折诱惑，唯有迎难而上、坚持到底，才能看到不一样的风景。

"成功的秘密就是两个字：坚持！别人不理解的时候，坚持！很多人反对的时候，坚持！身处逆境的时候，坚持！别人都放弃的时候，坚持！绝望的时候，坚持！实在坚持不住的时候，再咬牙坚持！天寒地冻的时候，坚持！孤独无助的时候，坚持！坚持，坚持，再坚持！有一天，你一定会发现：我将成为那个领域的顶尖人物！我将成为英雄！我将成为命运的主人！我将成为自己都不敢相信的奇迹！"

十三　日常见奇妙，智慧显关怀
——两个班级班主任的那些事

尊敬的各位领导、老师们：

大家好！自从踏上讲台那天起，我就立下了"一辈子当班主任"的梦想，至今已连续担任小学、初中、高中班主任22年。通过这两年的学习、实践和反思，我认识到自身的不足，从感性走向策略，从烦琐走向智慧，从经验走向专业，逐渐形成"平常中见奇妙，智慧里显关怀"的班主任德育风格。

我愿借此机会，和大家分享我担任两个寄宿班班主任的那些事。记得刚接班的第一个月，我简直过着一种煎熬琐碎的保姆生活：每天巡视3个楼层，13个宿舍，24张餐桌。每周日下午3点前到校，查看学生返校情况。每周六中午11点半后离校，结束一周繁重工作。每天晚上12点半后睡觉，天没亮就赶往学校全程跟进学生起床和晨跑情况，每天上好几节课再加晚自习，还要批改两个班数学作业，处理日常繁杂事务，正所谓"吃喝拉撒睡，全部要到位"，每天伴着嘶哑的喉咙、酸痛的双腿、沉重的身躯、僵硬的表情在机械地工作。每天睡前要反思：今天做了些什么？明天又该做些什么？如何排队打菜，如何安静睡觉，如何扫地叠被，如何文明守纪？这一切的一切都一一记在《班主任工作手册》里，想一件，做一件，勾一件，写得纷纷杂杂，涂得密密麻麻。我总是最后一个人吃饭，看学生吃得差不多了，才扒几口冰冷的剩菜，连食堂工作人员都夸我是个不可多得的好老师。有时甚至还打地铺与学生睡在一起，地也冰，腰也疼，还要担心被踩踏。学生的体育课、音乐课、电脑课、劳技课、美术课上等无时无刻不出现我疲惫的身影。

随着年龄的增长、体力的下降，我陷入了痛苦的思索：难道我的教育激情就这样被耗尽榨干吗？难道这就是我所要追求的完整幸福的教育生活吗？这时，研修班导师团为我打开了一扇窗，让我找到了梦寐以求的答案。同样曾经是两个班班主任的拥有"江南魏书生"美誉的朱永春导师说了这样一句话："要活出懒的最高境界，用智慧走进学生心灵，以研究者的心态对待两个班管理课题，要当得比一个班还要轻松，要达到1加1小于1的境界！"可谓一语惊醒梦中人。慢慢地，我找到了两个班工作的窍门：借力发力，以班治班，比学赶超，争先创优，积极引进社会管理经验，化个人劣势为团队优势。特别是我当选市人大代表，与省委常委、市委书记陈德荣同志亲切握手后，更具信心和力量，"大张旗鼓"地开展两班"互看互学互比"活动，"大张声势"地奏响"交流、竞争、合作"三部曲，班级工作齐抓共管，统筹兼顾，合作共享，激起了同学们比学赶帮的热情，形成了浓厚的竞争和学习氛围。比如：哪个班卫生角摆放整齐，就互相参观；哪个班晚自修纪律不错，就互相查看；哪个班学习气氛良好，就互相交流。其中一个班级每天按座位轮流派两位同学到另外一个班级学习体验一天。此外，制订了班规如"桌椅横竖一条线，地上纸屑看不见""桌面清空，椅子前移""铃声一响，闲话不讲，坐姿端正，精神饱满"等，安排专人记录情况，发表评论，使监督常态化。

为了加强家校联系，发挥家长后援团的巨大力量，我几乎一学期内马不停蹄地走遍了94个家庭，足迹遍及苍南大地。让我引以为豪的是，我是苍南县校讯通短信群发数量第一名，平均每天3条以上，大事小情随时沟通，内容全面、文字感人，移动公司专门派员工给我送来苹果平板电脑作为奖励并合影留念。家长的水平也随着与我接触时间的增多而提高，我每天拿着家长回复的短信与学生当面交流，并召开全班或者小组分享会，成效显著。

为避免寄宿生活的单调，我开展了形式多样、丰富多彩的活动：早自习要求学生起立大声疯狂朗读，提振士气。每周开展班级达人秀颁奖典礼、家长"百家讲坛"，鼓励同学每天练习书法、跳绳，坚持天天练，每天十分钟。我总是以持续的激情，不断地激发孩子每天充满斗志。此外，还有一些其他活动："告别六一"结对，慰问山区少年；共度重阳佳节，看望社区老人；培养动手技能，参加田园劳动；学习科普知识，参观自来水厂；树立雄心壮志，参观清华北大等社会实践活动。我还开办了一些独具特色的班级活动，如开展班级年度感动人物评比，成立各种针对班级陋习、丑恶现象的如"制止打闹、转书转笔"等"民间自治管理委员会"，召开两班同名学生座谈会，如名字中有涛的"波涛之声"联谊会、有旭的"旭日之光"联谊会等。

我知道管理两班不容易，我的内心一直在说服自己，最怕自己忽然说要放弃。当老师需要勇气来面对各种压力，只要有一点掌声肯定，付出就有意义。一直以来，有个声音在对我呼唤："别对自己说不可能！"我每天的目标是尽力做到最好。哪怕我每天只能激励一个人，也要尽力做到最好，热爱自己的生活，喜欢自己的身份，接受并迎接挑战，相信自己。昂首挺胸，认真地活，用心地过，这就是美好的一天！此时此刻，我有太多的不舍，特别留恋与导师、同学们在一起的美好快乐时光。研修班，为我搭设提升磨炼的舞台，给我提供奋发上进的能量，让我收获友情，找到归属感！感谢您，帮我续写成长新篇章的朱永春老师！感谢您，为我提供学习新平台的温州教师教育院！谢谢大家！

（此文为温州市首届名班主任高级研修班结业典礼的汇报发言2012年12月）

第三章　我行我述

一　学车跟教育有关

2008年9月18日上午11点30分，我通过了科目三考试，成功拿到了驾照。先后历时4个月，用汗水和智慧见证了一本驾驶证的诞生。按捺不住内心的喜悦，不顾一天劳累，将学车过程中的所见所闻所思所感结合我对教育的感悟写下了这一篇感想。

感悟之一：认真做事。既然学车了，就要把它放在重要的地位，认真地去完成。我本来皮肤就比较黑，对晒没感觉。暑假学车是最热的时候，我都是一整天地学，没有特殊情况绝不偷懒。很多熟人见面后，惊奇地问："你怎么又黑了？"我骄傲地告诉他："这是学车的结果！"在科目二考试训练时，驾校另一个教练被我感动了，因为他发现，我哪怕只有一个人在车上练时，也很好地完成开始和结束时的"报告考官，仪表正常，请求起步！"和"考试完毕，请求下车！"。他说："这样的学员怎么会考不上！"

感悟之二：正常心态。我是一个动手操作技能偏弱的人，在学习之初，就有同事预言，说我一定要补考。在平时练习中，我不算是接受能力很快的学员，老是忘这忘那，总会出各种各样的差错，教练对我也是特别照顾和关心，但对我的实力表示担心。最终的结果是，我全都一次通过，除了可能有运气成分之外，更多的是过硬的心理素质和良好的心态。结合教育，我的感悟：考前充分准备，真正到考试时，一点都不紧张，集中注意力做该做的动作，保证练习中出现的错误不在考试出现。一个先天不足的学生，如果老师特别关注，学生认真对待，往往也会取得意料之外的成绩。

感悟之三：普遍联系。生活中，哲学道理无处不在。也许是出于行业习惯，在学车的整个过程中，我思考最多的是教练与教师、学员与学生、学车与学习的关系。每当教练讲起自己与学员之间的故事，我就特别能理解，这不就是老师和学生之间的案例吗？我受到启发，开始从学生的角度来重新审视教育教学行为。教练通俗易懂的教学方法，亲和耐心的教学态度，有时赞许鼓励也好，有时严厉责怪也罢，不正是教育的需要吗？如何处理老师和学生的关系，如何树立老师的形象威信，如何调动学生学习的积极性，这是我从学车类比教育中意外的收获。

学车的收获和感悟，我可以运用到工作中。看清前面的路况，把握人生的方向盘，踩好油门，及时换挡和变速，注意人生的路口，必要时还要变更车道，给自己鸣一下喇叭，准确运用刹车和离合器，安全驾驶生命之车。

二　教师节琐忆

马上就是全国第24个教师节了，也是本人的第18个教师节。想想这几天忙碌的自己，9月5日接受县电视台专题采访，9月7日上午去龙港医院参加健康体检，9月8日下午参加龙港镇教师节庆祝会，9月9日上午参加县先进教师表彰会，感觉很幸运，也很幸福，实实在在地"风光"了一把。

还记得我的第一个教师节，在钱库电影院全区1000多名教师隆重集会中，我作为新教师代表发言的场景，那时的老师们就对我这位年轻人有了好感和期待，那是我第一次公开教育宣言。后来第一年就被评上了县先进工作者，还有机会去北京旅游，第一次坐上了梦寐以求的飞机，实现了以前想都不敢想的梦想。之后，记得每年教师节的礼物有毛毯、开水瓶、桌子等，印象很深刻的是乡长、镇长、书记等亲自到会讲话并发奖，这时我总深深感觉自己活在党和政府的关怀之中，人民是不会忘记我们普通的教师，因为我们从事的是培养人的重要职业。历史不会忘记我们，因为我们所肩负的是继承发扬历史的神圣使命。

我还记得获得市园丁奖时，第一次接受钱库电视台的采访，那时我正在乡下进行工作，等我匆忙赶回面对漂亮女记者的提问，我也记不太清楚讲些什么。好像有说过像我这样的老师还有很多，自己做得很不够，我把学生当作是自己的亲人之类的话。后来有人告诉我，说我说得不错，甚至连卖小吃的老板都认出我来，说："你不就是昨晚电视上的那老师吗？"我听了心里暗暗得意。

前不久的第20个教师节，因为我是县师德标兵受到县政府的隆重表彰，登上了县影城的领奖台，"项延唐"这普通的三个字写进了《金色名字》专集，普通的事迹编进了《诗情的守望》一书。

想起自己当教师的18年，我从未懈怠，从未放松对自己的要求，从未忘记对教育的承诺，从未忘记对教育的执着！

三　一切回忆都将美好
——为三年高中任教经历而写

习惯于按部就班的快节奏工作的我，整天把琐碎事务安排得满满的，俨然一个大忙人的样子，总是在台历上、班主任手册上、手机短信里，写满了每天要做的事并且一一加以落实。一旦放假在家，有时还真不适应，心里空荡荡的，不知该干些什么。于是，趁难得的周末时光整理许多尘封的记忆，打开放满荣誉证书的抽屉、书架、相册，一件件、一张张、一本本、一页页，与其说是整理近20年来的文本材料，还不如说是整理教育的前半辈子。

一切回忆都很美好。我只在钱库二高教了三年的高中，当了三年的高中班主任，分别是高一（2）班，高二（7）班，高三（11）班（艺术班）。上星期刚去母校参观过，发现变化真大，差点都认不出来了。心头也一直涌动着某种感触，一直想为自己的高中教书生涯写点什么。

从教20年，失败的地方很多，值得骄傲的也不少。比如每次精心准备的家长会，都成了全校的范本，一本保存完好的《高二（7）班期中家长会材料汇编》引起好多回忆。封面是"沟通——真情无价、沟通无限"；首页是由吴乒乒同学撰写的班级简介：56位同学组成的家，班名拓未班，意思为开拓未来，还重点介绍了班长颜孙赢的领导能力、副班长陈洪文的容貌才华。第二页是班级期中十大新闻：运动会总分第一，请重点班和浙师大实习老师传经送宝，秋游玉苍山，班级五项竞赛总分第一，班委轮流主持班队课，陈海燕文科年段17名，杨仲票、陈银芝参加县运动会榜上有名；第三页是光荣榜：班级总分前十名、进步明星、最受欢迎的同学、优秀班干部等；第四页是陈海燕同学的期中考试有感想《一分耕耘，一分收获》和我的点评；第五页是陈玉秀同学的《爸爸、妈妈、你们辛苦了》和我的点评；第六页是班委名单，还有科任老师和家委会名单等。许多人和事都能清晰地回忆起来，特别是陈承福同学还经常在网上留言。

高三（11）班（艺术班）是一个原本让我睡不着觉的班级，是一个既有美术学生又有音乐学生的混合班级，是一个让我整天行走在琴房和画室的班级，却特地为我留下专门为我写的完整毕业纪念册。两位发起人在首页写道："人生没有不散的筵席，终将有一天会离别。在这离别之际，祝老师身体健康、事业有成、天天开心、永远幸福！再见，我最爱的延唐老师——两个可爱的女孩：丽、莲。"看着一张张可爱的大头贴、一段段熟悉真挚的写满青春记忆的文字，我真的很感动！许多忘却的回忆变得鲜活，许多淡出记忆的片段变得清晰。纵观留言，学生们对我大致的评价：原先听说我很严格、很可怕，后来实际情况并不是这样，并称赞我幽默、风趣、关心、负责，善辩的口才和良好的师德是我的优点，不过眼神有些可怕。不足之处是因为有时太负责了，会导致师生关系有些紧张。详细阅读所有文字后，我有一种强烈的愿望：如果可以重新开始，我真的可以做得更好！

四　为首届"温博会"喝彩！
——参加温州市首届博客大会实录

手机上多次温馨的信息提示，早已将与会者的心迁往会场。

一路劳顿和紧张报到后，梦想中的会议正式开始了。主持人动情地说："我们相聚的理由很简单，因博而聚！"第一个嘉宾温州教师教育院周平珊院长在发言中指出，博客是当代老师发展的新途径，它减少了教师职业倦怠，让我们有思想探索基础教育的美好未来，实践学习型社会要求。来自苍南的现任温十五中黄高勇校长介绍了学校情况，从发言中感觉他是一位实干的科研型校长。温网博客叶纯正总编的发言很经典，他指出，教育博客是教师的第二讲台、学生的第二课堂、家长的第二教室，记录教育生活，共享教育盛宴。吴思孝老师介绍了历届市博客大赛的情况和评分标准，温州商报编辑介绍了新学期周刊的情况。

重头戏是各县市的各级各类学校代表进行经验交流，他们的发言各具特色，说出了博客对自己的帮助和改变以及产生的各种效益。它能成为学校宣传阵地，促使自我修养提高，能促使我们拒绝诱惑，克服惰性，在同伴互助中成就幸福的班主任之旅。博客的内容多样，有学科教学的，有作文指导的，有心理辅导的，有班级工作的，真是丰富多彩，各有千秋。我县机关幼儿园的吴飞萍老师也介绍了构建数码社区、加强家校联系方面的成功做法，博得大家掌声。

教师博友才艺展示及现场互动环节，至今我还记忆犹新。那充满诗情的诗歌朗诵，那激情洋溢的唱歌现场，以及"请让我们认识你，欢迎来踩我的博"的感人场面。那种随意洒脱、激情温馨的现场即兴发挥和真情对白，使我们早已忘却现实的距离。勇敢的卓文宏老师主动上场参与推介，谢建中老师被抽中上台亮相。最后，温州教师教育院谷定珍副院长展示了他为本次大会精心书写的书法作品"美的心灵，爱的世界"，并为本次大会做总结。

统一坐成一排的苍南博客团队也借机集体留影，共聚午餐，留下许多难忘的回忆，我们都为苍南历次以来智客的辉煌感到骄傲，特别是2009年获市级一等奖的几乎是我们。博客，人类全新的栖息方式。让我们放飞美丽心情，共筑大爱世界，壮我博怀，共叙博情，我们期待来年再见！

五　提高认识，学以致用
——记苍南县第七期心理健康 C 证培训班开班仪式

2010年1月9日上午8时许，苍南县第七期心理健康 C 证培训班开班仪式在县进修学校四楼多媒体报告厅隆重举行。开班仪式由教育局办公室主任陈长河主持，主席台就座的还有教育局副局长缪仁谷，进修校校长杨立先，副校长黄通领、黄祥鹏。

主持人陈长河在开场白中指出，现在学校德育现状不容乐观，各种不利的因素在影响着青少年的成长，使我们的德育针对性、实效性变差，学生中行为偏差的现象屡见不鲜。他语重心长地说："德育是根雕，不是泥塑。爱是艺术，是学问。"只有掌握学生的心理规律和特征，才能更好地做好教育工作。苍南县教育局历来重视心理健康培训工作，前面已经举行了六期，共有2000多人接受培训。本期是第七期，共有学员170多人，其中龙港高级中学就有17人，可见领导之重视，这也成为学校的办学特色，这项工作已经得到大多数学校领导的支持。

会议的第一项议程是学员代表讲话，做精彩发言的是来自龙港高级中学的金双燕老师。她用亲切的语气真诚地诉说了自己参加培训的动机，是为了孩子、学生和自己。她建议教师每天"扪心自问"："你还用错误的方式教育孩子吗？"倡导要给学生以学习过程的快乐、健康的人格，捍卫孩子的主观能动性，要抓住教育的契机，关爱呵护学生。她介绍了心理健康教育对自身成长的帮助，讲述她体会到学习可以给狭隘的心门打开一扇窗，呼吁学员好好学习，认真接受培训。接着是杨立先校长讲话，他代表进修学校对我们的到来表示欢迎，同时介绍本次培训的目标、内容安排以及注意事项的要求等。最后，缪局长发表了重要讲话。他首先对上海东加西人才咨询研究所张静涟教授的到来表示感谢，然后十分亲切地拉家常似地与我们聊了起来。他要求我们提高认识，明确目的；转变角色，当好学生；学以致用，推进教育。还要端正学习态度，尊重讲课老师的劳动，要加强同伴之间的互助交流，要珍惜这个来之不易的学习过程。

在仪式结束时，陈主任深情寄语："天下大事都是从细小之处做起，天下难事都是从容易之处做起。我们从事的教育工作既是大事，又是难事，那就让我们从现在做起吧！用心理健康的知识去打开孩子们健康心理的大门！"

六 昨夜，无法入睡
——参加项桥中学 96 届学生同学会有感

2010年农历正月初一晚上6点，在钱库百花街某酒店，时隔15年之后，项桥中学96届同学会如期举行。

我是第一个应邀到场的老师，在酒店门口看到"项桥中学96届同学会"字样时，很有感触，如今学校已经撤并多年，不复存在。当我踏进一楼大厅时，已经来了不少学生围坐在一起。不知是谁宣布："项延唐老师来了！"学生纷纷起立迎接问好。遗憾的是，我还有个别学生的名字叫不出来或者张冠李戴，尽管我事先已经反复看照片做了准备。15年了，学生的变化实在太大，我拿着特意携带的三张集体合影给大家一一指认，照片在学生之间传着，有的学生还拿出手机拍摄，负责照相的陈世排同学不时地捕捉难忘瞬间。特别是项桥中学艺术节大合唱照片，前排是电子琴伴奏，林陈钗同学指挥歌曲《我是一个兵》，至今还记忆犹新，甚至有学生说还记得是唱到哪一句。此时，屏幕上响起歌曲《友谊地久天长》，世排问我："这是老师教的，您还记得吗？"颜贻操同学回忆起表演《三句半》的情形，女生们纷纷提到了当初剪短发一事，说那种"削发明志"当初不太理解。林小芹同学还记得，当时因唱《我被青春撞了一下腰》被我批评的往事，说她的爸妈至今还经常说，如果不是当初的我，自由散漫的她是不会有什么好成绩的。陈智猛同学一直在我旁边略带醉意地交流，介绍自己坚持到底不放弃、打地铺、睡地板的创业故事，说我带给他的精神动力终身受益。我一直略带愧意地表示，由于当初年轻，做事比较极端，急功近利，希望他们谅解，同时也表扬了他们当时的刻苦、懂事。随后陆陆续续，当初的任课老师大部分都来了，有的老师一到场就迫不及待地拿起报到名单一一到各桌去指认，还叫我帮助回忆。

主持人吕银丹同学宣布同学会开始，首先是班长吕存湖代表大家讲话，他希望大家经常联系来往，将友谊进行到底。轮到班主任讲话时，我准备好的词都忘了。语无伦次地说道，当初是一种缘分，我们作为项桥中学的"末代学生"给学校画上了完美句号。感谢同学们的邀请，感谢你们还记得老师，也给我们老师相聚交流的机会。我愿意继续为大家服务，但愿有机会当你们孩子的老师。

在整个活动过程中，大家都很主动兴奋，纷纷离席互相认识、敬酒问候。我记不清有多少学生来敬酒，毫无酒量的我只能"请求饶恕"。学生们还与老师们同唱歌曲，共同举杯，现场气氛多次达到高潮。我也在班长孙丁供同学的带领下，一桌桌去敬酒，叫一声学生名字，学生干一杯，最后全桌一起痛饮。席间，我详细地看了一下他们即将要做的通讯录，学生中有公务员、医生、老板、教师等方方面面的人才，这也不正是当初努力所要追求的吗？相聚总是短暂，天下没有不散的筵席，要提前告别时，学生们再三挽留，并全体起立迎送，反复表示我们永远是他们的老师。

我们当老师的几个老同事如今也是各奔东西，难得再次相聚，于是找了个喝茶的地方再叙旧，一起回忆当初的艰苦历史，欣慰如今学生的长大成才，感慨现在人事变迁、岁月流逝，以及当初如何倾尽全力打造第一届初中学生，感叹当初的奋斗精神和团结合作。也许是相聚的兴奋，也许是酒精的作用，到家以后我无法入睡，满脑子是今晚的相聚，是往事的回忆！

记得，当时项桥中学失去了一位泰斗级的人物，一位生活十分俭朴、教学无比认真、深得学生爱戴、很受家长欢迎的项祖威老师被查出是癌症晚期，因医治无效，永远离开了他心爱的教育事业。学校把原本任教这个班的林老师调去接他的初三，把我从小学调到这个班教数学兼班主任。为了继承已故前辈的遗志，为了给学校打个翻身战，为了这一批农村的孩子将来能，到更广阔天地去施展才能。我临危任命，力挽狂澜，类似于一个人开办了一所寄宿制学校，管学生的吃、住、学等方面，承担了来自方方面面的压力。用的是女排的训练精神，学生曾对我说："繁忙的班务使您变老了，简直不敢相信您才25岁，您为我们付出了一切，您是天底下最好的人，师恩如此之深，叫我怎能忘怀？"

现在，每当我松懈时，我就用过去拼命三郎的精神来鼓励自己。我可以自豪地说："我是第一个敢吃螃蟹的人，我把这批优秀的学生送上了高一级学校，还他们该有的优秀，给了他们人生一笔最宝贵的人生经历和精神财富！"

七 市局派人来考察

在无比期待中，终于等到了关于市名班主任评选的上级通知，市教育局要在2010年6月21日来学校现场考核。我的内心当然十分激动，在前一天晚上准备了述职报告。

当天带队的是温州二中温文尔雅的朱校长，大家都佩服他的讲话水平，他曾是班会说课的五大评委之一，随同的还有县教育局人事科沈世全科长。

在郭校长、沈科长简短的开场白后，朱校长介绍了这次考核的详细情况，要求大家本着对名班主任考核对象高度负责的精神，就德、能、勤、绩四个方面给予评定，要避免个人恩怨和其他干扰因素。首先由我做述职报告，此时感受与平时讲话大有不同，专门对我进行考核，级别之高，思想之重视，确实激动不安。在熟悉的同事面前讲自己的过去和成绩，有些不好意思。但事后同事们告诉我，称又一次被我感动了。之后是填民主评议表，并请了3位老师代表、有关领导座谈了解。很多同事见面都祝贺我，从大家反馈的信息来看都非常好。他们觉得我的教育业绩要推广宣扬，称我确实把工作当事业来做，如果学生在我的班里不成才，实在是不应该的。他们说，我作为数学老师却拥有语文功底，还热心写博客，连续20年钟情于班主任工作十分难得，是学校阶梯教育课题的主要力量，是年轻老师的榜样。同事的热心鼓励，领导的大力支持，给了我极大的信心和力量。我要感谢他们在关键时刻总是这么关心照顾我，之前评县首批名班主任也是这样。特别是已经毕业的学生，从四面八方不顾路途劳累和天气炎热赶来。当我把这些情况告诉现在的学生时，他们也很感动，很为我高兴。

回顾参评的过程是蛮惊险曲折的。当初对照评比条件，我很犹豫，并不抱很大希望，感谢学区领导最后一天指定要我报名。我在一天之内，赶制了整整一大本的资料汇编。资料交到县教育局时，人事科领导说我的材料是报名对象中最好的，心里有些宽慰。之后的材料审查从全市60多位报名对象中留下43位，其中初中是15位，直属学校8位，县市级有乐清、永嘉、平阳、苍南共7位，我是苍南唯一一位。经过残酷的说课比赛之后，初中剩下公示考察对象只有7位，县市级从原有的7位到只剩2位。最后是学校考核、民意测验、公示对象。我在温州教育网上看到了公示名单后，又一次陷入了不安与期待之中，因为在公示考核名单中每位都是高手，但有4位要被淘汰。

八 参观县广播电视台有感

父亲节这天，我和儿子一起逛县城人民公园，之后又参观县电视台。虽然很遗憾，每个演播室都是大门紧闭，但看着儿子好奇的眼光，以及这里看看、那里摸摸的高兴劲，我想起了与电视台打交道的几次经历。

大概是1992年，那时我在钱库项桥小学工作，钱库电视台来进行教师节采访，我刚好下乡做工作。后来，我急匆匆地赶到钱库一小的一棵大树下接受采访，具体讲什么已经不太记得了。印象中，记者叫我先思考一下，打个腹稿，然后对准镜头说话。自己也没看到节目播出，只是听熟人说，说得挺实在的。后来我在钱库横街买东西时，连摊点小老板都能认出我来，说好像在电视里见过我，有幸过了一把小地方的"名人瘾"了。

接着，好像是在钱库二高拍新春团拜会的宣传广告片，记得当初这是我的创意，宣传片中有让部分老师摆成队形齐说："您孩子的成才是我们最大的心愿！"以及其他祝愿的话语等情节。还是在钱库二高，苍南电视台"校园风向标"节目组来拍我校艺术班一天的生活，我作为班主任一天陪同拍摄，向导演提出好多想法和建议，谢导连说我有才华、有创意。后来我带队去电视台录节目，还是在钱库二高，是为艺术班同学制作一期专题演出节目，我也因此全面了解了一个节目的完整制作过程。我还有当演员亲自上阵的经历，也是在钱库二高。那时代表县教育局参加"我为党旗添光彩"的演讲比赛，由苍南电视台录播，主持人帮我化的妆。那天有那么多现场观众与评委的鼓励，那么多镁光灯的照耀，那么多摄像摄影机拍摄，现在看来就是星光大道，老百姓的舞台。那次的演讲比赛影响真的很大，好多熟人都知道我上电视演讲，都说听了很感动。

在龙港实验中学，因为要制作一期学校广告片，龙港电视台到我的教室拍我上课的情形。很遗憾，我也没亲自看到。很多熟人是看了电视广告后，才知道我调到龙港实验中学的。为创教育强县制作专题片，我办公室的老师都身穿校服，手拿教具，在教学楼、科技楼道上"走秀"，在校园漫步谈心，模拟校园教学生活，很有创意，极富美感，现在还经常在教育类节目中当背景画面播出。专门与我个人有关的一档节目是县电视台2008年教师节"玉苍先锋"专题节目。专门拍摄我的办公室、宿舍、上课情形，讲述我的班主任事迹，采访我的校长、学生、同事等，历时半天，播出近10分钟。我在电视机前录下该节目，作为永久的纪念。

九　参加学生婚礼有感

2008年3月19日，阳光特别明媚，空气特别清新，路边的油菜花散发着幸福的芳香，这是我第三次参加学生的婚礼了。

记得第一次，亲眼看到学生穿上婚纱成为漂亮的新娘，居然有一种莫名其妙的幸福感和沧桑感。现在，新娘是一位优秀的舞蹈老师，也早是孩子的妈了，但我还能清晰地回忆起那一幕。

第二次，是当初两位同班的学生结婚了，真的很陶醉。这是我最为得意的两位学生，都是班里的重要干部，他们家长的朴实令我很感动。记得，新郎两兄弟都是我的学生，当时兄弟俩都考上高中时，他们父母特地叫孩子来邀请我，说有话要跟我说，当时我也没怎么细想就骑车去了。到他家时，才知道是请我喝酒，好多亲戚都在等我。这是我第一次接受学生的请客，为家长的真诚所感动。新娘也是老师，当时家里情况比较特殊，我一直都很牵挂，现在是有孕在身的准母亲了。

还有一次没有去成，订婚时有邀请我，当时我满口答应一定会参加这位学生的婚礼。他考上苍南中学时，我们真的舍不得吃他的谢师宴，因为他那时家境不是很好。现在，这位同学已经是高级中学的老师了，妻子也是老师，相貌清秀。碰巧的是，他们举行婚礼的那天下午学校召开阶梯教育研讨会，我要做主题发言没去成，后来一直心怀歉意。

第三次，紧张忙碌的新郎紧紧地久久地握住我的手，连说欢迎我的到来。他现在中国银行工作，许多同事坐满好几桌。我遇到了项桥中学许多毕业生，他们都在事业上很有建树。学生纷纷向我敬酒，并给我递了名片，互相留了通讯号码。学生改变的是容颜，不变的依然是气质、个性与品德。想想他们的过去，看看他们的如今，怎能不感叹！新郎、新娘来敬酒了，我故意"刁难"新郎："你新娘有了吗？"一向思维敏捷、反应神速的新郎思考了一下，觉得这是一个无法回答的双重含义的问题，就说："还没有！"我们质问："明明新娘就在旁边，怎么说没有呢？要罚酒！"大家哄堂大笑，新郎主动罚酒。笑声中，感受到新人的幸福。

参加学生婚礼，让我更加坚信：曾经播种，正在收获。善待现在的学生，就是善待自己的将来。教师的价值不就是培养一批批优秀的学生吗？幸福着学生的幸福，快乐着学生的快乐，不正是我们的追求吗？我幸福，我能参加学生的婚礼！

十 记我的三次即兴演讲

记得读初中时，我不擅长讲话。在乐清师范学校第一次开学典礼上，一个学长在台上不用讲稿、来回走动、各种手势的激情演讲让我大开眼界，于是立志要学习演讲，希望有一天也能和他一样站在台上。后来，在乐师参加了一个现在想不起来名字的兴趣小组，于是就有许多在学校参加演讲比赛的机会，结果基本上都是那位学长第一名，我第二名。中师毕业走上工作岗位后，我参加了三次学区级比赛、一次镇级比赛都是第一名，两次县级比赛都是第二名。演讲内容蛮真实感人，但个人形象和普通话差强人意。参加演讲比赛准备磨炼的过程十分考验人，但也是不断提升综合能力的好机会。由于年龄的缘故，我已经不再参加演讲比赛好多年了，但印象比较深的还是我记忆中的三次即兴演讲。

1988年，在中师读书的我第一次参加"漫画即兴演讲"，抽到的漫画是"一个档案袋"，除此之外，什么也没有，只能准备五分钟就要上台演讲。我紧张了一下后，马上恢复镇定。我演讲的内容大概是说，档案袋在中国人事管理中的作用，成为上级用人的主要依据，也是记录人生、追求进步的主要见证，同时辩证地指出其中只看档案这一做法的弊端。最后，我巧妙地改用唐太宗李世民说丞相魏征的一段话，用比较诗意的排比句结束：如果我们以历史为借鉴，将可以借古代通今天；如果我们以他人为借鉴，将可以借他人为我用；如果我们以档案为借鉴，将可以借过往求进步。现在看来，那次演讲内容是有很多牵强附会，但在短时间内能顺利讲下来，就已经是不错的发挥了。

第二次，是2005年苍南县首届班主任技能大赛的提问现场回答。当时是在苍南小学大礼堂，面对近千名的现场班主任观众。我抽到的好像是关于学生早恋的话题，现在想起来，应该也像是长三角地区班主任基本功大赛的模式，而且面对的不仅仅是评委，更具有现场挑战。其实，我喜欢这样的挑战，印象中我的主要回答内容：首先是理解宽容，这是成长成熟的标志和必然经历；然后是在适当的时机以合适的方式进一步地了解和交谈，做好疏导和指引工作，千万不能把他们逼入极端，暗示学生暂时冷冻保留情感，在学业上继续努力，在不同的人生季节完成不同的人生使命；最后是通过开展丰富多彩的班级活动，转移和吸引学生的注意力，化私人情感为团队动力，说不定还会成就一个美好的情感故事。尽管回答没什么新意，其实也很难解决什么根本问题，但还是引来现场听众自发的笑声和掌声，并且还意外获得初中组第一名。

第三次，2008年县首批名班主任考核问题现场回答，这也像是班主任基本功大赛的形式。我抽到的问题是"我面临的是一个新接班级，学生很乱，根本不把老师放在心上，在体检中发生了实验室爆炸的事故，我该怎么办"？我的回答大概是这样的：立即送医院抢救，学生的安全是第一位的；安慰学生受惊吓的心，从某种意义上讲，他也是受害者；进一步调查学生不听老师管理的原因，如果是老师自身原因，要加以反省和改正；如果是学生原因，要制订详细教育计划和相应系列对策；要利用这次难得的教育机遇，动用一切教育力量召开主题班会，加强对班级的整顿和管理，后续教育要及时跟进。这些回答，跟现在我们温州班主任选手在各级基本功大赛上的回答相比，简直相形见绌。但在十年前，在没有任何套路指导的情况下，也是值得肯定的。

细想起来，毕竟是即兴回答或随即演讲，很多内容就在一念之间，时间匆促，气氛紧张，漏洞和不足肯定很多，但能为更多的即兴发言提供经验，这也是我如今面对任何发言场合不再慌乱，甚至还能自由发挥的重要原因。

十一 同学会琐忆

很遗憾，没有开过小学的同学会，偶尔遇到个别小学的同学，自然是感叹变化巨大。我对读小学时的毕业联欢会印象深刻：大家在教室里边吃水果，边摇着毕业纪念品——一个黑色小折扇。这样的情形在脑海中挥之不去。

好多年前，开过一次初中同学会，我是筹备小组成员之一。地点选在学校里，邀请老师参加。既有茶话会，又有酒会，尽管在教室里通宵被蚊子咬，我们还是坚持下来。同学们变化很大,虽然原来就是老乡,但彼此联系不多。印象中的初中毕业联欢会比较正式隆重,我们把每位同学的名字做成纸条,抽到的要表演节目。当初什么节目都不会的我,利用"职务之便",偷偷地把自己名字拿出来,同学都很奇怪我怎么不用表演。犯下如此"严重"的错误,现在想弥补是不可能了,我也一直心存遗憾。

最值得骄傲的是,乐清师范学校的同学会开得相对比较频繁,我们苍南籍的1990级校友也开过两次校友会。同班的七位男同学自称"七匹狼",偶尔有聚会和人情来往。毕业18年,同学会一共已经成功举行了三次,这是十分令人羡慕的。

第一次是2000年在乐清雁荡山举行,也就是毕业十周年的时候。那时大家毕业很少联系,通讯十分困难,据说只到了20多位同学。我因去北京未能参加,成为一个永远的遗憾。

第二次是2005年在我们苍南渔寮举行,当时说每五年举行一次。由于是东道主,我早早就开始筹备工作。毕竟是18年没有见面了,当跟专车去温州接同学时,好多人已经认不出来了,尤其是男同学大多发福,再也不是记忆中的"翩翩少年郎"。好在一下子全都回忆起来了,不改的是个性和声音,以及珍藏多年的回忆。我们在渔寮举行了篝火晚会,在我和朱春敏同学的主持下,同学们一个个上来介绍自己和表演拿手好戏,忘记了年龄和身份,一起跳起"兔子舞",班主任徐老师也伴随我们始终。在离别的车上,一起吼起了当年的歌曲,不少同学眼眶湿润,一一惜别。但由于种种原因,那次同学会只到了30多人,我们后来约好:"2008,相约永嘉!"

刚刚结束的永嘉南溪江同学会,是促使我写这篇文章的主要原因。组委会周到的安排,全班46人有40人到会,大家始终积极配合,是这次同学会成功的主要原因。在集体合影时,站在第三排高处的我,在偶然低头的瞬间,看到了相当一部分同学满头的白发,我情绪落到低谷,感叹谁也无法逃避岁月的赏识和惩罚。尽管大家有说有笑,十分开心,回忆起学号,回忆起同桌,回忆起一些互相补充的细节,但不知道若干年以后的我们,又将是一种怎样的状态?就像很多同学表示的一样,虽然我们个人的发展可能有些差异,但只要在自己领域有所建树,见面时大家都身体健康、开心融洽就很好。随着两天相聚时光的消失,我又一次陷入了沉思,猜测着人生留给我们的下一个谜。

我们再次相约：在毕业20周年的时候"2010，洞头相见！"我们期待46人共同的人生约会。（后来中间穿插一次鹿城同学会，洞头有推迟举行，形式和内容记忆深刻）遗憾的是我的自学大专没有同学，本科函授教育也难以开成同学会。但中师三年的同学情谊如此之深，已足够让我品味。

十二　我和我的历任校长

接触过的校长较多，总有人羡慕我，说我很幸运，每一个校长都对我很好。一直想写一篇"我和我的历任校长"回忆文章，绝非奉承拍马之意，也无宣传自己之念。回想参加工作的历程，自己没有任何背景靠山，全赖一路上培育我的恩人，我也确实从不同校长身上学到很多做人做事的道理。

我的首任校长是项桥小学林永镇校长，是一位做事有主见、有魄力的领导，是我从事教育事业的引路人，经常赞誉我为"一盏正在亮起的明灯"，及时给我指导和关心，给我机遇和荣誉，让我的事业有了很好起步。他对我的要求十分严格，总是以很高的标准来要求我，对我的批评也是毫不客气，并且经常勉励我说："一个好的班主任，就可以当一名好校长！"中师刚毕业时，由于才19岁，真的什么都不太懂，特别是面对复杂的人际关系，是校长协同教研组的老教师们手把手、心贴心地指导我，让我脱颖而出。我凭着年轻人的热情，做出了许多现在看来确实是不可思议的无私奉献。在全学区的教师节大会上，刚踏上讲台的我就能代表几千名教师发言，对我激励真的很大。从那时候开始，我就立志走遍每个孩子的家庭，立志当一辈子的班主任。我在全乡公开课崭露头角，全乡统考成绩脱颖而出，当地群众对我有口皆碑，确实为学校争得了荣誉。

我的第二任校长是项桥中学金良所校长，我感谢他在我人生的关键时刻接受我、指导我，他的德高望重促使我人格的深化，让我看到了一位老者的宽容和慈祥，让我懂得如何处事不惊、冷静面对，如何严于律己、宽以待人，如何将心比心、以德报德。他用人生的智慧和独特的人格魅力征服了我，使我懂得了管理的核心是情感，为人的根本是爱心。当时，我从一名小学语文老师第一次任教初中数学，班级成绩虽然不错，但所教学科还是有些问题，在学科转变和学段适应方面显出不足。他总是宽慰我说："看一个班主任的成绩，主要是班级的总体，而不仅仅是自己所教的学科。一个班主任如果仅仅上好自己的学科，那是远远不够的。"至今，我还把他的话作为自己工作的指针，努力做一名协调各学科平衡发展的好班主任。

我的第三任校长是项桥中学黄昌表校长，他让我大开眼界，是我教育教学工作的重大转折。他不仅是出色的校长，更是一流的班主任，他的"对学生恩威并用"的理念深入我的内心，我们经常有进行班主任工作方面的交流。从那时起，我才深刻体会到教育教学的艺术和精髓，才真正开始懂得如何率先垂范，如何做好家长工作，如何走进学生心灵，如何与特殊学生"较量"，如何建设优秀的班集体。我一直在效仿着他，密切学习着他的一举一动、一言一行，学习他怎么开家长会，学习他怎么跟学生一起努力前行。最后，我用创学校历史的中考成绩证明了他的管理成果。一直到现在，我都以能成为他的部下而骄傲，他是我的导师。

我的第四任校长是钱库三中张宏骏校长，他是我最应该感恩的人。他对个别学生的指导教育工作很有绝招，培养出许多出色的学生，有许多"偏方"值得研讨。他是当地有名的艺术大师，更是性情中人。他把对学生的爱播撒到老师身上，他特别同情我的特殊成长经历，非常关注我的个人生活，甚至给予无微不至的关心。在我筹备婚礼因为经济拮据遇到困难时，他还特地带领全体行政人员到我租住的地方看望，破例签字把学校的钱借给我，亲自指示总务主任为我婚宴主厨。现在，我总是在拿自己对学生的爱，与他对普通老师的爱做对比。他爱憎分明的个性，给了我当班主任许多启迪。在他的大力推广和积极宣传下，我拥有多次登上县级舞台表现的机会，才有了如今还算扎实的知识底蕴和积累。

我的第五任校长是钱库二高李锋校长，他是一位非常全面大气的校长。他的"对己无欲则刚，对人不卑不亢"的教导对我影响很大，也是他把我推向所谓行政的角色，让一直不愿意从政的我以工会副主席的身份有了更多近距离的学习机会，也让我经常思考一些问题。他多次鼓励我向名班主任、名教师进军，我几乎每学期都有一两次面向全校的大型讲座交流，甚至是德育工作现场会，促使我更多地积累和思考。他让我挑重担，给我压重任，让我有了至今还是非常重要的"县教坛新秀"称号，第一次任教高中的新手获此荣誉实在来之不易，这是我教育教学能力的一大跨越，也是我教学工作投入较多、教育智慧长进较快的几年。

我的现任校长是龙港实验中学郭智翼校长，他在我心目中的地位是极高的，新办学校的和谐氛围让我重新找回了斗志。我好比是一位年轻的教师奉献所有的智慧和经历，重新出现在各个区域。他经常夸奖鼓励我。这几年是我积累反思最多也是出镜频率较高的。我开始写随笔一发不可收拾，从几篇、几十篇到几百篇，从几千字、几万字到几十万字，写作的成就也从县级的三等奖、二等奖到市级的一等奖，一直得到他的鼓励。参加完县首批名班主任最后一轮考核后，他发信息询问我的情况，并说："很好，我坚信你能上，衷心祝愿你成功！衷心感谢你为学校赢得荣誉！"当得知我的智客获奖时，他马上发来信息："祝贺你班级智客荣获市一等奖！在我内心深处想把你培养成苍南县最优秀的班主任，建议你往特级教师方向发展，从现在起就要保存好资料，有机会出书给你报销。"当得知我顺利评上县首批名班主任时，他又鼓励我："热烈祝贺你！希望你再接再厉，争取向更高荣誉迈进，特级教师不是遥不可及。"在他的手下，我完成了个人发展和学生成就的双重任务，我总有动力，因为他总给我及时的鼓励。

不同的人站在不同的角度，对校长总有不同的看法，在此不宜妄加评论，我总是很幸运得到校长的指导和帮助，总是从他们的身上学习到精髓，为成长注入活力。对于有恩于我的校长，我没有太多感恩的举动，我只有用出色的工作来报答，过去、现在、将来都是如此。

（此文写于2008年）

十三 儿子，因为爸爸是老师
——给读小学的儿子的一封信

亲爱的儿子：

你好！这是爸爸平生第一次给你写信，内心很激动。见过你的人，都夸你聪明帅气，说你有很强的口头表达能力和动手创作能力。班级小媒体你总是管理得很好，多次被评为学校积极分子，你的美术作品还在学区里获奖。每个老师对你都很关心，外公、外婆更是十分迁就你，舅舅、舅妈经常给你买你喜欢的玩具，妈妈更是在你身上倾注了所有的希望和关怀，付出了常人难以付出的代价，还得到了好心房东阿姨的帮助。当姑姑把你从产房里抱出来时，爸爸就知道这个陌生新来的你，注定就是我们家幸福和快乐所在。于是，爸爸体会到每天在医院和学校之间奔波的艰难，体会到半夜三更为你泡奶粉、把屎把尿的辛苦，体会到因你身体有些风寒而导致全家的焦急，体会到你慢慢学会说话、吃饭、走路等带来的无比欣喜和快乐。你去幼儿园时，每天的牵挂至今还难于忘怀，每年正月初一的全家福见证你的成长。爸爸也总是尽量抽时间陪你去散步、健身、下棋、逛公园，甚至家访时都带着你。

现在，万分内疚的爸爸正在给你写信。由于在离家较远的地方教书，常常是爸爸出发时，你还沉浸在甜蜜的梦乡；爸爸到家时，你早已幸福地安睡。看着自己的儿子一天天长大，作为父亲的我在惭愧中幸福，在幸福中惭愧。爸爸在上班的空隙，还得照顾卧床不起的你的86岁爷爷和74岁奶奶，你也跟爸爸一起帮忙拖地，爸爸多么希望这个孝心的接力棒能代代相传呀！

令爸爸非常高兴的是，才读小学二年级的你，对爸爸总是十分体贴关心，说爸爸工作辛苦，把削好的梨塞进爸爸的嘴巴。在中秋佳节，爸爸在学校给学生排练节目，你打电话给爸爸："爸爸，您什么时候才回来呀？我快要忘记您了！"不争气的泪水溢满爸爸的眼眶。爸爸深深为你的存在而感到幸福！可是，最近爸爸很操心，也很伤心。老师说你的字没以前好了，上课喜欢动来动去，有时和同桌讲话，同学也说你很调皮，经常受到老师批评。有一次，老师叫你捡起地上的一张纸，一向讲卫生的你说什么也不愿意。今天早上，爸爸亲眼看到你早自习的情景，声音极轻，连第几页也不知道，还经常打哈欠。你到底怎么啦？你妈和我都跟你讲了很多，你也频频点头答应，在家读书变得十分投入，睡觉也比往常早了些，在学校的表现也慢慢变好。爸爸小时候家庭贫困，读书十分刻苦，成绩相当突出。因为你的爸妈都是老师，别人对你会有不一样的看法："当老师的孩子怎么也这样？"如果你表现不好，叫爸爸怎么在学生、家长面前说话？爸妈平时教育学生尽心尽力，对你缺少关怀。请你原谅，我的好儿子！爸爸也会尽量挤出时间来陪伴你，甚至爸爸打算经常到你的学校看望你。你的同桌说得好："知错就改是个好孩子！"爸爸相信你一定是个十分出色的好孩子！祝你健康成长！

十四　让爱心的接力棒世代相传
——苍南县第三届智客颁奖典礼侧记

　　第三届智客颁奖典礼于2008年1月11日在苍南县灵溪镇第六小学（以下简称灵溪六小）胜利落下帷幕了，我内心再次被点燃的火焰却没有熄灭。教育局这样用心地举办颁奖大典，如此尊重和褒奖我们这些"草根"朋友，实在值得称道和致谢，也让我们感觉有些羞愧。

　　记得第一届颁奖典礼后，被邀请参与的校长回来就一直称道："这样的典礼非常好，我们老师都应该在这方面努力，特别是老项，你能说会写，又很会动脑筋，确实也做了许多有特色的德育工作，应该把平时一些好的做法推出学校，走向苍南！"在校长语重心长的鼓舞下，我开始了网上写作生活，从此与智客网结下了深刻的情谊，广交县内智友，进入了工作前16年从未涉足的领域。

　　第二届颁奖大典在苍南中学举办，恰逢长三角教育论坛在我县举行，那空前隆重的规格和喜庆热闹的场面，至今还让人们引以为豪，津津乐道。本人有幸以三等奖获得者的身份参与盛典，踩鲜红地毯，踏星光大道，逛智客长廊，签"明星"大名，过足一把瘾，认识了心目中久仰的许多"星级"人物，再次找到努力方向。

　　第三届颁奖大典，我是以二等奖获得者的身份前往的。虽然在场面上少了一些喧闹，但到处充满着温情和感动，体现着承办单位的用心。报到处工作人员的耐心和热情，给我们留下良好的第一印象。特别是由于较早就要报到，可能很多老师还没有解决温饱问题，报到处及时的早点让我们体会到暖暖的温情。一本精美的宣传画册，表达了对获奖者的敬意，留下了永不消失的见证。一路上见到的是灵溪六小独特的校园文化和明显的路标，这些细节又让我们体会到组织者的用心。会场布置很大气，无论是色彩搭配，还是图案选择都很和谐美观，主题突出，视觉鲜明，总体融洽，文化气氛相当不错。

　　"2008年的第一场教师秀"开始了！主持人丁中渺老师磁性的声音，诙谐的调侃，智慧的表述，灵活的应变，多样的形式，让人感到这真是一场不一般的文人聚会、文化"大餐"。表彰、交流、体验、共享，一切都在有序进行中，掌声不断，笑声连连，思绪万千。印象最深刻的是"讲述我的教育故事"

颁奖交流活动，一等奖获得者代表的演讲伴着优美的音乐和朴实的画面，留给我们太多的感动。一开始，来自霞关澄海小学郭进贵老师的《那山，那月亮》就把我们带入了一个至真至上的心灵世界，让久违的泪水夺眶而出。一个献身贫困山区、爱生如子的青年教师，塑造了朴实无华的榜样。当县实验二小肖美素老师讲述完恩师的故事后，主持人邀请故事的主人们上台接受采访、敬献鲜花时，当昔日的师生同台相聚时，这样的动人场景意义已经远远超出颁奖本身，好比是在做一期年度感动人物的电视节目，我们仿佛置身演播现场。

主持人现场的采访活动以及与颁奖嘉宾、获奖选手、发言领导的瞬间互动也都很精彩。在安排颁奖嘉宾时，邀请了方方面面的先进人物代表。特别是现场由获奖者指定颁奖嘉宾，我非常赞同这样的做法，我平时的班级表彰活动就是这样。这实现了获奖者内心的心愿，也是对获奖者另一种形式的奖赏，使现场气氛更真实，更具民间色彩，更贴近参与人，避免了形式上的雷同。当"100工作室"李求冷老师将自己的奖杯送给他的颁奖嘉宾、恩师苏静老师时，我们不禁再一次为尊师传统在年轻人身上得到体现叫好，不禁为组委会的"以获奖者为本"的表彰理念喝彩。当"夕阳红"苏德聪老师接受主持人"你有几十年的教师生涯，你觉得教师的价值在哪里？"的提问后，主持人指着现场朗诵颁奖词的嘉宾询问时，苏老师说："她很优秀，我很为她骄傲，你们可以猜出我们的关系。"又一次展示了师生情谊，从另一个侧面体现老师的价值。

纵观本次颁奖过程，少的是烦琐的外在形式，多的是感人的精神内涵，展示的是新时代老师们过硬的气质和形象以及世代相传的爱心接力棒。

十五　在幽默欢乐的互动中充分展示
——苍南县第四届智客颁奖典礼侧记

2009年1月10日晚8时许，在万豪大酒店万豪厅，期待许久的第四届智客颁奖典礼在欢笑和掌声中落下帷幕。回家的路上，我们意犹未尽，细细体味。回到家，我就欣喜地向家人讲述颁奖典礼的点点滴滴，迫不及待地写下自己激动的心情和难忘的回忆。

这是一个独具特色的颁奖典礼，每一届总能留下许多不一样的回忆。为了不重复过去，组织者不断创新和否定自己，有了教育局这一批英才们的共同努力，才创造这样的奇迹。我强烈感觉到，让平时在网上以文字互通的来自苍南各地的同行们在现实中于现场幽默欢乐互动中展示交流，了解认识，增进友谊，是组织者最想达到的目的。

且不说选择的场地、布置的会场多么高档气派、温馨适宜，单说采取自助餐的形式就显得高贵典雅和十足文气。一桌桌文友之间可以握手促膝，可以品美食、聊过去，可以谈天文、说事理，现场的目光是何等亲切，谈论的话题是多么平易。就颁奖形式而言，少了一些庄重，多了一些随意，但欢乐始终在每个人的心里。有穿插有趣的游戏，有传递友谊的竞技，有现场抽奖的惊喜，有设奖竞答的刺激，有嘉宾展示的才艺，唱歌、舞蹈、朗诵、魔术、书法、讲童话故事等，形式多样，风采各异……互动展示，交流参与，成为今晚突出的主题。

今晚最突出的亮点，应该是"苍南教育山寨影业公司"的本土导演和演员们与吴合众老师、林高老师等精心献上的根据电影《功夫》改编的片段，草根朋友一下子成为"大片"中的"大腕"，显示了导演组的才华和创意，赢得很多教育界之外领导嘉宾的赞许。

当然，让我们为之感动的还有邀请县机关重量级领导来出席和担任颁奖嘉宾，教师乐队的加盟，上过中央电视台星光大道且夺得年度冠军的朱静老师的友情演出，机关幼儿园老师们整齐热情的舞蹈表演，县小两位男主持人幽默风趣的调侃客串和适时得体的采访话题，2008年度著作奖获得者作文主题词的解释述说，电信部门的热情慷慨赞助，以及老师担任的颁奖礼仪，如此种种都让我们体会到作为教育系统的一个成员，作为颁奖典礼的一个对象内心深深的幸福。

很难想象第五届的颁奖典礼又将是什么样子，是文艺广场还是金色沙滩？是歌舞晚会还是旅游观光？是野外烧烤还是露营山上？是踩星光大道还是逛自由市场？……我们难以想象。但我们坚信：智客和教育的精彩，绝不仅仅是今天晚上。

向所有为本次颁奖典礼付出努力和劳动的领导和工作人员真诚地道一声："你们辛苦了，请把我们的谢意收藏心里，让我们相逢在第五届颁奖典礼！"

十六　智慧因交流而生动

——温州市中学名班主任工作室开班典礼暨首次培训会侧记

2010年3月25日，在这个充满希望的春天里，在永嘉县上塘中学报告厅，在主持人富有诗意的开场白后，温州市中学名班主任工作室开班典礼暨首次培训会开始了。来自全市10个名班主任工作室的近百名班主任欢聚一堂，交流智慧。

在开班典礼上，首先发言的是永嘉上塘中学的胡岳灶校长，有着19年班主任工作经历的他，亲切地叫我们为"伟大的班主任"，告诫我们既要当经师，更要当人师。虽然班主任工作"苦不堪言"，但"乐在其中"。他简要介绍学校的德育特色——被称为基石的心理健康，已经从"奢侈品""点缀品"到"必需品"，已经做到了"全面覆盖，全员参与，全程渗透"。永嘉教育局政工科李河海科长介绍了永嘉县名师培养工作开展情况，并对名班主任工作室提出了"示范性、学习型、科研型"的殷切希望。

上午的重头戏，是我们"首席德育专家"温州大学教育教师学院副院长张宝臣教授的专题讲座，他的讲座题目是《在职场中成长为智慧型的班主任》。他以其北方人特有的浑厚低沉的声音，幽默风趣的语言，激昂动情的演说，贴近现实的案例，把现场气氛多次推向高潮。他认为班主任权力小于滴水，而责任重于泰山。他拿亲身经历的"第一张照片""让我眼含泪水的作业"等故事与我们分享，深情讲述对班主任的切身感悟：国家将下一代交给我们，就是将未来交给我们。同时，他还列举了现在班主任的种种困惑：学生个性、独生子女、心理问题、家校配合、德育实效、自我教育等，真可以用"累、难、苦"加以概括。基于以上的现状和认识，张教授呼吁要当一名智慧型的班主任，要根据不同情况选择最合适的方法，重视对失败经验的思考和总结，提升思想、语言和行动力，要处理好高标与底线，权威与关怀，规律与情景的关系，注重教育细节的探究，当孩子生命的"贵人"。他最后用一些十分感人的案例，给出许多处理偶发事件、转化后进生等对策，寄语我们做"造世界上最具特色的建筑"的泥水匠，加入"朱永新成功保险公司"，当一名成功智慧的幸福班主任。

利用中午吃盒饭前后的间隙，赖联群名班主任工作室马不停蹄地进行小组交流活动。赖老师简单介绍了工作室七位成员的情况，除了苍南五位老师外，还有瑞安市安阳二中郑秀丽老师、洞头县海霞中学郭青松老师。赖老师显然有备而来，他详细介绍工作室初步研修方案，提出定位与目标，并就读书沙龙、田野诊断、随笔积累、课题研究、在线探讨等措施与平台做解释，还对考核与评价做出明确要求：在4月10日前完成个人自我发展规划、课题选取等，并对论文、公开课、读书随笔、QQ群建立以及每周日晚7点到8点半在线沟通等工作做出详细布置，同时给我们发放了《班主任最需要什么》《班主任工作理论与务实》等书并推荐一些读书目录，对内部成员做了分工。既结合十个工作室联合活动内容，又有特色和创新。赖老师对工作室的成效和愿景充满期待，对每位学员提出殷切希望。与学生共同成长，与学员共同成长成为我们的共识。我们相信，有了边做边想、共读共议的努力，一定能够打造优秀的班主任名师群体。

在这紧张充实的一天学习时间，我们荣幸地听了一节该校高三学生考前心理辅导励志课《生命因高考而精彩》，只有6年工作经历、三年班主任年限的班主任柯琼夏老师勇敢地担当重任。她首先用《残酷高考的纲领》歌曲视频引入这个主题，引发我们的思考：在离高考只有73天的紧张日子里，同学们的压力如何？第一个环节"心理解读"就是针对考前的心理测试，让学生代表谈真实感受，并请班主任谈谈如何调节好考前状态。班主任分别就紧张心理、疲劳心理、松散心理提出专业的建议。接着过渡到第二个环节"学科策略"，由另一位主持人现场采访，有关学生沉着解答，还邀请听课老师代表讲话指导。第三个环节是"制定目标"，让学生在"小树叶"上写出理想和目标投进箱子里，由班主任代为保管，并请班主任发表激励演讲。最后是全班宣誓签名，小组演绎歌曲《最初的梦想》。在互动点评环节，老师们非常活跃。除了讲到思路清晰、环节紧凑、布置温馨、能力出众等优点外，还提出：作为心理健康辅导课缺乏热身环节，教师讲话过多、语速过快、时机过早，唱歌签名一起会互相冲突、氛围淡化，宣誓报出名字会更有气势，不能很好区分心理辅导课与班队课等建议。我按照赖老师指示，上台做了以下简单点评："大家好！我是赖联群老师工作室代表，我的点评远不能代表赖老师水平，只是作为学员身份。我觉得这是一节很有针对性的实实在在的特殊及时很有必要的班队课，可以用以下'四字经'概括：心理疏导，方法指导，心态策略，三者兼备；及时解惑，你问我答，现场互动，全面顾及；举案说法，励志渲染，形式多样，参与面广；体验太少，灌输过多，震撼不够，略显不足；高三最后，如此这般，相当可贵，值得珍惜；可以看出，班级功底，老师用心，多方配合；谢谢永嘉，谢谢上塘，谢谢所有，为名班主任工作室做出努力的人们！"我的点评因语言的高度概括，赢得掌声一片，这也成为我从此以后在工作室崭露头角的开始。

十七　学师德垂范，激青春动力
——温州市中学名班主任工作室瓯海中学第二次培训会侧记

2010年4月20日，大雾降临，高速封道，我们历经三小时奔波才到达温州市瓯海中学。会场已经座无虚席，到处充满浓厚的学术氛围。

一位胸前佩戴团徽、校徽的健壮激情的帅小伙子正在介绍《垂范教育》，他就是瓯海中学的金牌班主任郑小侠老师。他的"跑步惩罚法"备受网上热议，但他觉得学生有成绩，我们就是沾光；学生犯错，我们也应同罚。每月一次的跑步交流，对学生而言，既锻炼身体，又磨炼意志，还达成沟通，使学生体会到许多困难并不是想象中那么严重。他要训练的是"狮子"，而不是"绵羊"，他要的就是为教育无私奉献的垂范教育。他要悦纳学生，保持良好心情，把每个学生当成生命中的第一个学生对待。当主持人徐进光老师诉说"小侠事件"，宣读来自学生的《把小侠还给我们》的感人信件时，会场自发响起热烈的掌声。

第二位上台的是永嘉中学叶晓凡老师，这位"快乐的"班主任始终微笑着讲《让动力溢满学生的身心》。他认为学生厌学的主要原因是动力不足，情商未开发，他详细介绍"孝心教育、目标激励、快乐注入"三大法宝。他带领学生诵《弟子规》，开亲子班会，抓节日契机，把报恩教育贯穿班级始终。他要学生背俞敏洪的经典话语，向学生介绍周迅的成长经历，让学生明白"成功就是比别人付出多一点"。他要求学生制作"人生梦想盒"，用专门的本子记录每天做什么，明天将要做什么，强化学生的自我反思、自我管理。他用热情感染学生，引导学生做积极心理暗示，学会换个角度看问题，让学生的烦恼抱怨消失，快乐伴随成长。

令人期待的主题班会展示活动《我的青春我做主》开始了。执教者是瓯海中学高一（2）班任成武老师。班会课从主持人介绍"知名校友"开始，用回忆的口吻超越时空，回顾昨天，反思今天，展望明天，以小品的形式再现"游戏时光""追求偶像""青春萌动"，中间巧妙地穿插采访嘉宾互动，还介绍犯罪案例资料及贫困人员的相关图片等，最后是家长、班主任讲话和学生集体宣誓，把活动推向高潮。整节课就像在欣赏一部励志电视剧，是人生一幕幕的情景再现，将一切化在表演之中，将小品、案例、访谈穿插进去，将理性、感性、思考结合起来，用目标激励，以现身说法，启示学生把握青春，抵制诱惑。这是一堂极富创意、十分用心的主题班会课，无论从选题的切入，还是从学生的自身体验来看都不失为一节好课。在自由点评阶段，每个工作室学员都踊跃发言，除肯定其优点外，还纷纷亮出被激发出来的思想火花。例如，对诱惑本身的界定和理解，关于学生参与面和课堂生成，如何抓住一个问题深入探究现象背后的原因，如何开展现场调查，如何留出空白让学生思考和争论，如何激发学生探讨解决问题，如何做好青春话题的正面宣扬，如何做好后续教育等看法和建议。同时，老师们对瓯海中学的人文底蕴、校园文化、师生风采赞不绝口，由衷钦佩！

开展正常的联谊交流活动是名师工作室的生命力所在，但愿如此贴近心灵的活动带给我们更多的感动和收获。

十八　学会适应，做好规划
——记温州市中学名班主任工作室联谊会第四次活动

2010年10月15日，无比期待的温州市中学名班主任工作室联谊会第四次活动在瑞安市职业中等专业学校（以下简称瑞安职业中专）如期举行，两百多人自始至终精神饱满地参加所有议程。几乎无间歇的超容量安排，一切都按既定方案紧锣密鼓地进行，体现了温州人做事高效的风格，记载着温州教育人执着追求的足迹。

赖联群名班主任工作室一行在例行"流动的思想"车上论坛后，很快到达目的地。我们惊叹入口处的学生手工作品展示，真正的教育就该如此。看到学生剪的假花，我开玩笑地说："我以为真花是假的了！"学生礼仪队是一处流动的风景，组织方安排每层楼都有学生指引员，温馨大方的轻柔声音，从容得体的姿态语言，充分展示了该校学生良好的素质，使远道而来的各位嘉宾体会到家的温馨，感受到主办者的用心。

本次活动的主题是"高中生入学适应期的班主任工作"，内容以小见大，形式丰富多彩，人气指数颇旺。活动由市名班主任李林微老师主持，瑞安职业中专洪成存校长代表学校致辞，介绍学校德育工作特色，学校从实际出发，以学生生存为本，"全员德育，团队合力，教书育人，从我做起"，每年军训培养学生吃苦耐劳精神和毅力，技能训练、创业活动、小发明创造课题、社会实践、校企联动、勤工俭学等使学生终身受益。应邀到会的瑞安市教育局党组副书记曾定煜介绍了瑞安经济、文化、教育情况，展示了他渊博的知识，儒雅的风度。他指出，我们要关注学生身心全面发展和长远影响，注意教育与社会的衔接，强调教育要对将来真正有用，着眼未来，立足现在。领导讲话后，马上开始了上午的重头戏——班主任论坛。

首先是瑞安职业中专吴丽洁老师的报告《职高新生习惯养成教育》，她以"杂草和粮食"的故事引入，提出除杂草的最好方法是种粮食，好习惯多了，坏习惯就少了。由于榜样的缺失，很多学生"被差生"，需要重塑榜样。为此，她介绍两点：一是展示班主任人格魅力，二是营造学校道德环境。她故意迟到接受惩罚，让学生监督并学会扫地。"哪里很脏，哪里有我"。她理智处理学生不适应学校生活而引发的各种矛盾，开设主题班会，创建和谐班级，帮学生打开心结，教育学生自觉养成宽容、自我反省的好习惯。她始终宣扬："我们是最棒的，榜样就在身边，每个人都是自己的榜样。"她指出，人最可怕、最宝贵的是习惯，要教育学生变"杂草"为"粮食"，变奴隶为主人，享受好习惯带来的"利息"，而不是偿还坏习惯带来的"债务"。

第二位是来自温州五十一中的吕智勇老师演讲《抓住那一刻——高中寄宿生活漫谈》。他从一组数据调查中总结学生不习惯住宿生活的原因：如缺乏良好心理品质，独立生活能力差，集体生活习惯难以养成，有怀旧心理等。他的对策是要建立良好师生关系，让学生敬佩老师专业水平，有困难主动找你，做错事心存敬畏；让学生学会独立自理，体验全新生活；开展多种形式集体活动，培养学生良好心理品质，开展寝室文化节活动；鼓励学生发展个性，加强学生的心理辅导；密切家校配合，形成魅力团队品格。

接着是温州华侨职业中专姜婷婷老师的报告《美丽教室绽放梦想之花》。她让我们欣赏有关教室的布置，她的班级文化建设理念是"以学生为本，用环境育人，应职业发展"；关键是"学校重视，团队引领，符合特征，师生共建"；核心是特色，主要体现在这几个方面，一是奋进学习目标，"唱响青春，舞动奇迹"——高一音乐班，"勤学苦练"——高二烹饪班，"凝聚力量，放飞梦想"——高三装潢班；二是明确职业规划，"5S行动"——整理、整顿、清扫、清洁、素养，三年职业规划；三是凸显课程特色，如设计专业标志；四是展现学生风采，有秀出真我、优秀成果、评比之星等栏目；五是渗透专业细节，有音符、水墨画、音乐家等元素；六是创造绿色环境，净化、绿化、美化。

第四位是瑞安职业中专薛剑老师《中职生励志教育》。介绍"阳光男孩"活动计划：一是主动欣赏男孩，通过敏锐洞察，发现男生的独特优点，"不要高得雷同，只要矮得精致"；二是把握沟通契机，介绍学生个案；三是创造激励环境，促使学生养成"21天"晨跑习惯，开展心得谈话，让学生当一回"主人"，开展打工体验活动等；四是关注反馈评价，自评、他评、互评。

最后一位是温州十一中潘建品老师的《如何引导学生积极主动参与班级管理》。她首先倾诉女班主任介于家庭和事业之间的难处以及高中学生主体独立意识增强现象，她用赞美激发学生热情，让学生体验有效管理的乐趣。主要策略一是"用真心信任"：面对工作能力不强的卫生委员，她用人不疑，挑战他班，用发展眼光看学生，最终取得胜利。二是"无招胜有招"：对突发"手机门"事件进行许多深层思考，开展辩论，巧妙处理事件；家长会由班干部分工，与学生进行真诚交流，了解学生内心需求，颁发特别贡献奖、特别荣誉奖等。她用智慧的行动领略德育工作沿途的美妙风景。

临上午结束时，闻讯赶来的市教育局名师办公室张新强老师做了精彩讲话，他深入分析我市班主任工作现状和困惑，向与会老师提出殷切希望和要求：既要仰望星空，又要脚踏实地。饭后，工作室主持人更是马不停蹄地聚会商议，新一轮的指令也将在这里发起。

下午主要是班会课展示点评。首先是瑞安职业中专钟锦荷老师《职高生学习规划》主题班会说课，她重点介绍了本节课的流程：认识职教，观看湖南电视台《天天向上》视频有关职教之星的片段，学生畅谈观后感想；介绍孙怡让创建职教过程，宣传如今国家优惠政策；公布问卷调查结果，开展电工工具竞猜；介绍企业用人要求，学校专业培养目标，学校核心课程及考核安排；展示历届学生现场照片、优秀教师团队；酝酿计划，介绍影响力董事长易发久三年成"千万富翁"的规划，学生小组讨论分享结果；指导学生写职高学习规划，齐唱《我的未来不是梦》。她的这节课内容丰富多彩、贴近实际；形式多种多样、富有创新。

接着是乐清市吴英红老师的《扬帆起航、把握未来——职高生学习规划》主题班会。她以案例引发大家思考：如何走出沙漠？要依靠北斗星，让学生体会要有目标方向。让学生思考：你会有怎样的30岁以后的目标？学生真诚回答，引发大家会心一笑。应该怎么实现目标呢？她又讲述日本马拉松比赛冠军化大目标为小目标的故事，让学生谈启示。在引导学生了解学习高中三年课程设置、高职上线情况、就业情况及人才要求后，指导学生制订三年计划表，内容要包含知识储备、个人品质、综合能力，调整落实等。小组讨论后由学生代表发言，与大家分享成果，积极应用心理健康团队辅导的形式；在学生制订个人规划时，她不时走动现场指导。最后总结讲话，布置课外作业，即制订第一学期计划，观看电影《料理鼠王》（从帮工努力实现大厨梦想的励志故事）。本节课有许多值得借鉴的地方，材料选择精心，衔接过渡自然，由小到大，由远到近，从要有大目标分解到具体小目标，到如何去实现目标。动静穿插，讨论、阅读、思考、发言有机结合，整节课组织有序，配合有度，互动精彩。以制订个人计划表作为当堂呈现成果，对学生产生的长期影响是无形的，使学生懂得要有人生规划，以及要为目标而努力去行动。吴老师说课结束后，各工作室学员代表做了点评，就其说课内容意义重大、过程流畅科学、学生感触深刻、材料选择新鲜等给予充分肯定，对整节课的可操作性强，有向课外延伸，目标分解到位，铺垫预设有效，学生参与度高，课堂和谐高效，学生的人生规划用粉红色纸张书写、将规划慎重投入档案袋等细节都给予高度评价。同时也指出，"趁热打铁"还不够热，前面梦想情形激发不够，建议将梦想、计划、坚持做成系列专题，各有侧重，细节功能要告知学生，目标制订最好按年段进行等。

大会还邀请了省特级教师、瑞安职业中专副校长戴玉珍老师做主题点评，她结合两节不同形式的同一主题班会课，就"主题设计针对性、活动目标综合化、活动内容多样化、活动过程自主化、活动成果跟踪化"方面进行解读。她特别指出，让学生去搜索、去发现，从学生手中得出、口中说出才有说服力。我们要大胆放手，开始可以放励志视频渲染气氛，由学生主持后半节，末尾齐唱《我的未来不是梦》激发斗志。她介绍班主任工作体会：以抓学风突破班级建设，认为"学生一无所事事，就会干坏事"。最后寄语："爱生如子——所有工作的奠基石。"

活动最后，温州教师教育院曾蓉蓉老师总结一天的辛苦和收获，并对李林微工作室的精心准备表示感谢。在分小组活动时，赖老师还对工作室下一步活动做出安排，并以学员郭雄狮老师的纸质档案为蓝本，督促大家进一步做好档案整理组建工作。

相聚总是短暂，启发却是长远。经过会议洗涤后的心灵特别纯洁，同时也期待更多的滋养。专业成长路上有这样的共同体，就有更多的引领和互助，更多的提携和倾诉。联谊活动，使温州市名班主任工作室更加精彩！

十九　志远班上海世博会亲子夏令营活动记

有学生说我做事太高调，过于张扬显摆，现在想想，确实也是如此。只要觉得有必要开展的活动，哪怕难度再大，风险再多，在别人看来有些另类和没有必要，我也要坚持，就想给学生成长留下难忘的一页。比较典型的事例有：志远班杭州"情商夏令营""告别六一"大型家庭联欢会，组建班级管弦乐队和举办班级家长论坛，以及这次上海世博亲子夏令营等。

（一）充分的筹备

早在世博会开幕前几个月，就有家长提议班级组织世博亲子夏令营活动。当时就觉得建议很好，学生肯定支持拥护。与家委会主任商量后，也得到家委会大力支持，认为这是一项非常有意义的活动，借助该活动既能开阔学生视野，增长学生见识，又能体现班级团队和凝聚家庭亲情。但考虑到经费的昂贵，组织的难度，旅途的安全等因素，一直只在酝酿之中，并未付出实际行动。凑巧的是，这期间刚好有机会到上海，我在卢浦大桥上看到了世博园，壮观场面令人无比向往，于是坚定了我行动的决心。之后我与旅行社多次联系，旅行社专门来介绍情况，活动提早一个月进入实质筹备阶段。首先预报人数，方便旅行社预定门票和安排住宿。接着在家长会期间专门安排时间由旅行社介绍相关事宜，接受学生、家长咨询，让全体家长决议参观时间及行程。以家庭为单位与旅行社签订合同，预交团款。原则上学生都有家长陪同，个别学生单独前往由家长聘请"代理家长"履行职责。最后上交身份证、户口本复印件，填写核对营员信息，出具学校证明等以便安检备用。出发前三天，在学生考试结束离校前，我组织召开夏令营专题会议，邀请旅行社再次过来强调活动注意事项，特别是自由活动以及防暑等安全问题。此次筹备过程的反复与艰辛，现在想来也是十分后怕，好在得到家长、学生的大力配合与理解，整个过程十分有序。

（二）艰辛的旅程

2010年6月29日上午6点半，我们在龙港凯越大酒店门口集合，来了很多送行的家长，我们要做4天的暂别。在旅途路上，娱乐节目丰富多彩，讲故事、说笑话、脑筋急转弯、对歌等乐在其中，杭州湾大桥的雄伟壮观以及南岸服务区等都给我们留下深刻印象。当天下午参观了上海外滩、南京路、陆家嘴等地，欣赏外滩的建筑和夜景。旅行社安排的住宿条件比想象中要好，离世博园只有20分钟左右车程，交通便利。在逐一发放房卡，登记视察房间后，准备第二天的世博之旅。

第二天，果然是人山人海，大家都像赶集似的集中到入口处，到处是旅行社的旗子，从停车场到八号入口处要步行十几分钟，一不留神人员就会走散，我们到一个地方就分组点名。在大家好奇兴奋的期待中，顺利通过安检和验票，按照原先的分组以家庭组合自行活动，最后在约好的时间和地点集合。与大多数游客一样，这次旅行也让我们深切体会到排队的艰辛，酷暑的煎熬，但同时也让我们开阔了眼界，增长了见识。

时日已久，已经很难清晰回忆当天去看哪个馆了。只记得第一次入园在A区，即欧洲展馆区。第一个馆是美国馆，随着人潮看了三场电影短片，感受到美国人的随意和自信；俄罗斯馆的印象很深刻，宛如进入童话王国之中，确实是带小孩的家长必看展馆；法国馆没有想象的好，但其艺术内涵和文化品位令人惊奇；瑞士馆是儿子极力要去的，可以在高空坐吊车看到世博园全景，模拟太空场景十分逼真，值得一看。一天下来参观的大小展馆有十几个，大都盖有印章为证。第二次入园我们直接乘公交车去C区，即亚洲展馆区。主要是参观中国城市联合馆，感受到祖国的富饶强大、迷人奇特，一个个迷幻的展馆让人流连忘返。由于时间关系，只能走马观花、匆匆而过，未能驻足感受、详尽领略各馆特色。特别是浙江馆早有耳闻，在"竹立方"边上排了一个多小时的队后终于进入，这是唯一一个人气超旺的省区市展馆，果真不虚此行。馆内在一个大锅里用高科技展示了浙江特有的文化、历史成就。等待最辛苦的是日本馆，足足3个小时的排队最终见识日本人的经商头脑和动漫科技，但没有宣传的这样好。晚上还到灯光迷人的中国电信馆、航空企业馆等进行游戏互动。第三次入园主要参观向往已久的中国国家馆，我在一位家长的朋友帮助下才拿到预约券。中国馆气势磅礴，恢宏大气，分三个历史篇章展示中国的五千年文化，让我产生了深深的共鸣，为如今祖国的成就由衷自豪。

2010年7月2日下午启程回家，到家已是第二天凌晨一点。

（三）意外的惊险

很多事情考虑再周到，意外总是难免。4天当中，大家时间观念都很强，组织意识好，互相照顾关心，没有怨言牢骚，导游夸我们团队素质高。特别是项方鑫妈妈和李尚剑妈妈带领四个临时"干儿女"，从来不用团队操心。旅途中也有小插曲：有学生户口本忘带，为了顺利过安检，远在杭州的姐姐亲自把户口本送到上海；有学生在入口处门票差一点找不到，好在虚惊一场；有学生在入场时手里拿着太多东西，结果把票丢了，只好将导游票给他；有学生独自行动，出来时走错出口处，大家焦急联系，导游亲自坐地铁、打车去接；有学生早上集合时，出来忘带东西；要回家时，有部分家庭由于等游船耽误时间，让大家在出口问讯处过道苦等一个多小时，导致原定回家时间延后；有临时家庭组合缺乏组织纪律，有学生只顾玩手机、打游戏、听音乐、买东西，或任性要选择场馆，不顾及别人感受，导致"代理家长"难以或没有尽到相应职责；我作为带队老师由于操劳过度，在回来的车上吐得一塌糊涂，成为大家关心照顾的对象。

（四）些许的感悟

有人开玩笑说："不来世博会，终生后悔；来了世博会，后悔终生。"回来时，很多同事向我打听世博会消息。去过世博的老师佩服我的胆量和勇气，组织这样的活动真太难了。回来路上，我给学生出了一道题："让你在读书和逛世博园两件事情中选一样，你会选什么？"有学生笑着说："如果每天可以看世博会不同的展馆，我会选择看世博会！"虽是笑谈，从学生话语中可以感受到，对于学生来说读书当然无法与世博相抗衡，完全是两种不同的学习方式。我开玩笑说："如果今后不认真读书，就罚你来世博园排队！"学生都笑了。世博会精彩程度谁也不会怀疑，只是天气过于炎热，人员过多，时间过少，而想看场馆又太多。有学生告诉我："回家后什么苦都不怕了，因为该吃的苦咱们都吃了，特别是长时间站立排队，体会到当学生能坐着，真是太幸福了！"这也许是这次夏令营最意外也是最深刻的收获。

世博园除了凝聚人类智慧的场馆外，还有一道亮丽的移动风景，那就是战斗在烈日下的青年志愿者们，他们干渴的喉咙，嘶哑的声音，配以统一的服装，迷人的微笑，亲切的话语，展示了中国当代青年的精神风貌，践行了"世界在你眼前，我们在你身边"的郑重承诺。

二十　精彩纷呈，感动不断

——龙港实验中学初一段感恩主题班会活动听课侧记

我是怀着无比感动的心情，立刻写下这篇感受的。生怕疏忽什么，对不起用心执教的老师们。好久没受到这么深刻的感恩教育了，特别是失去父母双亲后，感受尤为深刻，听课时多次眼泪在打转。每当我对学生，对自己的孩子束手无策时，就陷入深深的困惑，切身感受到感恩对一个正在成长的学生有多么重要，多么希望每所学校、每个老师都能如此重视感恩教育。这次是我特地换课去向同事学习，综观三节课可用"精彩纷呈，感动不断"来形容。

充满诗情画意。主持人的台词相当感性，又充满哲理。类似"是谁给你什么？而自己却怎样？""有一种行为叫什么？"用了一连串排比句式，很有音乐感，情感上让人很容易接受。老师带头学习"感恩"一词的英文表达，介绍外国的感恩节以及中国当前青少年的现状，引出了本节课目的和意义。此外，还和学生一起背诵大家耳熟能详的"谁言寸草心，报得三春晖""受人滴水之恩，当涌泉相报"等名言警句和诗词渲染了现场气氛。

准备非常充分。活动的开场和结束都相当精彩。现场活动丰富多彩，教室里布满鲜花，黑板写满文字，学生胸前贴有感恩心语，手里拿着树叶型感恩卡片，制作感恩树（在音乐声中将卡片贴在树上）、张贴感恩展板以及漂亮的课件。全场起立齐唱《感恩的心》并播放视频让大家跟着做手势，播放公益广告《给妈妈洗脚》和《2007年度感动中国人物——舍己救人的孟祥斌事迹视频》，全场异常安静，调动了大家多种感官参与，让审美活动和情感教育有机结合。

过程同样精彩。上演校园心理剧《拥有一颗感恩的心》讲述的是一个嫌弃捡破烂父亲的孩子受感恩转化的故事。表演结束后由专人为感恩人物颁奖，颁奖时有照片、推介理由、颁奖词。让受导学生给指导教师颁爱心奖、人格魅力奖、魔力奖，级别虽小，气氛和程序上可一点都没折扣。心理剧的演出，让学生树立了榜样，彰显了正气，让学生学会了在行动中感恩，在感恩中行动。

形式可谓多样。女生小组唱《鲁冰花》《每当走过老师的窗前》《爸爸妈妈》《烛光里的妈妈》等献给父母、恩师，齐声说："爸爸、妈妈，你们辛苦了！""老师、谢谢你！"诗歌朗诵《感恩春天》讲冰雪之后的春天，《母亲赞歌》歌颂母亲的伟大。讲与父母的真实故事，寓言《苹果树与小男孩的故事》：小时候，苹果树总和小男孩一起玩；后来，小男孩要苹果卖钱去买玩具；成年了，砍下树枝盖房子；老了，砍下树干造船离开这里；再老了，回来坐在树桩上歇息。形象地比喻父母与孩子的关系。现场谈话讨论父母的恩情我们该如何报答。学生讲3岁、13岁、23岁时对妈妈说的话，表达一生对父母的歉意。感恩时不我待，感恩就在每一天。"你最想感谢的人是谁？最愿意为他们做什么事？"或宣言或倡议，或跟读或朗诵。在抒发父母心声环节，母亲动情地说："孩子，你是我的阳光，你是我的希望。种子如何成为优秀的大树，需要父母付出很多，希望你成为被人欣赏的有用的人！"

二十一　真情付出，心灵交融
——志远班亲子心理团队辅导活动纪实

每届学生初中三年，我都要每学期开一次大型主题家长会，且形式各异。就志远班来说，七年级上学期是"亲爱的爸爸、妈妈"成长汇报会，评选班级十大感动人物，展示学习生活情况；七年级下学期是"好孩子是夸出来的"家长教育论坛，交流家庭教育心得，介绍心目中的好孩子；八年级上学期是"爱让我们在一起"亲情沟通会，虚拟20年后聚会情景，强化理想孝心教育。

这次家长会是针对部分家长反映学生青春期叛逆，家庭冲突日益增多这一现状，开展"真情付出"心理团队辅导，彼此分析矛盾原因及探讨化解方法，得到家长、学生默契配合，现场气氛活跃，让我难以忘怀。

1. **活动准备**：前黑板书写大字"真情付出，心灵交融"，墙上悬挂班旗，家长与子女面对面坐，中间摆桌子，上面放棉被、校服、奖品、红领巾等，从实验室搬50张椅子提早把教室布置好。统计各类表彰名单并印成红色单子。郭福特、孙小荷演讲情况检查，小组诗歌朗诵、手语训练、奖品赞助、颁奖嘉宾开会准备，礼仪队全体男生领队侯百家，手举欢迎标语、班旗、五星红旗等道具。报到处何潇悦发放通讯录、红单，家长签到。制作电影，诗歌伴奏音乐，歌曲《相亲相爱的一家人》等，播放孝道视频。红领巾、40张纸片、抽签纸条、被子、校服，主持人何潇悦、陈皓、杨帆准备情况指导。

2. **氛围营造**：播放近期照片（包括元旦及以后的照片），门口全体男生礼仪队列队，报到签名等，营造学生过节似的兴奋活跃气氛。

3. **班主任开场**：即兴鼓励学生主动要将靠背椅让给家长坐，介绍聋哑学校慰问、消防队参观、素质教育基地实践、篮球队赛况、班级喜讯等情况。

4. **表彰颁奖**：按照班级各类先进名单中的程序进行，特邀主持人何潇悦落落大方，组织有序。

5. **热身破冰**：集体表演手语《感恩的心》，在歌曲《光荣》随时暂停时，接到花的同学大声说出班级同学之最，是指好的方面，理由一句话，已经被推荐过的同学不能重复。现场气氛紧张热烈，笑声、掌声一片。

6. **活动过程**：

（1）案例讨论：王明非常想买一套AC米兰队运动服，他所在班级大部分男生都有，然而父母多次拒绝他的请求，认为原有的运动服还能穿，没有必要再买新的，并斥责王明身在福中不知福，王明因此不理父母。请同学和家长说说看法。

（2）现场调查：学生诉说与父母发生的冲突。如经常与父母顶嘴；父母苦口婆心教育"我"，"我"对他们的教育置之不理；自己的烦恼从不向父母倾诉；我不知道父母的生日；有时会有离家出走的念头；从不主动关心父母在工作中的苦恼；当"我"伸手向父母要钱的时候，没有考虑到父母的经济困难；有时一个星期不理睬父母；学校召开家长会，父母最好别去；很少在别人面前提起父母。现场的调查可以看出，同学们敢说真话，表真情，家长们却普遍感兴趣，甚至很吃惊。

（3）请同学们谈谈在平时生活中和父母的一些矛盾。有同学说到动情处，情绪难以自控，家长深深被打动。

（4）请家长谈谈在家庭中和子女之间曾产生过哪些矛盾，产生这些矛盾的原因是什么。现场出现了多次父子、母女直接亲情对话情景，十分感人。

（5）两项趣味亲子活动。活动一：父母的手最温柔。在音乐《爸妈，谢谢你》《孩子》音乐声中，由子女蒙上眼睛上去找爸妈的手，并握一握爸妈的手，先后有9对家长、学生积极参与。活动二：贴心子女。在《亲爱的爸爸妈妈》音乐中，家长书面回答有关问题，子女口答，看看子女与父母回答是否一致，有四对家长、学生参与，现场气氛轻松活跃。

（6）请两位"心理学专家"郭福特、孙小荷"博士"出构建亲子关系"金点子"。

（7）开展生活技能大比拼：一分钟叠被子、折衣服活动，分家长队、学生队进行，把家长会气氛推向高潮，由学生担任评委点评，家长普遍有优势。

（8）欣赏志远班"心连心"诗歌朗诵团配乐诗朗诵《我和家》。

（9）全体观看视频《孝道》，讨论班级其他事项。

活动历时将近3个小时，大家自始至终热情参与。这是参考心理健康团队辅导案例后的一次汇报，也是积极靠近心理健康教育的一种尝试，及时搭建的沟通交流平台，主角是学生和家长，即兴成分很多，参与面广，关系融洽。

二十二　与浙大研究生面对面

钱库三中2000届毕业的浙江大学在读研究生金双全同学经过多方打听，终于联系到连续担任他三年班主任的我，在我的侄子项方鹏（也是我的学生）带领下亲自来拜访。毕业的学生记得老师，是引以为豪的，看多了"在读时毕恭毕敬，毕业后形同陌路"现象，这实在难能可贵。外面鞭炮声噼里啪啦，室内师生同看钱库二高十年校庆画册，回忆曾经的难忘岁月。我展示"志成阁"智客，询问他的近况，听到学生各个方面都很优秀时，当老师的成就感油然而生，提出邀请他给志成班学生做一个关于他个人成长经历、学习经验、人生感悟方面的讲座，这位曾经的得意门生，如今的青年才俊没有半句推托之词。

2008年2月17日上午九点，双全比约定时间提早半个小时到。于是，我们又聊起曾经带他们去括山老家挖番薯、野炊等活动的情景。趁课间，我在教室黑板上写下了"热烈欢迎浙大研究生金双全学长"字样。讲座开始后首先是我动情随意的开场白，先介绍这次活动的缘起，特别高兴的是1999年初中毕业的学生打电话邀请我一定要参加他明天的婚礼。金学长读初中时，在座的同学们还是幼儿班的年龄。老师的新老学生在这里相聚，这不是人生缘分吗？人生根本无法彩排，愿我们彼此都好好珍惜。接着班长章海潮同学致欢迎辞，对学长表示热烈的欢迎，介绍见面会目的和意义，希望大家珍惜机会，认真听，大胆问，多交流。

重头戏是金学长的经验介绍。他说："要特别感谢项老师，是他逐步为我设定目标，使我从初一时班级的二十几名，最后慢慢成为班级第一名、钱库学区第一名，中考分数与温州中学录取分数只差六分，后来考进苍南中学，并考上浙江大学。班里还有一个中考成绩钱库学区第二名，就是我的同桌洪小青学姐，后来考上浙江财经学院，现在杭州工作。项老师对我们很严格，有时近乎苛刻，当时不很理解。还记得，他当时每天带领全班在钱库、项桥之间的乡间小路上晨跑，路况很差，他对我们几乎进行魔鬼式训练。就是在这种严格要求下，我们昔日农村的孩子如今才得以发展成就自己。"他的学习经验主要概括成"定好目标、充满自信、和谐关系、不断努力"。讲得条理清晰、声情并茂，同学们频频点头、若有所思。让我体会到，大学生就是大学生，不管是理论，还是实践都是十分在行，还懂得好多心理学、教育学知识。我根本不敢相信，如今在我眼前侃侃而谈的学生当初是比较文静内向的。

最为紧张和挑战的当然是即兴提问回答环节。有同学问："你是如何分配学科时间的？"金双全同学介绍了对付薄弱学科的方法，提出对强势学科可适当留时间给不足的学科。金全双那时最厉害的是数学，上课时只要会做，老师就允许他学习其他学科，还经常请他上台当小老师讲题目，这对培养能力作用很大。有同学问："对不同学科，你是采取什么方法学习的？"他回答："简单地讲，就是理科多练，文科多记，科学利用一天中四大记忆高潮，这是当初项老师教我们的。"有同学问："如何消除中考给自己的压力？"他回答："一定要认真过好每一天，只要问心无愧，就不会有压力，就有自信。我也经常暗示自己，真的很不错。"有同学问："目标总是实现不了，怎么办？"他说：

"目标要切合实际，可以在实践中做些调整。"有同学问："你是如何利用中考前几天时间的？"他说："主要是错题集复习，休息为主，适当做题，保持状态。"整个提问过程他对答如流，显得机智幽默。

最后我安排每位同学当着金学长的面，说出要就读的理想高中以及自我激励话语，学生们总体发言水平相当高。然后由金学长评出印象最深刻的四位同学，课后给他们签名留言。金学长把中考倒计时写在黑板上。最后，学生会主席、副班长叶晶晶同学总结发言，向来宾表示感谢和祝愿。我在结束时指出：这是一次高水平的交流，因为有高水平的发言和听众，希望大家好好学习，努力实现既定目标。

二十三　请抓住教育的机遇

——读林方平老师《民主传递的是理解》一文有感

怀着无比尊敬的心情，我浏览了林方平老师的智客网《吟风阁》，收获很多，情不自禁给这位经常在一起的同事玩起了书面留言，特别是读完《民主传递的是理解》一文后，更是激动地写下："好一曲爱与智慧的交响乐，细小的举动，人性的升华，感人的故事，难忘的创举，学习了！"文章介绍的是班级面临县级公开课，由于场地限制，只能抽部分学生参与，作为班主任的他意识到事情重大。有何妙计既能解决学校难题，又不至于伤害学生自尊心？苦苦思索后，他选择了"请求学生帮助老师解决遇到的困难"的方式，一下子把以能帮助老师为荣的学生积极性给调动起来了。"如果你们哪位同学能体谅我的心情而主动提出放弃这堂课选择自学的话，或许会减轻我内心的痛苦。"林老师利用他在学生心目中的地位，再一次甩出情感牌。慢慢地，一个个学生举起手来："老师，我愿把机会留给别人！"一石激起千层浪，接着就有十几位同学纷纷响应，表示愿意加入光荣的志愿者行列。他写道："我尽快拿出相机，记下这美丽的一瞬——民主传递着真诚的理解，理解缔造着和谐的美妙。"确实，这样民主和谐的场景具有诗一般的美丽，画一样的意境，使参加上课和自学的同学都受到心灵的洗礼，感到彼此的理解。教育无小事，处处皆教育。把握好机会，确实能带来意想不到的收获。

　　记得有一次，我们接到国旗下讲话的任务，这可是难得的在大家面前亮相和表现的好机会，而且会很有光荣感和使命感。如果老师根据学生平时表现推荐也未尝不可，再到网上下载讲话稿培训，也算是完成任务了。但我觉得不能错过这样的机会，要让活动的价值最大化。我在班里宣布学校的任务、说明国旗下讲话的意义、讲话人的要求，并说自己不敢独自决定这么重大的事情，想听听同学们的想法。如此诚恳的民主做法触动了学生，学生纷纷推荐心目中理想人选和推荐理由，被推荐的学生或自信或不好意思的表情告诉我，他们很在乎同学的正面评价。当着大家的面，能受如此抬举和表扬，换成大人都觉得脸上有光。这样做的意义早就超出推荐本身，学生们学会夸奖他人、欣赏他人，这就足够了。被推荐学生的自尊心和荣誉感得到一次很好的满足。此时，我抓住机会把有推荐到和没推荐到的学生进行了一番表扬，说出心中的期待，让教育无痕，让学生觉得不是表扬的"表扬"，是表扬的最高境界。接着，我们发扬集体主义精神，全班一起写演讲稿，又一轮优秀演讲稿推荐活动开始了，又有一批同学受到伙伴的夸奖。讲话人和讲话稿定下来后，训练开始了。被推荐的学生当着大家的面讲给同学们听，接着由大家来点评，评比谁的讲话最好。这次国旗下讲话我做足了文章，我把简单问题做复杂，最大可能把这次活动朝着凝聚班级力量、发现班级人才、展示学生个性方向去努力。当被推荐的学生在台上演讲时，怎么不觉得背后是几十双期待的目光？台上同学不就是集体的化身和代表，凝聚着团队的心血和荣誉吗？

　　有一次，我的班级得了学区文明班级称号，以极小的差距与县文明班级擦肩而过，我们进行了"文明班级，我们要不要？"的讨论。在得到县级文明班级后，又展开"回忆我们的过去"主题班会，学生纷纷写出了让我意料不到的精彩文章，极大地凝聚了班级力量，集体主义教育效果发挥出来了。让我们在充满爱的基础上，抓住教育的机遇，多一些机智，多一些民主。

二十四　共话教师成长，同议班级建设
——温州赖联群、黄友上、项光亮名班主任工作室平阳水头活动综述

　　2010年9月25日，经过多方联络、充分准备，温州市赖联群、黄友上、

项光亮名班主任工作室平阳县水头二中活动终于如期举行，本次活动与平阳水头学区初中班主任培训会联合开展，得到他们的大力支持和帮助。

会议由水头学区池副主任主持。首先由我代表赖联群名班主任工作室学员汇报《例谈我的班集体建设点滴体会》。我的汇报切合班集体建设实际，以所带志远班集体建设方法和经验为参照，配以直观的照片，向大家介绍班主任工作"十招"，可操作性较强。讲话激扬澎湃，到情深处起立高歌一曲《亲爱的爸爸妈妈》，更是掌声满堂。我传递的工作信念正如我的教育宣言：用爱负责到底。主持人随即评价：项老师这"十招"可谓十全十美，他投入精力多，是一个勤劳负责的人，一个善于发现的人。他做班主任工作有招，且招招精彩，是一个很有想法的人，有很多值得学习的地方，用他自己的话来说就是"浑身长满'志'的班主任"。

接着是市名班主任黄友上老师《对班主任专业成长的认识》，他先点评了我的讲座，觉得我的教育每天都是新的，作为我的学生是幸福的。在我身上没有职业倦怠感，能把管理上升到文化的境界。他介绍自己经历从拼命干到徘徊到自我激励的3个阶段，站在一定的理论高度，很有逻辑层次地推进学习"三定内容"。一是定心，认识班主任职业倦怠。期待深度觉醒，增强自身适应能力；增强自身素质，提高工作自信心；改善认知方式，不断提升自我认识；发展业余爱好，拓展高级需要。举例《池昌斌成功的理由》《追寻教育的幸福》，让人深受启发。二是定位，认清自我发展位置。举例《我荒废的前六年》《朱一花老师的班级分析》，听后深受感染。三是定向，认识班主任成长路径，在实践探索中成长，开展有效的班级活动、主题班会，追求文化管理新境界，能够经常自励助人；在深刻反思中成长，在反思中积累沉淀，在阅读中静心感悟，在写作中思索提炼，在博客中体现个性，举例《方海东的阅读选择》《老赖不赖》，令人肃然起敬。

最为精彩是问题回答环节，这是本次活动的一大特色和尝试。首先上台的是市名班主任赖联群老师，他接过主持人关于名班主任评选的话题，认为评名师偶然中有必然，教师们要苦干加巧干，实践和理论相结合。然后对我及黄老师的演讲谈了看法。他指出，项老师很用心，心在哪里，智慧就在哪里。讲座内容给人以新鲜的感觉，端出原材料让老师们体会思考，但有的可能受学生心智成熟限制，放在初三更合适些。如果将这"十招"加以提炼发表，就可以评拔尖人才了。他把黄老师的讲座概括成"提劲、提升、提炼"

三个关键词，他列举对迟到的理解，对黑板报的功利看法。他觉得荣誉是台阶，能把人推向更高层次发展，写作虽然费心、熬夜、折磨，但一旦上手就习惯了。

紧接着，他一口气回答了3个问题。

问题一：怎么引导初一学生早日进入自主学习状态？他回答：让初一学生很快做到自主学习不太可能，我们要承认心智事实；要有耐心，不急于出台班规，"心平气和七年级"，让学生自己明白该怎么做；开展收作业竞赛，让学生体验效率；规范不要太多，要简单明了好操作；环境布置要有励志作用，让学生有感觉；开展竞赛，如阳光少年追星记；注重养成教育，循序渐进。

问题二：如何使初三优秀生更加拔尖？他回答："成绩靠大家，有老师、家长、学生等力量组成，班主任只是其中相当小的一部分；教育可分硬实力和软实力，如教师团队、校本教研、学生补拐、小班化等，针对性强；开展家校沟通，促进和谐；促进教师间互动，搞好关系；要提高对此类学生的关注度。"

问题三："无为而治"和"积极入世"，这两种治班理念哪种好？他回答："各有利弊，并不绝对，最好是各取好处。提倡松手，但不放手，最好是从严开始，中途自律，最后有特色。"

第二位上台回答问题的是市名班主任项光亮老师，他充满激情的回答深深感染了大家。

问题一：有什么后进生成绩的改善策略吗？他回答："这个问题很大，我先读两位后进生的日记作为回答，我们要向农民学习，农民庄稼不好就会反思自己，而教师只责怪学生不反思自己。再讲三个真实故事：我的班级有个女孩成绩差，但在运动会上取得好成绩，我借机鼓励她，不断追问，最终女孩考上重点；有个教授的儿子学不好数学，认为自己不是学习数学的料，教授巧妙设局让他连续3次得100分，帮其找回自信；有同事儿子打游戏，家长借机引导孩子改学乒乓球，帮孩子找到自身价值。"

问题二：有心理扭曲的学生，虽多次尝试改变，但收获甚微，该怎么办？他回答说学生所有问题都是家庭问题。接着讲自己开家长会的做法和经历，先调查学生最不喜欢家长什么话，答案最多的是"老拿自己跟人家比"，他拿周弘的赏识教育与家长交流，教育各位家长不要长人家威风，灭自己士气，每个孩子心中都有"好孩子与坏孩子"在战斗，如今是找优点的教育，要用欣赏的眼光看孩子，才是送给孩子最好的礼物。

第三位上台答题的是市名班主任吴丽君老师，她以流畅的语速、多年的经验来回答如何培养尖子生的问题。她建议要进行思想动员，用历届学生成就来激励学生信心；激发学生兴趣，如让学生听名人故事，赏外语歌曲影片，当大众评审，从学习中找到快乐；利用校友资源，发挥榜样激励，多渠道、多方位开发学习资源；向任课老师请教，接受高人指点；让班中优秀生现身说法，发挥尖子生的带动作用；引进竞争机制，开展"向前冲"活动，学习小组、宿舍小组大比拼；对学生不断私下激励，因为精神力量是永恒的，即便屡败屡战，最后一次成功就可以了，不要放弃每个学生，学生目前落后没关系，总有一天会行的！

不愧为市名班主任，每个回答都如此精彩到位，让大家深受启发和教育。临结束时，天色已黄昏，这次学习近3个多小时，中场没有休息，让我们体会到水头学区浓厚的学术氛围和良好的学习风气。感谢水头学区，感谢班主任工作，感谢共同的事业和追求，让我们期待下次更为精彩的相聚！

二十五　续缘朱老师，再次桐乡行

如果说，参加市名班主任研修班是我自己专业追求的一个印记；那么，参加县百名领军教师研修班，纯粹是组织安排和关怀的结果。如果说，第一次成为朱永春老师的学生，是属于见面后的双向选择；那么，再次成为朱老师的学生，纯属于老天安排的机缘巧合。印象中记忆深刻的是，当时我们在浙江外国语学校打电话给他时，朱老师连表示说吃惊，话筒的那一头感慨得不知道说什么好。

筹备篇

与朱老师再次确定师生关系后，由于各自忙自己的事情，也少有联系。一直到县教育局安排要跟实践导师随岗实践一周，我们才多次商议有关事宜。出发前，可以说是好事多磨，作为小组长的我，由于频繁请假，实在不好意思再次离开学生，对未能尽到组长职责深感愧疚。好在我们的组员李小丽老师一直积极主动地多次联系协调此事，才终于找到一个可以一起成行的日子，这天竟然是2012年的圣诞夜。现在回忆起来，依然感到温馨动人。

由于我个人的原因，我们把上动车的地点定在苍南，时间也比较靠后。大家聚齐后，彼此没有任何的陌生感，路上、车上交流气氛十分不错。龙港二中的李老师热情直爽、阳光好学、细腻真诚、用心投入，给我们留下非常美好的印象。她毫不保留地向我们介绍"李氏特色"的成功做法，如专门设置"某某人日"活动，将这特殊的一天归于某人，大家寻找他的优点，在后黑板上写满该生优点，并且为他举行热情隆重的颁奖仪式。精心布置的活动成效显著：让不自信的孩子充满能量，让冷酷封闭的孩子接纳他人，每个孩子都深深地感受到来自集体的温暖和爱意。她的黑板报利用很有创意，及时更新，体现主题，成为一道流动的大背景。她的寒假作业更是理念超前，通过布置演出作业，举行新年文艺演出，锻炼学生才艺。在她的影响下，我也"厚着脸皮"介绍自己存在手机里的一些活动照片和视频，没想到也得到同行的李老师和郑老师不断询问和请教。年轻帅气的已有20多年班主任经验的灵溪一中郑老师也介绍自己的学校、班级情况，我们彼此咨询互相感兴趣的问题。"三人行，必有我师。"我们的学习之旅已经开始进入状态。

值得一提的是，我们还在动车上商量如何给朱老师发短信："敬爱的朱老师，圣诞夜快乐！我们正踏上专业发展之路，通往您指明的方向。为了不影响您休息，请您只要告诉我们住宿地就可以了。"朱老师谦逊温和地回复："圣诞快乐！你们快来，因为不能给你们导师的指导，所以一定要给你们朋友的真诚。今晚到点我在桐乡站等你们，然后入住并吃特色小吃面条。"我们感激无比地回复："我们期待这次久违的谋面，因久闻恩师大名，能亲聆大师教诲，是我们的荣幸！时间太晚，车途劳累，我们于心不忍。"最后还是被朱老师东道主的热情所感动，恭敬不如从命，答应朱老师亲自来车站接我们。

当晚9点多，我们就到了桐乡站。在电梯往下时，远远看见依然十分年轻帅气的朱老师在寒风中朝我们微笑致意！同行的两位老师与导师进行简单的自我介绍后，我们就奔向朱老师刚买一年的新车。同时，我们了解到，今晚刚好是朱老师与师母陈老师结婚纪念日。可能由于我们的到来，破坏了原本属于老师一家人的温馨气氛，内心又增添了些许不安。

一路上，李老师非常好学，不停地问这问那。朱老师当起了导游，为我们介绍嘉兴、桐乡有关的政治、经济、文化、教育等方方面面的情况，如数家珍。到了宾馆，放好行李后，朱老师按照事先安排带我们来到当地一家十分有名的面馆吃面条。我们远远就闻到面香味，也许是有些饿，也许是带些累，也许是我们终于见到了一直想见的老师，我们连汤也不放过，吃得精光。朱老师在生活上的精心安排，让我们感觉宾至如归。我们围着小方桌，听朱老师介绍具体安排并做进一步协商修改，要求尽可能多地给我们一些学习机会。朱老师也饶有兴趣地听取了我们两位老师的情况介绍，表达了赞赏和鼓励。在话题的穿插中，朱老师也谈到自己利用"永春茶馆"与家长聊教育，以及一直坚持利用圣诞文化活动提升班级凝聚力的做法。其实，这只是魔法朱老师班主任兵法的冰山一角，期待随着逐步接近大本营，逐渐揭开朱老师教育大世界中的神秘内幕。

实践篇

回宾馆时，时间很迟，我们目送朱老师的车离去后，也都回房休息。第二天，我们不敢有丝毫懈怠，带着热切的期待，根据朱老师昨晚的指引，以及我前次来过的印象，很快就找到了传说中的桐乡三中。我根据自己的经验直"闯"老师驻地，没想到走错了教学楼。根据该校老师指点，我们回头寻找时，又看见朱老师已经早早地在那里向我们微笑招手。

朱老师的初一（9）班教室很特殊，处在他的办公室旁边，相对比较封闭。办公室只有任教该班数学、科学的朱老师，任教英语的师母陈老师，还有一位同事语文老师三人组成，有家一样的温馨。一进办公室，就看到了热情开朗、端庄稳健的师母陈老师向我们招呼，我迫不及待地跟她讲："女的，您跟朱老师最有缘；男的，我跟朱老师最有缘！"笑声中，马上又是一杯杯热腾腾的茶。在办公室的角落，一大张贴满树叶、写满祝福的纸板吸引了我们的注意。经了解，这是前几天全班学生自制贺卡作为献给朱老师的生日礼物。虽然言语少些华丽，甚至有些拙劣，却很真挚感人，可以窥见平日里浓厚真挚的师生情谊。

然后，我们随朱老师进教室参观。他示意大家安静，向正在课间活动的孩子们介绍我们的到来，孩子们都用友好热情的表情和手势对我们表达了欢迎。朱老师的班级布置确实与众不同，看似波澜不惊，其实匠心独具。他的班训是"诚信自律，日新月异"。朱老师特别强调诚信，这是做人的根本和底线。真正的教育是自我教育，真正有效的管理是自律律己，就是在无人监督的情况下也能做最好的自己。朱老师希望他的学生每天都有新的发展、新的收获、新的进步，取得日新月异的变化。远大的教育胸怀和深刻的事业眼光，决定了他理念的超前和思想的深广。在后黑板的左侧，贴的是国家的最新科技成果、国内外形势，以开阔学生视野。他还聘请了当地两位卓有成就的名人担任该班的名誉班主任，并附有他们的事迹简介，无疑又是为学生提供了现实榜样和精神标杆。在前黑板的左侧是"709班级公约"，内容覆盖10个方面，都用朗朗上口的诗句加以概括，方便学生记忆和对照。旁边的卫生安排表也很有特色，定人定岗定时，每次值日时间就是十分钟，提高效率，落实责任，目标是"争创全校最干净班级，争做全校最有素质的学生"。朱老师的教室虽有些简陋，但整齐干净，十分清爽。教育学生培养良好素质要从卫生做起，责任心要从为班级服务做起，成就美好班级从每天十分钟做起！右侧是一块班级形象展板"微笑照亮九班，拼搏成就未来"。两个向日葵的"9"字造型，特别显眼。照片记录班级活动的点点滴滴，甚至还有老师和师母双双穿上博士服的合影，这又是一个学习标兵的活生生样板。右侧还有本月模范生、本月"寿星"的张贴，朱老师用足了德育资源，精致而多样。更难能可贵的是，他的班级布置不是一步到位的，而是根据班级发展情况和最新德育主题随时进行增减变化。生活在这样环境中的孩子是幸福的，温馨伴随着每一天，新鲜动力激发着每一人，每个孩子脸上都是满足自信的笑容，而这都缘于如此有爱心、有智慧的朱老师。

让我们印象非常深刻的还有两个地方。一个是在教室走廊上的提问交流黑板墙，学生可以随时用放在旁边的白板笔写下不懂的问题，就像百度提问一样，会有热心的专家给以解答。旁边还有校友贺卡展示，又是一次生命中重要他人的激励。还有一个就是在后黑板前摆一排空桌子，学生可以随时将作业主动上交到固定处，是一块体现诚信自律的"实验田"。在扎实教育的基础上，信任会产生奇迹。

跟朱老师在一起的几天，我们更多的是和他聊天，近距离地体验他的智慧，聆听他的见解。在他办公室，我们大胆地查阅有关资料，咨询有关问题，开展相关讨论。朱老师自己担任两个学科的教学，还经常外出讲座，担任很多社会兼职，他还坚持批阅孩子们的日记。用红笔一张张圈点勾画做批注，俨然一位语文老师。我们随手看了几本，朱老师都十分认真地写上评语，与孩子们一对一地进行心灵对话。孩子们无话不谈，内容涉及班级、家庭、个人等，有学习、生活、情感方方面面，困惑也好，成功也罢，尽在朱老师"掌控"之中。朱老师叮嘱我们，初接班级不要先盯成绩，先要关注状态，积极营造师生和谐的局面是开展一切工作的基础和前提。我们还就一些日常德育困惑的棘手问题，向朱老师请教，如自闭症孩子的教育问题，刚好朱老师班级就有这样的学生。现场我们还见到这位学生来办公室咨询问题，她的表现确实有些异常，但朱老师的引导非常巧妙自然，多次现场机智应对，让原本胆怯羞涩的她满怀幸福而回，这就是我们看到的教育现场，没有任何预设。他建议我们要"宽容接纳，平等对待"，带着研究的心态去开展这方面的工作，多看心理社科类的书籍，一定能找到解决此类问题的新天地，一定能体会到成功带给我们的快乐。另如早恋，朱老师很好地利用科学老师的身份和扎实的文学功底主动出击加以疏通，从不回避难题，有很多成功经历。从"青苹果为什么是苦涩的"谈到"成熟的苹果为什么美味可口"；从"莎士比亚的喜剧中某些情节的处理"谈到"世界级大师的智慧和哲理"；从"科普知识普及、认同心理谈心"谈到"尊重人生规律、暂时封存感情"。无不入情入理，让人心悦诚服！

朱老师还有很多教育细节值得我们学习，遗憾的是接触时间太短暂，我们只能了解点滴。他针对所教学生处于城郊接合部、生源起点较低这一复杂情况，从最基本的要求做起。要求学生上课要腰板挺直，坐姿端正，注意力集中，眼神放光。他要求学生要养成天天提问的习惯，并形象地称之为"天问"，刚开始时每天上报统计。我们在他办公室，经常看到孩子来提问，朱老师给以耐心解答。为了让不同学生有不同发展，朱老师要求优生自主作业，不同学生完成不同作业。为激励学生更好学习，朱老师与孩子们一一签订奖励契约，自掏腰包让学生选择到上海、杭州等高校、景区励志游学或者到朱老师家温馨用餐，享受得意门生的尊荣。

这次远赴桐乡拜见朱老师，我还有一个重要任务，就是要将在温州首届名班主任毕业展示活动中的"八分钟演讲"提炼汇报稿请导师修改。之前，已经发过初稿给老师过目，由于导师很忙，给以初步肯定后，叫我先试讲再说。没想到，试讲时审查团没有任何意见，郑平院长和方文跃科长一致评价说："听后非常感动，已经非常成熟，无须任何修改，一致给予通过。"尽管如此，我们仍不敢有任何懈怠，朱老师非常热心地再次审阅我的讲稿，并且与他的工作室学员一起安排"与温州名班主任对话"活动，大家认真听我试讲后，针对我的讲稿内容逐一进行点评，他们在充分肯定的基础上，提出了一些细节上的修改建议，使我的讲稿更趋饱满和厚重，更让我结识了一批志同道合的嘉兴同行。特别是朱老师指出：要使1加1小于1，要让当两个班班主任比当一个班更轻松，让我心里一亮！导师的高度就是"361度"，永远是多一度的关怀。功夫不负有心人，在温州教师教育院毕业展示活动中，面对现场300多位听众，我作为上午最后一个上台演讲的学员，时间已经接近12点了，但现场的气氛不减反增，笑声掌声不断，与会的班主任朋友们在我幽默风趣背后感受到了我的用心和努力，给予充分肯定和鼓励。

回味篇

有着"江南魏书生"之美誉的大名鼎鼎的朱永春老师短短两年内两度成为我的导师，这足以让我觉得骄傲。他没有任何名师的架子，时时处处贴心为我们考虑。从生活细节做起，温情而细腻，处处显现朱氏特有的人格魅力。他的谦卑让我们感受到：一个人的成功肯定有他的道理，只有人品好了，才会经得起时间的考验，甚至越陈越香。他反复告诫我们：实践出真知，知识不是教会的，是自己感悟的。需要同伴互助，更需要个人修为，要有强烈的自我发展意识，不为成名，只为修炼人格，要对自己从事的职业有清晰感知，要规范加个性，先合格再出格。句句精辟，字字贴心。临行前，师母为我们每人准备2个橘子，并且装好袋子，嘱咐我们在路上充饥解渴，让我们带着温暖上路。好一对夫唱妇随的黄金搭档！当老师一家的孩子是幸福的，当老师一家的学生是有福的，当老师一家的学员是幸运的。当离开学校时，我情不自禁地突然向师母方向立正，行了一个并不标准的军礼。老师坚持又要送我们到动车站，这一来一去又是一个多小时。动车上，我望着远去的背景，给朱老师发了这样一条短信："朱老师，我已经坐上从桐乡去往温州的动车，再次回望桐乡大地。这几天，有您兄长般的生活上关照、专业上指引，我们找到了家一样的感觉，过得很幸福充实，十分感谢您！期待早些见面，我将用心努力，不负于您！"

二十六 主题班会课到底该怎么上

——我校第三届"爱我实验中学,从我做起"主题班会活动听后感

主题班会课到底该怎么上?办学两年来,德育处在郭校长"以德为魂"的办学理念指导下,开展了许多卓有成效的工作,每年针对初一新生开展的"爱我实验中学,从我做起"主题班会观摩课就是其中之一。我十分有幸地在本周三、周四下午分别听了六节精心设计、精彩纷呈、各具特色的主题班会课,觉得他们已经给出了响亮准确的回答。出于对主题班会课的兴趣,现结合曾经上过这节课的反思体会,针对这几节课的得失,谈谈自己的感受,也算是向辛勤准备的上课老师的听课汇报和感谢吧!当然,主题班会课没有什么专门的规范,谁也不敢说自己的造诣有多深。所以我的听后感存在理解偏颇,甚至完全错误之处,肯定在所难免,欢迎有关领导、老师,特别是初一班主任批评指正。

寓意要深化,主题要细化

主题班会,顾名思义,它就是要围绕着一定的德育主题。这就好比是记叙文的中心思想、议论文的中心论点一样,离开了它,文章就缺乏灵魂和主旨。

主题是大方面的,就好比是如今流行的话题作文一样,它不过是一个范围和方向。就德育处提出的"爱我实验中学,从我做起"这一主题,我们可以"照抄"它的题目,也可以自己命题,像七(4)班主题"实验中学——我的家"读来很亲切感人,七(1)班以校歌名字命名的主题——"梦想在这里起飞"充满诗意,并且引用校歌本身就是很好的爱校教育。总体来看,这六节课体现出来的都是真实的、朴实的、原生态的生成课。没有矫揉造作,没有无病呻吟,没有刻意雕琢,没有喧宾夺主。有的是紧紧围绕"我""我宿舍""我班级""我学校"来细化"爱校"的细胞;有的是紧紧围绕"从我做起,从现在做起,从身边做起,从小事做起"来深化"爱校"的细节;有的是紧紧围绕"爱谁?为什么要爱?该怎么爱?"来细化"爱校"的步骤;有的是紧紧围绕"学校与我、学校与宿舍、学校与班级的过去、现在和将来"来深化"爱校"的逻辑。基本上都做到了用"爱我学校"这一主题来贯穿整节班会课的始终,很好地对学生进行"知我龙实、爱我龙实、兴我龙实""校兴我

荣"的主题教育，对主题理解很细致，对寓意的剖析很深入。

题材要精选，内容要丰富

由于受主题的限制，就本节课的内容，班级之间的重复是在所难免的，从某种意义上讲，甚至可以说是必需的。比如，多数班级采用了让学生观看龙港电视台报道我校建校历程的录像剪辑，这是完全有必要的影像教育，只有了解了学校的过去，学生才能更好地对学校的现在倾注情感。像这种权威部门制作的宝贵资料，其教育意义远比我们的说教要更简捷有效些。另如"校园知识知多少？"的知识抢答比赛环节，这是非常好的设计，较大程度上调动了更多学生积极参与，在极好的时机下对学生进行了一次极其正确的教育。只有"知之深"，才能"爱之切"。像其他如学校优美的风光、一流的设施，班级丰富多彩的活动以及近期取得的荣誉等，都可以进行展示。只有具备更加充分的感性认知，才会有更加充足的理性表达。还有设置了类似以"我们该怎么做？"为主题的讨论、采访或演讲，这也是主题班会所常用的。让学生了解那么多的校情，懂那么多的校史，目的是让学生产生情感上的共鸣，行动上的共识，正如七（2）班说的一样"我心动、我行动"。

就一个个具体的班级而言，七（6）班由班主任亲自宣读并且点评，由家长手写的家长寄语，让我们耳目一新，深有感触；七（5）班在三位主持人带领下的多次小组讨论和现场采访以及较有气势的全班合唱，体现了很好的班级整体实力，给我们留下深刻的印象；七（4）班的"生活拾贝、教室灰尘"的讨论环节，其实是从更多的视角、更真的事实，让学生感受到应如何在学校这个大家庭里和睦相处、互相爱护，听来既形象具体，又很有哲理，还有小组诗歌朗诵《梦想放飞》也较好激发了学生的斗志；七（3）班的评选"班级之最"，就是歌颂那些校园生活中涌现出来的爱校标兵，"树立典型，表彰先进"是班级工作永恒的主题，榜样的力量是无穷的，班主任抓住了这个难得机会，诗歌朗诵《老师，只有您站着》，从尊敬老师的角度来很好地解读爱学校的丰富内涵；七（2）班的特点是给了学生充分展示才艺的机会，鼓励学生或演唱、或演讲、或演奏，好好展示自己，用才艺为班级、为学校争光，好好成才成人，做一个对社会有用的人，这不是最大的热爱学校、回报学校吗？宽泛地讲，班队课内容真是"没有什么不可以"，只要健康向上，哪怕你的节目与本节课毫不相干，演出者只要说声"我要把这首歌献给我们亲爱的学校，祝愿我们的学校越办越好！"也就算与主题沾上边了；七（1）班全体起立朗诵歌词的举动很有气势，学校的老师为之动容，亲临会场的家长朴实动人的讲话使我们被深深打动，"今天我以学校为荣，明天学校以我为荣"的签名活动把班会推向高潮，可见这种国际上通用的签名形式一定有它的心理学、教育学上的道理。今天早上，我的儿子告诉我，说他昨天在全校的"告别不文明行为"的红条幅上签名了。我随即要求他以后的行为要更文明，没想到有时比较倔强的他，居然很愉快地点头称是。仅从这件小事就足以看出签名活动的威力不一般了，关键就是要看主题班会之后的后续教育活动怎么跟得上了。

形式要多样，结构要清晰

我粗略地统计了一下，综观这六节课，主要形式有：照片展示、故事述说、家长寄语、深情演讲、诗歌朗诵、自由发言、集体签名、知识抢答、记者采访、全班齐唱、录像展播、主题讨论、小品演出、现场调查、全班朗诵、学生献歌、乐器演奏、校园相声、家长讲话等近20多种不同的形式，这凝聚着我们班主任老师多少的智慧和心血。每个形式都能够很好地服务于内容，既有继承，又有创新；既有参考，又有改进。没有脱离形式的内容，没有无法表达内容的形式，这一普遍的唯物主义辩证法，在我们主题班会上得到了很好的体现。不管是文艺晚会，还是开幕大典，还是平时的课堂教学，都是非常讲究结构和顺序的，班会课更是如此。班主任老师们基本上都是沿着"晓之以理、动之以理、导之以行、持之以恒"的程序走的，"知、情、义、行"是主题班会必须要解决的四大板块。从结构上看，开始都有主持人的开场白，道出了本节主题班会课的主旨。结束时有主持人的总结，提出了对大家的希望、要求和祝福。从过程上看，也基本上是沿着学校的发展，老师的关怀，班级的优秀，我们的表现以及应有的想法和做法等方面循序渐进地展开的。比如七（3）班的学校篇、班级篇、宿舍篇等结构比较清晰，特别是七（1）班的"白鹭号起航了""白鹭生辉""创建历程、开学典礼、教学设施、校园环境、校园活动、兴趣小组、教学活动、领导关怀"等篇章构造了比较有序的内部庞大体系，充分利用手头的有利资源，极尽包装之能事，使班会课更有文化气息、人文色彩，这本身就是很好的爱校教育，让学生把对学校的爱渗透到每一个可以渗透的地方。

作为班主任，我们应该懂得这样一个浅显的道理：刚出土的番薯，虽不值钱，但经过细加工、精包装后的薯片，就很畅销。

主持要挑选，细节要关注

学生主持人都还不错，有的主持人还具有较强的现场应变能力和组织调控能力。主持人的语言比较优美，书面语和口头语也结合得比较流畅，适合调动气氛。每个班都精心制作了漂亮的课件，充分地利用现代教育技术为我们的德育服务。每个班学生参与面非常广，教师都让学生自行参与准备，参与设计，放手让学生锻炼，自己则退居幕后，体现主题班会中"学生主体，班主任指导"的地位和作用。教室的位置也都做了精心安排，前黑板也都写上了显眼的主题，并且都安排了人员专门拍照，记下班级这难忘的经历，为下一次班会课积累素材。每个班级都能结合班级实际，进行爱班教育，使学生明白"班级是学校重要的组成部分，爱班级就是爱学校"的道理，使班级凝聚力、荣誉感得到一次很好的训练和体现。

细小的问题，粗浅的建议

本着实事求是、互相帮助的精神，我也想提一些不成熟的建议。其实，班会课的准备是很花时间的，可能由于客观上的原因，准备还不是很充分。像学生的演讲、主持还得进一步加强指导和训练，真正锻炼学生的是过程，过程的教育内涵是很丰富的，要充分挖掘。具体到每个班，如七（6）班家长的信都是班主任读，可以考虑有没有比这更好的形式。七（5）班时间多出来，可不可以加上班主任的总结，向学生提出希望要求之类的，这也是十分必要的，教育效果肯定要比平时好，也可以考虑请在场的任课老师、学校领导讲话。七（4）班的知识竞赛可能搞得过于复杂，显得有些乱，对此题目可以少一些，浅一些，规则也可简单些。七（3）班整个顺序不是很流畅，时间上最好是从过去到现在，空间上最好是从学校到班级再到宿舍。七（2）班的主要问题是形式与主题的关系处理得不是很突出，还有主持人的台词应在"怎么点明主题，怎么把每个环节连成一个整体"上加以考虑。七（1）班整体上比较成熟，学生也有很强的组织纪律性，这本身就是无声的爱校教育。

当观众容易，当演员难。回忆我们一起奋斗一个多月的日日夜夜，以及在准备这节课过程中，诚恳地向前两届已经开过这节课的老班主任们到处请教的情形，深受感动。我们要尽快地适应寄宿制学校的工作方式和管理上的压力，还得尽快地熟悉了解学生、家长、学校、同事，带领这一批不经人事的孩子们尽快地适应初中寄宿生活。

这次活动的覆盖面广，参与听课的老师很多，基本上每节课走廊上也站满了人，连一些其他任科老师也积极地参与了听课活动，使我们老师也接受了一次很好的校本培训和爱校情感熏陶，活动达到甚至超出了预期。本人在多年前担任段长的时候，就组织过班主任和副班主任的主题班会大奖赛活动，开了农村学校德育工作的先河，因此比别人更能深刻体会组织一次这样的活动极其不易，这也许就是我花一天时间听课，再花一天时间写随笔的又一原因吧！

二十七　在告别中感恩成长
——志远班"'告别六一'联欢晚会"侧记

2009年5月27日晚上，龙港泰安大酒店三楼大会议室人潮如涌，灯火通明，气球高悬，欢歌笑语，全场140多人举杯共庆龙港实验中学初一（1）班志远班同学最后的六一儿童节，歌声、笑声、祝福声，声声体现"在告别中感恩，在感恩中成长"的家庭氛围。结束时，大家都依依不舍地离去，一路上还不断谈论，沉浸在节日的无比幸福之中。

晚会前，紧张的筹备

当我下午1点钟到达时，已经看到酒店门口贴的大幅标语"祝龙港实验中学初一（1）班志远班同学六一儿童节快乐！"，感到特别亲切和自豪。酒店服务员已经按照我们的要求开始布置会场，礼仪公司用气球装扮报到处门口和四周墙壁。

下午2点左右，何潇悦家长来了，具体询问相关事宜，帮忙布置会场。陈曳家长来了，带来2块"学生小时候照片展"和"近一年活动剪影"展板，摆放就座的席位姓名牌。潘娜、林杰家长来了，带来游戏和抽奖的奖品。杨宇家长来了，带来红领巾、气球等用品，并亲自打起气球。陈绍迪同学来了，主动帮忙打气球。喜洋洋礼仪公司来了，开始调试音响，安装线路。

下午3点左右，杨佳浩家长来了，带来6层的大蛋糕，摆放在舞台左前方。项方鑫家长来了，带来9份献给老师的鲜花，放在舞台后侧幕布下。吴镇家长来了，带来精心制作的漂亮抽奖箱。郑奇家长来了，带来游戏用的蜡烛和道具。薛钢家长来了，带来印有"志远告别六一活动留念"字样的纪念品，放在报到处门口。摄像师郭翔同学来了，带来全副设备，像模像样地在选择场地。陈瑶瑶家长来了……在报到册和六一题词、签名本上，陆陆续续写上了大家的心愿和祝福，我也应邀兴致勃勃地写上"祝各位同学童心永驻！"。

下午4点左右，大多数同学都到了。纷纷戴上红领巾，崭新的校服在红领巾映衬下，显得特别鲜艳动人。我们抓紧时间彩排有关节目，播放自己制作的有关"六一电影"，特别是就场地使用和话筒要求与音响师做了沟通。学生们自我联欢开始了，互相敬茶祝贺，很有礼貌地向师长敬茶。

晚会中，温馨的记忆

晚上6点，联欢活动正式开始。我提出2点要求：一是为了儿童的健康，请大家不要在场地内吸烟；二是为了难得的机会，请大家善始善终，不要中途离席。接着，4个主持人项方鑫、陈瑶瑶、侯百家、孙小荷上台了。一段动情的开场白后，"全场起立，举起杯，为了共同的节日，为了远大的理想，干杯！"一下子把会场气氛调动起来。家委会主任杨帆爸爸发表热情洋溢的节日贺词，他希望大家今后更加努力有为，成为国家建设的有用之才。参与晚会发言的家长还有郭翔、陈皓、杨宇、郑奇家长等，家长们语重心长的话语都深深铭记在学生成长的记忆里。陈瑶瑶家长的独唱迎来掌声一片。我和陈曳家长合唱《校园的早晨》发挥很好，虽然我已经声音嘶哑，但现场反响相当不错。六位学生代表的演讲也能脱稿，非常精彩，他们讲了此次活动的意义，讲对父母的感激之情，大家听后都非常感动。

在《友谊地久天长》的歌声中，每位同学都以抽签的形式送出自己精心准备的小礼物，并发表一句祝福的话语。吴镇、何潇悦两位同学充当礼仪生，互赠礼物活动顺利进行。

第一个正式节目是全体同学在我的"瞎指挥"下进行难度最大的无伴奏合唱，全体同学手拿礼物集体登台。《六一儿童节节歌》从陈瑶瑶和陈皓同学第一段歌词朗诵开始，中间又加了轮唱和杨佳浩、杨帆的独唱，在节奏和轻重上做了变化，最后一句做重复和放慢速度，特意加以停顿，收到了较好的艺术效果。唱下一首《童年》时，由郭福特朗诵"你还记得池塘边的榕树吗？"何潇悦朗诵"你还记得知了的声音吗？"中间以全体朗诵"记得，当然记得我们的《童年》"过渡。

在《感恩的心》音乐声中，在杨佳浩家长指导下，子女切蛋糕喂家长，学生代表送鲜花感恩老师，并且来到父母身边齐声说："爸爸、妈妈，谢谢您！"特别是学生把第一块蛋糕送给我这位"男大妈"时，我真的很感动！现场抽奖活动很好地调动了气氛，筹备组十位颁奖嘉宾集体亮相，显得十分有气势。集体游戏项目比较多，由裁判长宣读规则，各位裁判到位，后勤人员准备，在《男儿当自强》歌声中"踩气球"，在《爱拼才会赢》歌声中"抢椅子"，在回答问题中"吹蜡烛"等，最后游戏获奖家庭分别上台领奖，与颁奖嘉宾合影留念。

女生宿舍《童年歌曲大联唱》是最为满意的一个亮点节目，每个学生都用童真演绎，形式活泼，衔接自然，节目指导陈曳妈妈把她们的潜能开发得很好。女生英语歌曲双重唱，是一个比较新的艺术形式，中间和结束部分适当添加了心语独白，符合晚会整体要求。学生乐器演奏也是班级的一个特色，期待下次乐队的全体亮相。

在《献给爱丽丝》的乐曲中，六一朗诵团诗歌朗诵《永远的童年》是"拳头产品"之一，朗诵成为班级的强项，这个节目很好地照应了开头的合唱，十分有意义。台上台下齐唱《友谊地久天长》后，最后放的音乐是《再过二十年》。

晚会后，甜蜜的反思

结束时，与筹委会的家长们愉快合影留念，简单总结本次活动的得失。大家普遍比较满意，评价这次活动举办很成功！甚至觉得这样的活动真有些"空前绝后，闻所未闻"的感觉，大家也都是第一次体验。大家都认为这样的活动很好地培养了学生情商，提高了学生各方面的综合素质，开发了大家的多元智能，增强了集体的凝聚力和自豪感。有家长建议把照片存进校史馆，有家长建议把活动过程拍摄的影像制作成光盘发给学生作为成长见证，有家长强烈建议初中毕业联欢晚会也要如此进行。我们的共同愿景是：期待2011年"回首初中联欢晚会"的到来！我们真诚相约，不见不散！

第四章　学思感悟

一　感受智慧，敬佩能力

——读赖联群老师随笔有感（一）

赖联群老师的教育随笔名声在外，很早就有细读的想法，这个"五一"小长假给了我难得静心学习的机会。昨晚一口气读了专辑（一）中20篇心灵杰作，深深被折服。他在初三如此繁忙的工作情况下，身为学校中层领导、语文老师、班主任，在妻子怀孕、父母年老的情况下，还能每天坚持看《人民教育》学习，上教育在线交流，写教育随笔反思，没有对教育事业特殊的执着是很难做到的。作为他工作室的学生，我由衷钦佩他流畅的文笔，纯净的心灵，智慧的行动，深刻的反思，真诚的付出，高尚的人格，多变的能力，坚韧的追求。他激情飞扬，魅力无边，在我们相对裙带风浓、学术味淡的县城中学，用读书做准备，用实践做探索，用写作来反思，把创新作为教育的生命，把真情作为教育的灵魂，是我们身边的教书育人艺术大家。他对张万祥先生由衷敬仰，就像我对他一样："聆听着、反思着、感动着、惊叹着，他的人格魅力渐渐在我眼前幻成了一座高山，我想我得用自己的一生去逾越……"

他用"难忘的选择"一堂游戏式主题班会，真正触动学生的情感，增强了他们辨是非、知轻重的能力，一举多得。他在谈心本上发现学生对父亲有不公平的评价，假如不加引导，任其泛滥，对孩子未来的成长将会产生负面影响，他智慧回应"这个命题不成立"。他利用自己是语文老师的身份，在阅读"孝心无价"一文时，结合自身经历引导学生认识母亲，和学生情感上达到共鸣。面对学生讲话不文明，他真的愤怒了！后来了解这是一场误会，正好教学《珍惜愤怒》一文，让学生在即兴情景中体会"只要不丧失理智，愤怒便充满活力"。在完美地解决偶发事件后，还反思自己的道歉问题。

他用较多的篇幅写一个懂事的苦孩子何某。赖老师多次去他家家访，动用一切力量帮助他，做他家长工作，消除他后顾之忧。艰难面试的波折，顺利考上的喜悦，使师生的手终于在温州中学紧紧地握在一起。一位老师的教育真情和谈话艺术，跃然纸上。他深有感触地写道："有些人家境富裕，却只顾吃喝玩乐，无心读书；有些人生活穷苦却立雄心大志。苦难的生活可以毁灭一个人，也可以砥砺一个人。愿上天有眼，应该给这么优秀的人才一次成才的机会，一次深造的机会！""作为一个教师，能得到学生的如此尊重、带泪鞠躬应该是一种幸福，学生成就老师的职业幸福感。我想真诚地告诉他：从你身上学到了一种永不言败，永不向命运屈服的精神，这是最宝贵的，我也向你鞠躬！"

他处理学生偶发事件的能力和智慧，有很多值得我学习。学生玩"粉笔战"，他进行反思教育，既要当事人负责捡起乱丢的粉笔，又发动全班参与帮助寻找粉笔头，在老师完美的总结中结束事件，从此再也没有发生类似事件。其实，寻找的不是粉笔，而是担当和宽容。他的随笔中写道："宽容铸就美好的教育世界，把一件不利之事转化为对每个学生都具有教育意义的积极事件，在育人的同时，更是育心。回忆整个事件的处理过程，我始终面带微笑，充满信心，只要有宽容参与，教育其实就这么简单！"他多次写到家访，在学生需要帮助时，他总是第一时间出现，用娴熟的心理学知识，用热情坦诚的人格魅力，鼓励退缩的学生勇敢面对。"家访，真的很重要。家访，打开了师生之间、家校之间交流的另一扇门，是大门，更是心门。"在保送生辅导的三方会谈中，他用切身体会，用身教和真诚打动学生的心，因此体会到真诚最具魅力。同时，他也不忘给学生写信，说出自己心中的期盼，表达了平时口头上不太好表达的情感。做赖老师的学生何等幸运，何等幸福！

赖老师体会到，班主任不仅仅要在管理中成长，更要在书香中、网络中、案例中、反思中成长。关于这些，我不是没做，而是没有做好。反观我自己，看书一直是我的喜好，但由于参加自学考试期间看了太多的书，以致有段时间居然要逃避看书。最近在赖老师工作室的带领下，我对书本重新入迷，利用一切时机看书。对于网络，我起点很低，入门很晚，只是这几年的事情，且仅满足于县内智客的流量和获奖，只局限于与学生家长的交流，只沉浸在熟知同事的"吹捧"赞扬中，没有大风大浪的洗礼历练，目光狭隘，见识孤陋。案例，我其实遇到很多，有的也很深刻，从小学到高中，从农村到城镇，形形色色的学生个案纷繁复杂，但大多没有细节的描述，很多当时的灵感和触动，现在已经十分模糊。反思，我只是在脑海中瞬间有过，却没有形成文字保存，这不能不说是从教20年来的最大遗憾，留下太少的精神财产。我写教育随笔，只是这几年养成的习惯，但是比较零碎，没有体系，比较表面，没有挖掘，深度广度都显功力不足。读赖老师的随笔在继续，写赖老师随笔的随感也在继续。

二　真情流露，实践感悟
——读赖联群老师随笔有感（二）

又是一口气不顾疲劳地读完赖老师随笔专辑（一）中的后44篇佳作。因感动而叫好，因共鸣而感慨。在写所谓的随感时，发现更多的是摘录，因为他的反思已成经典，我唯一能做的就是汲取。

稍纵即逝的教育契机

作为孝子的他，在母亲节看望母亲之后，布置母亲节的作业，评比交流"为母亲服务"的最佳创意奖。学生在母爱的感召下，即使是最贫乏的语言，也能诉说最真诚的故事。考试前他做了"调整心态，全力以赴；抓住重点，制订计划；内外兼修，不急不躁；查漏补缺，功德圆满"的激情演讲，关键时刻为学生导航。月考之后，他及时重塑学生信心，通过"百米竞赛摔倒后，重新站起赛20米"的例子，引导学生写心灵随笔，进行自我对话。

他选择以情动人，激励学生为父母勤奋学习。作为人子，总有孝心。班主任如能抓住有利时机加以引导"情动于中，发之于外"，那么任何理想的德育效果都有可能达到。"一次真诚的谈心可以摧毁一座封闭的城堡，一个简单的谅解可以融解一座坚固的冰山。如果以居高临下之势指导学生怎么做，可能不愉快的是两个人。也许就没有后来的表扬，没有深刻的反思，乃至最后心灵的震颤。只要有一颗真挚的心，育人有时真的好简单！"他在体育训练中一起陪学生雨中跑步，效果奇特。他感慨道："教育学生，其实很多时候不在于有多少技巧与才华，关键是融入，和学生融为一体，同甘共苦，一起分享分担，一起承受经受，身先垂范，以身作则。"他针对新旧中学生守则、规范的对比，要求学生找出自己做得好和不够的几条对照，进行自我评价。他希望同学们在以后的学习生活中，扬长避短，每一次进步用红笔在资料中标出；每一次退步或违规，做下真实的黑色痕迹……

非常成功的教育个案

赖联群老师的随笔中写道自己通过两次不同的教育体验，切身体会到"堵不如疏"。一是学生在楼道大喊大叫，他要学生写悔过书，带学生回家，冲动、简单、粗暴的做法伤害了孩子们，这是一次失败的教育；二是面对"打水战"，他半开玩笑，理解学生肯定是因为天气热，精力过剩，才以此宣泄的，但他认为学生不能以违反纪律与损害他人利益为前提，最后引导学生承认错误。一个堵，一个导；一个失败，一个成功，得出强制的教育无效的结论。"教师以专制的手段管理学生，虽然暂时可以控制学生的某些身体行为，但因无法触及灵魂，学生的本质在某种适合的土壤里还会显露出来，从而造成无效教育。"

他冷静机智地处理课间操风波。面对不去做操的学生，他首先寻求的是"为什么"，而不是"怎么办"。了解情况后，他想："不下去做操总能找到适当理由，不管这理由多么冠冕堂皇，但只是理由而已，我可以宽容学生，但我不想失去班级的规矩，我还得深入教育。"这就是他的追求和理念。"接着我不依不饶，步步深入地揭示了他们的错误，给机会缓冲，给机会讨论，最后以幽默冲淡紧张，回归到师生的正常交流。如果当初我不冷静，气急败坏地进入班级，实行语言风暴，通过写保证书、家长回执等形式，虽然暂时也能使孩子们屈服，但师生关系中赖以维系的信任与情感将荡然无存，这不利于将来的教育，也不利于师生的共同成长。"

面对学生的刁难和叛逆，赖老师付之以冷静和等待。"只要是人，总有干蠢事的时候，面对学生的小缺点、小错误，甚至是对教师尊严的冒犯，要学会宽容，学会理解，学会耐心，学会等待，美好的教育境界就能凸现。"面对两位学生的强烈冲突，他选择了冷处理，给相关当事人一些时间考虑，等他们心情恢复平静后再介入，最终获得成功解决。"时间是最好的医生，学生需要思维缓冲。特别是他们犯错时，给点时间吧！"对于一个不回家的学生，谈话的成功还得益于"想当年……"，他通过描述自身的生活追求、生活经历使学生感受体会母爱与家庭的温暖，激发他对以往美好家庭生活的回忆，从而为"归家"打下良好的情感基础。

深入思考的敏锐触觉

赖联群在教育中经常反思，善于对身边事件深刻思考与挖掘。他由歌手的素质反思素质教育，由体育中考家长投入想到要感谢父母。对如今教育行政部门的名师培训，作为基层领导的他很有想法。他更多追求是"沉下来"。教育理想、教育追求是在"沉下来"中产生的，而绝非是"走"出来的！他看重的不是他训，而是自训。"育师先育心"，多给教师职业幸福体验，多给教师看到教书育人的奔头。一个教师真正想提高自身的教育教学水平，他才会采取相应的行动。在强大的内趋力支撑下的教育意志与教育行为才持久有效。终生努力便是名师。名师是过程，名师更是一种精神，一种信念，一种追求。他呼吁：忘掉职称，抛掉老本，放下架子，老老实实地向学生学习，向同事学习，向书本学习，不断提高育人水平，不断提升精神境界，不断追求教育理想，使自己成为苍南教育所需要的真正意义上的名师。

他针对学校不能开除学生的新规，客观分析后热情号召同行：放下师道尊严和学生坦诚相对，争取理解宽容，与学生将心比心，努力博览群书跟学生共同进步，提高才情智慧让学生仰之如山，钻研育人心理同学生心心相印，树立教育理想伴学生一起成长。他从"送不出去的咖啡糖"中道出了无尽的苦涩。学生由于忙于学业，无暇顾及节日欢乐，这是一个有良知的教育工作者的无奈。他由学生送出的鲜花反思如今的师生关系变冷漠了，其主要原因归纳得很全面：外出活动少了，学科补课多了，学习压力大了，家访空间小了，社会要求高了，老师水平低了。他倡导在新教育时代，作为新班主任应该思考：在人格上，师生是平等的，师生共同成长，为什么老师不可以先向学生问好呢？蹲下身子，与学生平等相处，主动问候，给学生该有的尊重，蓦然回首，你会发现，原来教育事业如此贴心，如此美丽，如此让人陶醉！他通过记录一天的教育心情，感悟极深：老师的身先士卒、率先垂范是美好教育境界闪现的基础，老师动起来，学生才精彩！他认为，教育在线坚定了教师的教育追求，拓宽了学习渠道，锁定了名师信念。教师应开阔视野，上网络论坛，赏精品文章，抒人生追求，交天下网友。课间应以微笑天使的神情在其中巡视、询问或倾听，这将有助于教师与学生群体关系的融洽。如能长期使用，必能创造美好而理想的新教育境界。他还认为，教育的真谛在于爱，教育的途径在于情，以情动人，以情动心，教育的很多目标可在瞬间完成。情相通则心相连，心相连则志相投。

他在教育中也体会过"受伤"。天下没有不散的筵席，毕业晚会更是如此。当宣布"今晚的星光因你们而灿烂，晚会到此结束"时，大家一哄而散，没有丝毫的眷恋，一种挫败感从脚底升腾，荡涤心扉：从真情到冷漠，从激动到平静，从向往到放弃，居然变幻得如此神速。人全走光了，剩下他自己一个人呆呆地坐在大厅里发呆。不想回味，不想掩饰，徒生出许多的尴尬与悲哀，这是如此可怕的毕业情感荒漠化综合症。此时，我们看到了一个真情的"老赖"，一个受伤的"老赖"。反思我们自身，竟也产生共鸣：我们或多或少不也都有这样的经历吗？

赖老师在自己三年工作的总结中，深情地写道：自师从张万祥老师走之后，他开始把班主任工作当作是一项最有意义、最富挑战性的工作来做，每天坚持写随笔，每天进行教育反思，从经历的教育实践中提炼主题成就一篇随笔。而为了有更典型的材料，每天必须督促自己去创意地做点什么，完成一些新的尝试。由实践而随笔，到由随笔而实践，最后到为实践而实践，随笔成了改造自身教育实践的一座桥梁。同时他还提到，通过教育在线的班主任论坛，与全国的德育精英切磋交流，齐思最佳方案，共探育人真谛，同谋班主任工作的艺术技巧，边学习边实践，边反思边实践。与学生交流多了，学生的心里话也愿意讲了，师生之间的默契也达成了。教育随笔改变了老师，也改变了师生关系。原来是昂首走路，现在是低头看路；原来是挺直身子走路，现在是蹲下身子和学生一起走路；原来只进不退走路，现在是视学生的进退而进退走路。

三　经验历练，创意无限
——读赖联群老师随笔有感（三）

2010年5月3日，继续读赖老师的随笔集（二）前30篇，以便全程了解他3年的班级工作历程。

"让人们因我的存在而感到幸福！"他以朋友的身份给第一次见面的学生写信。我也采用类似的做法，效果确实不错，只是我并没有一一署名，亲和力上会略差一些。他后续要求给老师写一封回信，内容包括介绍自己的长处和不足；推荐小学时代你最崇拜的老师和最不喜欢的老师，分别说说他们有什么优点值得老师学习，有什么不足希望老师莫沾。回信之举很有创意，把这个活动做足做到位，既考察了学生，又进行了友善交流，体现了"从爱心走向民主，从管理走向对话"的德育理念。无比羡慕赖老师市首批模范班主任的荣光，他所经历的颁奖活动，我在县首批名班主任颁奖上有体会，不过级别小了许多。难能可贵的是，他事后的那份淡定和从容："过了今天，我还是原来的我，一切荣誉都属过去，我还得踏上讲台继续在杏坛耕耘，我只是班主任、语文老师，如此而已！"

在构建班集体建设中，他首先开展竞选班干部活动，人人有事做，才能事事有人做。而我一般都比较保守，初一接手新班时考虑到大家都不太熟悉，只是暂时指定班干部，过一段时间后再普选，岂不知错过了学生最佳热情期。他还创造性地成立"班级自律监督委员会"，简称自督会，设会长1人，副会长3人，会员12人，均由行为规范较差的学生组成。经全体成员商量决定职责：在约束自己、改变自己、提高自己的前提下，参与班级管理，监督班委、少先队工作；自督会成员违规违纪后，由其内部集体教育；主要任务是进行课间、午间、离校纪律管理；每周一、周三开2次例会，由会长主持，主要内容是反思自督会的所作所为，强化成功理念，享受为别人带来幸福所产生的幸福。这与我的班级各种各样"自我管理委员会"有异曲同工之妙，只不过我的分工更细，委员会也比较杂，只是针对某一项事务和问题。我也体会到一套班委统打天下弊端多，"民间自治机构"可以弥补许多不足。他还独创了"阳光奖励和警戒系统"，可以弥补传统奖惩制度上的一些不足。

我有一个与赖老师非常相同的强烈感受，也是长时间困惑我的问题。那就是：师生关系就像手里拿着的小鸟，松了怕飞走，紧了怕它疼，难于拿捏呀！也正如赖老师所说的："严管之下的学生是没有多少活力与激情可言的。班主任需要威信，如果这威信在将来的特定时间也会影响师生的亲密度，我宁愿放弃所有的威信！"最令我感动的是赖老师的《轻盈的雪花 沉重的我》，看得出赖老师作为一名普通人民教师内心的劳累、逃避、郁闷、崩溃，但这都是暂时的，我们从赖老师身上看到更多的是昂扬向上的。《缓一缓，教育更从容》中赖老师写了他灵活对待没能及时完成作业的学生的经历。他认为，面对学生的课堂不当行为，只要是初犯或无恶意，不管是后进生还是优秀生，老师都应该给予平等的宽容。不管多优秀的学生，我们教育者始终要记住：他们只是孩子！此外，他针对班级作业情况开展作业调研课，并没有告诉学生应该怎么做，而是通过调查，通过优秀学生的经验介绍，让学生领悟存在的作业问题。在最重要的对策环节中，更是充分利用4人小组进行合作探究，进行内省内化的教育，使学生在与伙伴互动的过程中明确应该怎么做，这种根植于学生内心土壤的经验才是鲜活的，才是有生命力的。为巩固活动效果，赖老师还特地要求学生抄下大家讨论出来的结果，时时翻阅，以提醒自己，相信这种效果比老师单方面的输出要好得多。从头至尾，赖老师都显得非常经验老到，站的角度就是高，哪怕是遇到班级被偷之类的倒霉事情，他也能化腐朽为神奇，不忘此类事件带来的教育契机。

随着我对赖老师随笔阅读的不断深入和不断了解，对他的成名和成功也就觉得不足为奇了。

四　性情中人，以仁治班
——读赖联群老师随笔有感（四）

还是不知疲倦地阅读赖老师的随笔集（二）的后72篇，眼睛实在受不了，稍微闭目养神，又马上开始再次感受这位性情教育人的喜怒哀乐。为什么同样的事情我也都有做，但赖老师就比我做得周到深入、成熟且富有诗意呢？归根结底看来，还是我的底蕴不足，积累不够，阅读不深，反思不够。很想将自己的一些拙劣做法整理出来，请教于赖大师。

对于考试成绩，赖老师觉得：我们应该告诉学生，这次考试成绩不重要，重要的永远是下一次！有这么两个成语：一是哀兵必胜，一是乘胜追击，截然不同的起点却追求一个共同的目标——胜利。他把兵家之道引入教育之中，引入每次考试结束之后。作为班主任，我们可以从兵法中汲取精髓，而促成学生不断地向下次冲刺。这是班主任工作的技巧，其实更应该是一种育人的理念。

对于成功，赖老师的看法是"做班主任工作，要力避一叶障目，不见泰山的偏差，努力树立绿色成功理念。我们的很多痛苦其实都是我们的心态造成的，有时会被一些繁杂的小事俘虏，总觉得不完善、不成功。事实上，换一个角度，变一下心态，你会发现，学生原来如此可爱，我们的工作居然如此精彩！"

令我震惊的是，赖老师竟然开办了班级网上阳光聊天室、班级 QQ 群，这是多大胆的尝试！我都不敢，其实每个班级都有学生在活动，包括学校的贴吧，这是一个待开发的德育禁地。但赖老师有他独特的管理方法，他规范了学生上网的行为要求：不必勉强，语言文明，定时聊天，家长陪伴，学会聆听，规范用名等，该想到的都想到了。在赖老师内行的指导下，班级的网络平台越来越有效。一开始，我也十分担心，并不怎么看好这个举措。但实际上它的作用是其他形式无法替代的。赖老师在与学生网络聊天中，苦苦思考师生之间纯粹朋友关系的可能性，在寻思着大班额的条件下师生关系还可不可以是兄长、是师长、甚至是警长？反思是痛苦的，是对自我的一种否定，没有胸怀，没有对事态严重性的认识，很容易流于形式。他的班会课延续了这个话题，让所有同学都能明白老师的苦衷，从而积极主动地和老师一起反思，为打造精彩阳光班级而行使自己的责任，做出自己的贡献。

对待特殊学生，他有特殊的办法。他不急于教育，盯得太紧反而容易引发学生的抵触情绪。教育后进生工作因其艰难，才显崇高；因其缓慢，才显真实。对观看革命电影时的混乱秩序，他很痛心地写下了这篇诉说《孩子，我想对你说》，后又让学生讨论、辩论形成共识，又一次抓住了很好的教育契机。他带学生看老校友，充分利用和拓展了德育资源。他和学生赌球，决战双方：赖联群 VS 林天助。他戏说："我是联系群众，你有老天帮助，有一个成语叫'人定胜天'。"他感慨道，多一种技能，就多一种育人手段。班主任需要在非教育领域拓展生活空间，培育休闲技能。专才专艺是班主任工作的基础，而多才多艺，又何尝不是班主任应该努力的方向呢？是啊，如果与学生赌输了呢，是否真的答应学生可以公开打台球？这是艺高人胆大，招招是险招啊！他从安利产品成功运作的"企业文化，敬业精神，团队意识，活力经营"回到我们的班级建设，引进安利精神，充实阳光文化，把班级建设进行到底！针对班级存在的一些丑陋现象，他虚心向学生请教问题，设立一位"贫嘴专管员"，在上课期间专管讲废话、瞎起哄的同学。我一直也有这样的做法，虽然效果不错，但不是征求学生的，而是自己独创的，多少有些惩罚的嫌疑。

生活处处有教育，关键是我们必须倾情教育、胸怀学生方可"登堂入室"，方能捕捉稍纵即逝的契机。他抓住《温州日报》上一位班主任的困惑文章，利用它来校正学生对师生关系的单向粗浅理解，并利用它做素材一次一次地引导学生做不同层次的反思，一共进行了3次。这三次反思不是预设的，完全是根据实际情况生成的，3次反思的角度均不相同，第一次对文章本身，第二次对师生关系，第三次对自我角色，逐层深入，渐趋佳境，以文激情，以情促思，以思导行，真正体现了德育工作的复杂性与艺术性，3次反思使学生在不断转移视点中完成了一次高质量的自我审视，明白了应该怎样对待老师，怎样对待他人。在停电的早自修期间，他大胆允许学生室外早读，并列举分析各班不同情况透露出的班主任理念，这是何等敏锐的眼光啊。我想起了我在停电的晚自修时，和学生拉歌、聊天的难忘情形，是黑暗拉近了师生之间的心理距离。赖老师认为，教师是成人，而学生是发展中的人，是人就有受尊重的渴望。现代教育以人为本，这种人本的回归是教育的一大进步，也是学生健康成长的一大福祉。告别了"师道尊严"，迎来了"师生平等"；淡去了"一日为师，终身为父"的古训，明晰了"多年师生成兄弟"的理念，一句通俗的"尊师爱生"道尽了师生关系的全部内涵。学生问老师好，因为这是尊师；老师问学生好，因为这是爱生。他甚至倡议老师应该与学生戴一样的校徽，以此改变我们的思维定式。他以自己特有的爱心展示对弱势学生的特殊关怀。他让阳光班的阳光普照大地，给从未获得阳光喜报的学生提供机会，让制度与人性巧妙结合。他多次给全班学生写书信交流，尽表拳拳期待。更值得我钦佩的是，赖老师对北京教授专家的挑战，他倔得"只认真理不认人"。然而，他对后辈的呵护是如此精心，总是努力挖掘他人的可塑之处，不忘激励我们进步。

五　用心关注，用情思考
——读赖联群老师随笔有感（五）

又开始赖老师的随笔专辑阅读之旅，我在幸福中收获，在感动中领悟，本文要点评吸收的是他专辑（三）中前35篇文章。

赖老师用富有创意的空白荣誉证书，机智解决了我遇到的同样问题。一个班级不到40位学生，学校各种荣誉品种齐全，但总还是有部分学生什么头衔都没有。我有时会在心里埋怨这些孩子：这么高的中奖率，结果空手而归，实在是太不争气了，还能怪谁呢？确实很难将他们的表现与优秀挂起钩来，我甚至觉得学校的荣誉之类有些过多过滥。但有着雄厚人文底蕴的赖老师与我想的不一样，他没有忘记这一批同样需要阳光滋润的孩子，他给了学生奔头和向往。"我同样要给这10位同学颁发获奖证书，但证书是空白的，希望这些同学在明年开学初能够告诉老师你在寒假某方面进步乃至优秀的消息，到时我将把你所该得的获项充实到你的空白证书中去。我更希望你们能够以此为契机，时刻告诉自己，我不比别人差！"金杯银杯不如老师的口碑，金奖银奖不如老师的夸奖，相信孩子们一定会在空白处填写让我们意外的惊喜！

关于开学第一天，我也是非常重视，充分准备，安排程序，但赖老师的做法更为老到。他早早到教室迎接学生们的到来，带头拾捡地上的纸屑，愉快地相互问候着，不时地站在教室门口迎接同学们的到来，和学生聊起了央视春节联欢晚会。他认为：开学第一天多和学生交交心，了解学生的假期生活，关注学生的心理需求，对下阶段工作的开展绝对有好处。对于管理班级的"施政纲要"，他不想做太大的变动，上学期的阳光模式因其和谐宽容的治班理念而深受学生及家长的好评，好东西需要的是继承延续，而不是再刻意求变。但同时学生都有喜新厌旧的心理，同样的话当老师讲第二遍时，他们总是缺乏耐心，他机智地以吃饭为例调动学生旧话重听的积极性。在宣读或讲解或强调阳光班务手册的所有内容时，全班都极其认真地聆听着，因为他们需要吃饭，需要这样的"精神大餐"。

面对学生的追星举动，赖老师体现出特有的宽容和共情。他以自己的亲身成长经历为例，认可了这一点，体验不同的时代需要不同的经典，所有的年轻都需要旋律。他想对学生说：在你年少的时候，如果你喜欢听歌，那就好好珍惜并努力体会这份感觉吧，它将会是你未来岁月里最美丽的回忆。可能让我们失望的是，如今的所谓歌曲和明星，带给学生成长的回忆实在不敢恭维。角度不同，心态不同，教育的结果也不同。多站在学生的角度看待问题，多从教育细节中思考问题，会有意外的发现。关于迟到问题，赖老师有自己特有的标准，只要在规定时间内到达学校门口，就不算迟到。或者在他看来迟到一点，绝不是大是大非的原则问题，他的宽容可见一斑。现实中，班主任迫于班级管理压力和学校竞争现状，时间上层层加码，往往比学校时间要提前些。不过我倒认为，在时间上严格要求，对培养学生的时间观念和纪律意识是挺有好处的。凡事早做准备，总比匆匆应付要好些，这也是习惯培养问题。准时就是尊敬，提早更是尊重。在与人交往中，略微提早赴约，有利于树立形象和提高效率。在面对有家长为了一些事情为孩子强出头，责怪老师不公平的现象时，他很担心，因为这样会宠坏孩子的。往往这样家长的孩子会产生依赖感，家长再大的能耐也会有局限的，你只能挡得了一时，却挡不了一世，还是及时化解孩子心理，教育正常面对、理性分析挫折比较好。

　　赖老师介绍的周评课，是他所在学校的德育特色，主要任务是检查并指导学生"日省自评"的周执行工作，意图是给出足够的时间让学生进行互评及教师评价，从而保证《灵溪一中学生日评自省手册》的落实与执行，从真正意义上将引导性评价由终结性向过程性转化。周评课类似于我校（龙港实验中学）的阶梯评定课，学生自我定级，自选条目，自我对照，集体监督，表彰激励。在德育实践中，我也感觉到一周一节班会课，简直就是大杂烩，显得捉襟见肘。如何让周评课高效，还班会课活力，把指导评价、常规任务交给周评课，把情境教育、才情展示、道德实践回归班会课，确实是我们应该努力的课题。如今，我也和赖老师一样，把班会课和阶梯评定课上成学生最期待最喜欢的两种课。

　　在处理学生课堂纪律问题时，他深入调查，多方取证，各个击破，机智处理，有趣"惩罚"：请违反纪律的学生连续3天的课间必须到老师办公室做客，老师给学生准备白开水，学生陪老师改作业或者聊天。我的感触是，有时学生不容易"对付"，要任课老师理解很难，想做到任课老师满意真不是件容易的事，一旦任课老师对课堂难于调控，对班主任的挑战就开始了。赖老师好像喜欢这样的挑战，并且总是在战争中赢得先机。他面对固执的令他失望的个性女孩，进行了一次历时一个小时"23圈马拉松式"的谈心，不亚于一次"外交较量"，最终用韧性赢来了学生"换一人似的"变化。但他明白，真正走进学生心灵，或许这才刚刚开始，还是要做许多艰难工作。在赖老师看来，听歌写词比赛是一种值得借鉴的德育方式，改变了过去的说教或机械教育，避免让学生产生"老师又要来教训我们"的心理抵触，开辟了新的德育载体，使学生在游戏竞赛、动手动脑中学会审美、学会生存、学会求知、学会做事、学会共处、学会做人。赖老师喜欢每周与学生在线聊天，充分利用网络资源。而我不敢，怕他们误会我侵犯他们的领域，怕他们因我在而放不开，所以我比较难于听到孩子们中比较原生态的声音。赖老师的解读很深刻：学生的见解是宝贵的，但作为班主任要学会分辨，哪些建议是从个人角度提的，哪些建议是为集体建设的，不可一味迁就学生的意见，对则执行，不对则说服。在某些事上，老师的反思是次要的，重要的是让每个学生学会反思自己，学会从全局的观念来看待他们各自的行为。

课改实施的主要特征是课程资源的整合与扩张，面对新教育时代，我们应该寻找新的育人载体。家长丰富的人生阅历与专业知识无疑是极好的教育资源，家校共建，让家长进课堂，让家长的学识能力、专长智慧成为学生素质发展的新增长点，在激发学生求知热情的同时，更能开阔学生视野增长见识。基于此种认识，赖老师请教师家长讲《调节情绪》，护士家长讲《拒绝毒品》，医生家长讲《营养健康》，让专业人员填补学校教育空白。这种家校互补合作的教育方式，恐怕是未来教育的一大趋势吧！针对学生中出现比较普遍的抄作业现象，他结合课堂联想，讲到对学生的理解与同情：抄作业比不做作业好，也是一种责任心的表现。讲到抄作业的危害：弄虚作假、自欺欺人，知识与人格同步丧失。最后，他请大家一起来找一找抄袭作业的原因和相应的对策，选出了两名颇有正义感的作业监督员，专司作业抄袭的监督记录，很及时地压住了这股歪风。

如何解决外出学习的纪律问题，他想到成长记录单，并且又如他独创的阳光喜报一样，有着一系列的章程法规。他对选举的看法很精辟：选举的目的是体现民意、体现公平。可什么事情都靠选举产生而不能根据班级的实际情况往往会产生新的不公平，这牵涉到每个参选者的心态。很多时候群众的眼睛是雪亮的，但有时群众的眼睛也会迷离，因为他们毕竟是在成长中的未成年人。如果一个不善于与他人交往甚至因个性原因常常和他人敌对的孩子，他靠自我奋斗不断取得进步，靠选举的方式，他可能什么都选不上。当大部分人不能宽容这个孩子的时候，作为班主任的我，应该懂得善待他，至少要看到此时的选举对这个孩子是不公平的。如果没有对教育事业的特别关注和思考，赖老师是不会有如此出众的智慧和灵感的。这期间，我还深切地感受到赖老师这位性情中人参加市德育大会、名师林植树工作、评上县十佳青年的喜悦，近距离触摸到他的成长进步的足迹和思想历练过程，以及他对学校管理、教育政策的理解和体会。

六　非常举措，源自理想
——读赖联群老师随笔有感（六）

很奇怪，读赖老师随笔让我体会到什么叫"牵肠挂肚"，什么叫"马不停蹄"。恕我直言，我和他有太多类似的经历，太多相同的感觉，甚至斗胆称"英雄所见略同"，但我永远无法达到他的高度。看他随笔专辑（三）后半部分文章，可以欣赏到他的创意举措，追随他的教育理想，好像是在读一本教育人物传记。

他允许学生坐着回答问题。他觉得，学生是坐是站，纯属形式，关键是效果，要敢于打破思维定势。他就是这样敢于挑战权威，勇于突破传统。记得我在评县教坛新秀时，无意中请一位下肢残疾的学生发言，我事先不知道这个情况，旁边的学生告知我，说他不方便站立，当时毫无准备的我马上说了一句至今觉得还是蛮机智的话："没事，坐着讲也一样，老师和学生原本就是平等的。"结果赢得学生和评委的赞许。如果说，让学生起立回答问题这一课堂规矩，是体现对课堂、对老师、对同学的一种尊重，那么赖老师此举更是体现了对学生的一种无私关爱，一种诚挚善举，一种人本关怀。

教育无小事，处处皆学问。赖老师在不当班主任的另一个班级遇到了我也经历过的尴尬。由于在班主任工作上花费太多的时间和精力，不可避免会带来对另外一个班级关注不够，甚至混淆学生名字。于是，他提倡亲自发本子，与学生进行一种无言的交流。在某段时间，我也充当此类活动的服务生，宣称"我是为大家服务的，是你们中的一员"，后来我才发现：从真正意义上放下老师的架子，就能与学生走得很近。

教育的机遇稍纵即逝，要善于捕捉。赖老师亲眼见到学生在雨中升国旗时，有的冷漠，有的无私，有的自我。联想到目前班级乃至同年龄段孩子普遍缺乏的就是对他人的关爱，如果仅限个别提醒，无疑是教育契机的丧失和教育资源的浪费；如果当众教育，有名有姓，可能会使当事人难堪甚至对老师产生成见。权衡利弊之后，他选择当众引导，就事论事，和颜悦色，如拉家常一般对学生晓之以情，动之以理，取得了不错的教育效果，大部分同学认识到了自己行为的不妥。这样的做法使"让人们因为我的存在而幸福"的行动理念从此发扬光大，是他娴熟应用以小见大德育手法的生动体现。

人非草木，孰能无情？在《母亲，就是我的佛祖》《父亲，我背靠的大山》这两篇文章里，他用了很长的篇幅，倾注至深的感情。我更是阅读多次，感动无比。他再现了我太多的生活阅历，激起我沉淀已久的情感积蓄，只是我不善于叙事，表达无法达到这种细腻的程度。赖老师结合自身经历，让学生们追寻孝道教育的轨迹，开展父亲节、母亲节的节日感恩实践活动，我也从中汲取了力量，更加坚信了自己开展的类似教育活动的必要性。在六一儿童节，他买了61张贺卡，给每个学生书写赠言，打扮教室，贴"心"型梦想，集体合影。老师需要表达心意，学生需要成长引领。真正意义上的告别童年，要从心理上"断奶"，再从精神上成长。他通过两个班级离开阅览室时截然不同的表现，体会到"教育无小事，事事关素质"，认识到只有让学生不断进行习惯养成与道德积累，才能提高教书育人水平，才能从真正意义上培育学生素质。他有一个"家校互动本"，旨在关注内向学生的心理，把握学生的校外生存动态，及时掌握家校情况，有针对性地帮助学生。由于赖老师的公务繁忙，以及对学生太客气，部分学生成绩有所退步，开始面临尴尬，其实这也是名师面临的普遍问题，创新总有风险。他陷入了困境：是苦苦跟班、死死盯紧、取消上网、严厉以待，还是多点理解、多点宽容、因势利导、期待觉醒？是放弃"仁政"，还是坚守理念？在功利的考试分数与正确的育人理念之间，作为追求新教育理想的班主任，他坚定地选择后者，为学生终生发展负责，他相信学生学业终会有所进步，同时果断采取有效措施。

育人之道，攻心为上，他已经深得孙子兵法的精髓；强忍怒火，耐心交流，他已经具备外交大家的"风范"。赖老师与学生个别争锋，斗智斗勇，堪称个别谈话的教科书，已得谈判高手的指点。对于班级休闲文化，他所要求的原则是：对群体没有伤害，且能放松身心、愉悦性情。他改变正儿八经的引导说教，而是来点自我解嘲的幽默，化解多方尴尬，收获师生共鸣。班级球赛失利，他化被动为主动，变坏事为好事，抓住教育契机，凝聚班级力量，实现教育迁移。任何事物都存在利弊两面，关键是我们德育工作者必须善于思考、善于分析，根据学生已有的认知心理，引导他们培育科学辩证的思维

角度和判断能力，真正把教育工作做到学生的心坎上。赖老师以智慧的眼睛
从育人的角度看待一场球赛，发现凝重的失败中蕴含的教育价值远远大于浮
躁的胜利。他由生活中开车受罚，想到现实中交警与司机关系、老师与学生
的关系。老师常说，我们是为学生好，但粗暴且缺少人情味的教育有几个学
生能往心里去呢？学生也是人，也需要老师的尊重和理解，多些宽容，多给
机会，多点关心，严格而不粗暴，无私而不铁面，才能春风化雨、润物无声。
济南交警之所以享誉全国，新教育实验之所以星火燎原，是因为他们都真正
体现了对人的尊重。赖老师随笔中随处可见的这些箴言，字字句句无不撞击
我的心灵。我也曾对照学习驾照体会当学生时的感受，联系对比了许多育人
原理，只是相比赖老师的深思远虑显得肤浅许多。

赖老师的阳光班，有他特有的阳光策略：阳光激励系统、阳光班务手册、
阳光记录单等。这些班规条约，凝聚着自主开发的力量，具有相当的"品牌
效应"。因为阳光，所以灿烂，阳光班愿意和所有阳光男孩、女孩一起逐步
走向人生的辉煌。针对考场布置时班级文化惨遭破坏的现实，赖老师大声疾
呼手下留情，倡导保护班级原有文化氛围，要"易容"，而不是"毁容"，这
不仅仅是行动上的区别，更是教育理念的分水岭。善待学生，善待班级文化，
这是新德育的呼唤，也是每个为人师者所必须遵守的教育法则。这种认识高
度，这样深入思考，令人佩服之至！

人生不如意十之八九。民主有时也是"双刃剑"，在一些不懂民主的人手
中，无疑是一种毒药，杀人于无形，老师的遭遇也是如此。在学期学生评教
中，赖老师遭遇了一些"特别的照顾"，由于一时想不开，伤情的他流露出积
怨已久的悲情，发表类似于告别演说的动情演讲，引起学生的无比共情。是
啊，一个如此不可多得的好老师，大城市也可以调动，之所以留下，还不是
想在自己的家乡培养人才。没想到，学生误以为赖老师要调走了，哭成一片，
要极力挽留。一股浓浓的暖意将他重重包围，他强忍住即将落下的泪水，很
有感触地写道："教育是复杂的，评价也是多元的，作为教师，我真不应该被
眼前的困难和学生的评价所左右，除了反思自己，更要认准一条路坚决走下
去，哪怕只有一个学生需要你，你都没有理由选择放弃。拒绝功利，拒绝浮
躁，在可以控制的范围内，追求教育的本真，是对学生的最好回报，也是对
事业的最大追求。"可以说，他完成了从自我到本我，从忘我到无我的蜕变。
不是豪言壮语，也不是铮铮誓言，而只是是一位追寻教育梦想的年轻人的深

情表白。对比赖老师，我想到自己20年从教经历，也有过许多误会委屈，甚至遭受侮辱攻击，内心也曾一度沉到低谷挣扎，甚至一蹶不振。但最终总有一种声音在呼唤，总有一种力量在扶持我，最后都挺了过来，甚至比先前更有力量。所以，人只要自己想明白了，做起任何事情就带劲了。

我还是比较欣赏这句话："不管头顶怎样的风雨，我将一如既往地用我们的努力，创造我们的记忆！"在教书育人的道路上，我愿意与赖老师一起，怀着同样的期待，揣着相同的梦想，同风雨，共奋斗！

七　心灵净化，灵魂升华
——读赖联群老师随笔有感（七）

夜以继日读赖老师的随笔，感觉心灵在净化，灵魂在升华。他在专辑（四）中专门写了历时一个月的针对50位学生的家访手记，甚至很有创意地就家访印象打上星级指数：家境、家庭和谐度、个人勤奋度等，限于篇幅，不一一详解。在他的专辑（五）开篇之作《数学课本不够发，怎么办？》中，介绍了一次成功的偶发难题处理。他没有一厢情愿，而是虚心征求学生意见，采用综合"分小组内化加抓阄"的方法，使班级里笑声不断，其乐融融。在关键时刻开展危机公关，考验老师智慧，真是"教育无小事，事事关人心"。面对新教室装修打扮，他没有大包大揽，而是动员学生。"教室是我家，我们是主人，一起来装点温馨家园，我的教室我设计，我的环境我做主"，开展评选最佳设计师活动，教室布置凝聚人心，令学生倍加珍惜。

作为名师，自然有像教师节座谈会这样与领导面对面交流的机会。他充分准备，履行职责，事先收集建议，发言有理有据，代表广大一线教育网友反映意愿，抒发雄心壮志，表达耿耿忠心，既汇报成绩，又争取政策，具有很高的政策研究水平和参政议政能力。我也有幸参加过类似的活动，教师节面对县委书记、县长做发言，还有班主任代表座谈会、年度务虚会、教育科学和谐发展座谈会等，就一线教师体会向组织建言献策。我亲自听过赖老师的一次座谈会发言，真是力针时弊、掷地有声。对于教师节有意引导学生的问候活动，赖老师感觉不好。但来自四面八方的祝福，使他倍感幸福。他感悟：节日问候只是一种形式，作为班主任实在没有必要刻意为之，你真情付出，能留在学生心底的抹也抹不去，否则，勉强的一张卡片又能说明什么？徒增双方的烦恼罢了，一切还是顺其自然。不过营造一些节日气氛，还是很有必要的，否则，要专门的节日何用？

他开展由学生家长汇报学生变化情况的活动。他扪心自问：没有赏识某个人，或者没有给某个人机会，你怎么知道他适不适合赏识？在教育实践中，当你赏识某个学生后，你注意观察他的一举一动了吗？你的后继教育行为跟进了吗？你注意研究他的心理变化了吗？赖老师带领我们深入思考赏识的话题：对于赏识，我们到底该怎么做？应该让赏识成为一种习惯，一种常态，一种源源不断的供给。关于家庭教育和亲情冲突，他感觉缺乏理解的爱，使双方都受到伤害，痛苦的不仅仅是家长，还有学生。他认为作为父母，要学会聆听、学会宽容、学会等待。麦子的成熟需要阳光雨露，也需要时间季节，任何拔苗助长的思想和行为都是不利于孩子健康成长的。作为学生，要学会理解、学会尊重、学会沟通，树立责任感，认真履行义务，方能充分享受权利。他认为，每个人都有自己的"人生醒悟期"。这种感悟教育、自我教育，才是教育的真正本质。对于学生家庭变故带来的影响，赖老师痛心疾首。他思考：离婚是一个沉重的话题，作为家长是解脱了，但孩子呢？想离婚或者正在离婚的家长，在考虑自己情感、个性、追求的同时，是不是该妥善安排自己的亲生骨肉呢？

对于黑板报评比，赖老师有独到的见解：对中学生而言，出黑板报重在过程的感悟享受和体验，而不是结果的呈现方式。而学校很多工作往往以评比为落脚点，评出三六九等算划个句号，不闻不问了。过多的评比将会把教育现象简单化为某种结论或数据，导致了功利色彩的无限扩张，最终离教育本质越来越远。他要求学生看淡名次，超越评比，让学生轮流体验参与并给每个人以施展才情的机会。

施教之道，男女有别。面对学生怪罪老师重女轻男的案例，他做了很好剖析，并提出了应对策略：多开展男女搭配的集体活动，开"男女有别"主题班会，举行"假如我是男生（女生）"征文比赛等。我也开展过男女同桌、男女心目中异性优缺点评选、心目中的校园男子汉推荐等活动还分别召开过男女生大会等活动，感觉收效明显，男女生学会了互相照顾，变得空前团结。

由于从事学校行政工作，他有宽敞的校办办公室和相对狭小的教师办公室。对于这截然不同两个位置，他有着理性的思考：首先得坐稳教师办公室位置，指不定哪一天，被免职或者超凡了，教师办公室位置一定是最后的光荣和梦想，也是一生的归宿。生活中的赖老师情趣横生：中秋节，他举家赏月；国庆节，他房边种菜。他赏的不是月亮，是心态，一种超脱俗世的宁静致远。他种的不是菜，是生活，一种家门旅游的内心感悟。

随笔中提到次数最多的当然是"阳光喜报"了，它让课堂教学焕发出生命的原始冲动与活力，尽管它只是一个平台。他做足做强这块蛋糕，慢慢在学生心目中树立阳光品牌，学习实践、改进阳光评选条例。从无到有，从有到优，完善细化，修改成文，最终以班级法规颁布，以法治班，民主科学，贯穿始终。班级换届选举时，赖老师感动年轻的激情、和谐的温情、流泪的真情在无声地流淌……

八　辩证思维，不断改变
——读赖联群老师随笔有感（八）

随着读赖老师随笔的逐渐深入，他的形象更加立体清晰了，老赖真是不赖呀！此时我有这样的冲动：想去参观他所在的教室，问一问他所教的学生，甚至最好有缘成为他的班级一员。从赖老师随笔专辑（五）中，我收获纯真和感动。他的人生感悟始终深刻感人，富有哲理。他从同病房的不同人员中，感受到一家三代不同历史时期的社会责任，很有画面感，仿佛是电视剧剧情一样令人鼻尖发酸。当教坛新秀评委后，他分别对课堂、对教师、对学生、对评委发表四篇深度思考，忧国忧教之情溢于言表。他偶尔忘记改作业，真诚道歉，最终赢得学生理解，善于自我剖析。当他为校庆20周年而动情书写与首届学生"相恋"的故事时，我的眼眶湿润了，每个老师都有第一届学生情节，倾注纯真无邪的奉献，收获刻骨铭心的感动。

赖老师善于思考，吸收改变，拥有比常人更敏锐的教育触觉。他觉得生活在变，校园时尚跟着变，和学生一起时尚，和学生共同成长，可以快乐地见证并推动学生逐步走向成熟。针对"外号热""缩写风"等流行在校园里的各种时尚，他因势利导，提倡真时尚，摒弃伪时尚，使学生享受美好，避免恶俗。他从一次普通作文《我多么想》中，把学生分为展望、怀旧、委屈、后悔、感恩、哲理等多种类型的人，看到了学生多角度、多层次的心理需求，据此在教育实践中抚慰引导。当学生说出："老师，你以前说过……"的话时，他躬身自省：我的健忘可克服吗？谁也不会刻意地去违背诺言，谁都有一本难念的经。教师，首先有七情六欲，有世故人情，有交往有牵绊，是生活者；教师，其次有理想、有追求，有点燃别人的冲动，有专业成长的憧憬，是职业者。在生活的重负下，如何处理俗务与工作的关系，如何在世俗重压下一诺千金，又是摆在前面的困惑。在与家长的接触中，他明显感觉到作为生意人的家长常有的通病：平时忙自己的，到考试才了解孩子的成绩。满意了，则大加物质奖励；不满意，要么唉声叹气，要么恶语相向，甚至动手动脚。如此教育，委实功利，使家庭关系紧张，矛盾激化，家长、孩子双方都很受伤。他从个别学生的教育中体会到爱的技巧与艺术，认识到当学生无法接受你的说教时，要变换一种爱的方式，及时地动手（不是体罚，是一些肢体上的亲热举动），让学生不知不觉中感受到你在关注他。

矛盾总是无处不在。在校运会上，面临友谊与规则的抉择，他选择了谦让包容，顾全大局。在选择体育竞赛要义的同时，也丧失了年轻的激情，允许对方班级迟到的运动员补赛，将本已到手的金牌拱手相让。学生责问："别班老师可以这样，你为什么不据理力争？"让他陷入痛苦的深思。换成是我，我也会向学生所希望的一样据理力争，当仁不让。这样既是为了捍卫集体利益，同时也是维护规则尊严，至于友谊，场上是对手，场下是朋友嘛！当"快乐彩条"与"地面卫生""PK"时，赖老师既注意平时养成良好卫生习惯，做个文明观众，又理解运动场上学生观众的激动不已，坚决捍卫学生人本权益，反对绷着一张脸对学生横竖看不惯，具备大教育家的远见和情怀。当并非自愿的"志愿者"要配合一些任务上街义务劳动时，他有美好憧憬：当大扫除不是作秀，当参与社区服务成为学校课程资源组成部分，当劳动成为学生生活习惯和心理需求时，教育该是怎样的光彩夺目！

赖老师的教育措施总是让我眼前一亮，深被折服。他带领学生静坐反思，让学生闭目凝神，缓缓深呼吸，双手放在膝盖或按住桌面，回忆反思一天学习生活得失，努力思考明天如何做得更好，努力放松身体，一心一意地想着鼻尖，直至头脑中杂物尽去，只剩虚无空白……类似于魏书生老师带领学生练气功、打太极一样，跳出教育想教育，引进了心理、生理、医学知识为教育服务。他还准备实施"诵诗进门"举措，每天早自修由值日班长在门口迎候大家的到来，每个人得有"通行证"，就是背诵一首唐诗宋词，每天一首各不相同。他除了常出新招激励学生上进，还用独特的关爱安抚学生躁动的心，不断完善《阳光喜报申请条例》，此条例涉及5大块20小项，其中包括作业、竞赛、卫生、行规、家教、发言、服务、考试、纪律、特长、体育等。每周一评，由班级家委会成员或学校领导到场颁奖并合影留念，期末评优评先及期中发展团员，阳光喜报的多寡几乎是唯一的参照标准。此举变终结评价为过程激励，克服了以往评优评先只问成绩不问表现，只靠印象不靠数据，只重结果不重过程的弊端，收到了良好的教育效果，也成了阳光班文化建设的一大特色。

"班主任与学生相处到底应该保持怎样的距离？"这也是我苦苦追问的问题。他倡导师生"零距离"相处，想方设法通过网络交流、周记互动、集体活动、个别谈心、课堂渗透、家访接触等方式，创设无压抑环境以走进学生的心灵。但随着时间的推移，学生的缺点日渐暴露，班主任自然得跟他们谈心，不过再艺术的语言也会让学生觉得"老师对我不满意了"，久而久之就敬而远之。遇到屡教不改的，代沟就更深了。因琐事缠身缺少耐心，往往欲速则不达，脾气一来由此及彼，面对班级不良现象，慷慨激昂一番，估计前面的努力都白费了。"零距离"的师生关系是共同营造的班级生态系统，要达到高度和谐，必须多方付出共同努力。在全员零距离不现实的情况下，他实施局部"零距离"，对有的同学来讲还是有点敬畏较好。他的很多话讲到我的心坎里，解决了困扰我多年的问题，他就师生现实中的关系做了非常客观理性的分析，采取了科学折中的方法，不回避问题，不乱加粉饰，既不理想主义，也不悲观消极，只要真心对待教育，不必一味过于拘泥于有形距离。

九　老赖不赖，依赖成功
——读赖联群老师随笔有感（九）

读完了赖老师随笔辑（六）就意味着随笔阅读暂告完成，有些不舍，很难从这几天如饥似渴的阅读状态中走出来，总感觉还有很多东西在保留，只好期待工作室聚会时当面请教赖老师了。

赖老师的"微型学习共同体"思路，我猜测是来自新教育教师成长模式的启发。"风险同担、荣誉共享"是它的两大特征，通过制度引领，使共同体成员达成统一的思想认识和学业追求，在成员之间"零距离"的监督与反监督中，促成组内"生态平衡"，最终实现整个班风转变。他借电脑游戏的升级制度，用点数调控引领整个实验，采用星级制并实行相应的阶段升级奖励。他论断实在精辟：制度出台就是让学生去违反的，让学生在教育与反教育交互中不断走向成长。受家长私心的启发，他在"微型学习共同体"奖励项目中增加一条：和"异体"建立一对一帮扶关系的，可获奖励。他深刻感悟到：关键是制度创新，面向每一个孩子的教育才是成功的教育。

他善用旧瓶装新酒，科学理解创新内涵。当一些旧方式将被人们淡忘而今却有人提起的时候，它就是创新。他重新启用传统的点名册，在学生举手回答问题后，在点名册上做记号。这样反复几次，学生奇怪了：老师，你这是干吗？他笑而不答。并告诉学生，他的初中老师是怎样使用点名册的，学生新鲜极了。最后，他语重心长地指出：当我们把一盆污水泼出去时，请别忘了，要拣回盆子里的金沙。一次考试之后，他开展强制"亲师反思"活动，经过学生自己分析后，再把困惑向老师求助，也可直接找老师面谈，让老师把建议写在纸上，还有同学把谈话结果整理出来后上交。良好心态的形成需要一个过程，如果能唤醒学生的学业反思意识、亲师求助意识，这对孩子们以后的发展定然有巨大帮助。

关于完成作业的要求，他敢于实事求是、特事特办，只要学生申请就可以特别审批，一切从实际出发。有时又正儿八经地小题大做，目的就是要捍卫规矩与制度的严肃性。有意思的是，他的班级四项竞赛成绩一直不理想，他倒能看得开；面对频频而来的红星，他反而束手束脚，斤斤计较。他打了个有趣的比喻：犹如穷惯了的人常常有勇气豁出去，而一旦有了几个钱便开始患得患失起来，告诫自己应该超脱些，老师应该有这样的境界。

关于插班生的关注问题，他不回避自己的真实想法，又设计一个新颖有趣并且带有互动性的平台让该生展示自己，利用语文学科的综合性学习话题《献给母亲的歌》中"道不尽的母爱"栏目给予发挥。像这种班级工作与语文教学结合，在他的随笔中处处可见。学生在做操时的野蛮，他毫不客气地给予批评。面对学生情绪，他又结合课文《马说》和自身经历，形象解释千里马与伯乐，发表对优等马与普通马的见解。最终，倔强的学生主动认错，他也借机反道歉。从中他感悟：认错，绝不是教育的终点，认识事物、分辨真伪需要一段时间，需要学生慢慢体悟。但要走向成长，这一步一定少不了。

说到赖老师赴温州教师教育院为市第五期班主任提高班学员做讲座，我感到特别亲切，因为我就是学员之一，我终于可以见到久仰的明星，是他激起我内心本已熄灭的专业成长之火。作为苍南优秀青年代表，他在"社会主义核心价值观"座谈会上的发言，无疑是语惊四座，无比精彩。他为全面树立正确的荣辱观贡献聪明才智，把发言概括为12个字：要重视，要造势，要合适，要干事。并且推介"班级八荣八耻"，引起与会嘉宾关注。在优秀学生家长会上，他让每个家长、学生都有发言机会，并提出大胆设想：要优秀团队打造成"阳光梦之队"，通过师生家长的共同努力，确保每一位同学都上重点高中。他还讲了美国篮球 NBA 的梦之队辉煌背后的汗水，讲了韩国乒乓球队在泰姬陵基地封闭式训练的情景，并希望个别学生适时的眼泪能给其余学生带来精神上的洗礼与震撼。教育学生明白今天的流泪源于昨天，我们要为明天的不流泪而打拼。

他的一篇答网友问文章《琐碎的力量》，很好地回答了初写随笔人的困惑，就积累与深度的问题展开辩证叙述。他组织的新教育在线苍南俱乐部送教下乡活动，给我留下太多的思考和回忆。他带学生逛龙港书城，和同学们一起合作劳动，组织春天出游，体验师生和谐愉悦，惊叹学生奔放与洒脱，敬畏学生成了他瞬间偶得。作为老评委，他没有放过一次积累和点评的机会，从县第十一届优质课评比十六块语文碎片中，我感受到赖老师捕捉信息、积极应变的能力。至于读《给年轻班主任的建议》一书的感悟，作为该书作者之一的他，感触和视角相当独特。

当我们常常埋怨忙碌无为、毫无建树时，当我们时常感慨职业倦怠、缺乏动力时，当我们经常责怪全心付出、不见回报时，这位既不同凡响又不甘平凡，既当行政、班主任，又任两个班级语文课，还有许多社会兼职和"上有老下有小"烦琐缠身的赖老师，或许正在幸福"网游"，或许正在奋笔疾书，或许正在苦苦思索，或许正在深刻感悟。这就是赖老师随笔给予我源源不断的动力！

十　磨炼的舞台，成长的土壤

——温州市赖联群名班主任工作室研修心得（2010—2011年）

　　2010年的教师节，我过得不一般。那天，在市人民大会堂表彰大会上，我十分荣幸地从温州市赵一德市长手中接过鲜红的"温州市名班主任"荣誉证书。同时，县电视台、温州日报、《温州教育》杂志都报道了我的事迹，熟知我的人都以我为荣，称我为榜样。

　　2011年的教师节，我同样过得不一般。那天，我带领全县一百名新教师在县影城庄严宣誓，这是县教育部门给予我的殊荣。我先后在平阳、泰顺、永嘉、温州、嘉兴各地做过多场讲座，还担任全县100名知行中国研修班的班主任指导老师，尤其是参加市第二届班主任论坛后，好像真的是"一夜成名"。在享受教育带给我荣光的幸福日子里，我不能忘记导师对我的影响、工作室给我的帮助。引领我真正走向专业成长道路的是赖联群老师。当初就是怀着一种崇拜英雄的情结报名他的工作室，期待与心中的偶像有更多的交往。他"有高飞的冲动，就不要在地上爬"的话语，至今还萦绕在我的耳旁。

　　自从进工作室的第一天起，我才知道什么叫田野诊断，什么叫网络科研。想起在瓯海中学的活动，会场座无虚席，无比浓厚的学术氛围，找到了志同道合的专业共同体。难忘在平阳水头二中的"水头学区初中班主任培训会"，从接到讲座任务后，我一直在思考和准备，从几十页的初稿到目前近万字的定稿，其间一直得到工作室赖老师的关注。他连夜仔细审阅，及时邮件书面回复，给予我详细指导。一次讲座的历练，让我发现了一个全新的我。更令人感动的是在瑞安职业中专，有接近两百多人自始至终精神饱满地参加完所有议程，几乎没怎么间歇的超容量演讲内容安排，一切都按既定方案紧锣密鼓地进行着。我又怎能忘记，我承担在泰顺城关中学《做一名播撒阳光的使者》演说职责，开始我个人历时最长的讲座。每次研修活动，都是赖老师亲自为我们开车，车内空间就是流动的工作室，我们每次都是忘乎所以、神采飞扬地交流，有时竟然错过高速出口。

　　两年来，我几乎是全程参与工作室的所有活动，成为最积极努力的学员，与指导师联系相当频繁。经常不断的短信、邮件往来，带给我无尽的思考，促使我更深入地在德育实践中探索。每次工作室组织的活动，相聚总是短暂，启发却是长远，如此贴近心灵的活动带给我很多的成长。专业成长的路上有了这样的团队，就有了更多的引领和互助，更多的倾诉和提携。我和赖老师相见恨晚，他对我及时上交作业及积极参与活动经常给予表扬，树立我在学员中的榜样，说我是工作室的骄傲，是师傅领进门后刻苦修炼、自学成才的标兵。赖老师还多次给我发言露脸的机会考验我的功底，给我送书阅读，指导写作投稿，对我参加评选充满信心，关键时刻给我目标和方向，指出我的不足和缺陷。我终于体会到：与什么样的人在一起，就会成为什么样的人！

至今，我已经读完了赖老师推荐的10多本班主任专业书，如饥似渴地阅读他的所有随笔，写出9篇读后感给予积极评论，及时向《中学班主任网》和《温州名师网》上传报道文章。从工作室成立之日起，我更加用心经营个人博客，寻求各方反馈，已经撰写教育随笔几十万字。通过积累素材，反思教育行为来提升专业水准，多次被评为温州市优秀博客一等奖。两年来，我被评为校优秀班主任、学区先进工作者、县文明班级班主任，先后在学校、学区、县、市班主任论坛上做讲座，还担任县名班主任工作室的导师，给市骨干班主任研修班上课。由于班主任工作的琐碎和压力，尤其是担任两个班班主任后的繁忙应对，我不能全身心地投入到研修学习中，总觉得精力不济，功底不足，吸收不够，提升不快，愧对恩师重托和厚望！

相见时难别亦难，工作室两年研修期限到来之际，我特别留恋与工作室以及与赖老师、与全体学员在一起的快乐学习时光，我已经从中汲取丰富的营养，高飞的风帆已经鼓满。工作室，为我搭设成长磨炼的舞台，给我提供奋发上进的土壤。

十一 智慧感悟，心灵成长
——苍南县百名领军教师研修班第一阶段研修体会

自学校推荐我报名之日起，我就对这个班级充满期待。从第一阶段短短的学习安排和收获来看，确实不虚此行。只是烦琐的事务工作，让自己被鼓足的气势又有所削弱，好在利用整理笔记梳理反思之时，又顿生些许智慧，促使心灵成长，这也许就是研修的魅力和意义所在吧！

（一）带着嘱托出发

第一次见面是在开班典礼上，尽管我们中的大多数人都似曾相识，有些还经常来往，但在这样的班级就是有别样的心动。正如学员代表苍南中学的林辉华同学说的一样："优秀学生需要优秀班级，教育是需要梦想的，虽不能至，心向往之"。学习是我们职业的需要，但愿我们在研修中收获快乐和幸福。

作为我县教育局老局长，也同为苍南老乡的陈志超书记，还是那么青春激情，在浓浓乡音中对我们寄予深切希望：在拥有百万人口的大县，在一万多名教师中享有万里挑一的荣耀，我们没有理由不优秀，但愿学有所得，学有所获，学以致用，学用结合。志存高远，心怀理想。人因梦想而伟大，追求卓越的灵魂，不是失去灵魂的卓越。智者，知识的日积月累也。

新上任才10天的叶信迪局长也到场发表首场讲话，他称我们为精英、专家，谦虚地自称新兵，说自己是干脆干练、负责担当的人，特别欣赏敬业实干的老师，希望大家珍惜学习时间、解决工学矛盾，出勤出心，刻苦钻研，积极进取，敢于担当。最后语重心长地表示：实干兴教，空谈误事，一切看大家的行动！

（二）宏观引领入手

给我们做首场报告的是大师级的人物——南京师范大学郝京华教授，她从大处着眼，小处着手，就课程与改革这个大问题做了深入浅出的剖析解读，引发我们不少深度思考，掀起了一场头脑风暴。

省教育厅张丰主任的讲座是《课堂变革的核心要素》。他指出，要从对话中心的课堂回到任务中心的课堂，还教于学，教师的重要任务是组织学习、方法指导，要学会等待，给学生时间。以学定教，先学后教，化教为学，研学促教，以作业撬动学生学习方式的变革。这些崭新的理念从一个高度让我们更清楚地看清日常教育教学工作的本质，从而指引我们更科学准确地行使职责。

特级教师金辉的讲座是《课程文化自觉》，他向我们介绍了他所在学校分层走班教学的校本教研成功经验。他提出，要用教材教学生，而不是给学生教教材。我们的教学要适度超前，合理碰撞，坚持三不讲原则：不学就会，坚决不讲；一看就懂，坚决不讲；部分看懂，坚决不讲。他对我们目前课堂中存在的一些弊端看得很透，讲得很清，采取的对策威力很足。

（三）深入心理剖析

高亚兵教授的《教师自我成长的团队心理辅导》，让我们以学生身份感受其中，上台参与游戏，让大家在同乐中分享同感。我有幸担任分组组长，结交睿智组员，感悟愿望，叩问内心，聆听自己，进入当下，享受自我。同时，高老师指出的教师一些不恰当的教育行为，也引发我对教师不健康心理的沉重思考。

李春玲教授的《做一个智慧的教师》，从我们的现状"忙、盲、茫""繁、烦、凡"中说起。建议我们要有追求，但不苛求；在坚持中等待，在等待中坚持。老师的经典名句：走得快，一个人走；走得远，一起走。哲理睿智，如沁心脾，使大家如坐春风，豁然顿悟。

（四）聆听真切忠告

刘力教授的《搞好研修要处理好的几个关系》，建议我们用心工作，为教育而生存，"我想到的最浪漫的事，就是看你慢慢成长"。我们要享受职业之美，做有梦想的教师。对实践反思，在实践中反思，为实践反思。

特级教师马骉的《立足本原，坚守课堂》提出，课堂乃安身立命之地，教师应想学生所想，想学生所想不到的。最理想的教育是让有不同潜能、不同理想的学生都各得其所，教育特殊的孩子要特别注意时机和场合，让脚忘了鞋的存在是最高境界。教师应做到心中有梦，眼里有人，手上有活，脚下有路，胸间有度。字字句句，铿锵有力，扣人心弦。

特级教师张化万的《幸福在路上》，发出重量级人物的最强音。"我是谁，我想做什么，我能做什么"这三个问题，要用人的一生来穷尽。他希望我们把心愿变简单，把心态调平和，把心智练最好，把思考悟深刻，要有理性思维、感性思维和诗意思维，在学问中讨生活，在生活中求学问，跳出教育看教育，用真气、勇气和大气来从事我们现今的教育。

（五）感受成长范型

特级教师王崧的《在对话中成长》，她概括自己成长的六部曲：走进学生，接触名师，照搬经典，直面自己，打磨特色，实践理想。她从"带着知识走向学生"到"带着学生走向知识"，领悟到追求完美的过程就是教师成长的过程，最完美的模仿终究是模仿，再缺陷的创造终究是创造，对话的最高层次是学生自己与自己对话。她在激活学生灵性方面的做法确实高人一筹，值得推崇。

特级教师王老师的成长宝典《在规划与修炼中超凡脱俗》给我们的印象最为深刻，除了他特别幽默风趣的表述外，还有他特殊的经历与我很相像，可惜我跟他的差距如此之大。在听的过程中，真情与惭愧一起涌上心头，很有与大师近距离谈心的冲动。他的感触是，心的位置不一样，成长的轨迹就不一样。他形容自己的六种境界：潜龙勿用，见龙在田，终日乾坤，或跃在渊，飞龙在天，亢龙有悔。提醒我们"要走对，要积累，要历练，要提升，要觉悟"。"自觉根底浅，绝知须追寻。"榜样的力量，一直在指引我们前进！

（六）难忘导师见面

世界上很多事情，让我不得不再次相信缘分这个美妙的词。担任我理论导师的是在北京参加知行中国培训的浙江领队李涛老师，她亲切随和，热情大方，是不可多得的引路人。担任我实践导师的是我在市名班主任研修班的导师朱永春老师，人称"江南魏书生"，以其非凡的人格魅力，让我们赞叹不已，而他对我总是特别关爱和欣赏。正当我为市研修班快要结束惋惜时，老天又让我们师生情缘可以再续。

十二　人文为本，慈善为先

——赴台湾学习心得体会

2011年7月暑假，带上我的家人拜访远在台北的爷爷。第一次踏上这块富有传奇色彩的土地，除了欣赏自然风光，更多感受到政治意味。2012年走进台湾的校园，零距离接触台湾教育，品味视角全新的教育理念，感受自然又有许多不同。

作为两个班级的班主任，离开孩子们一个星期，总有太多的顾虑和担忧。在即将登机前一刻，我给全体家长发了如下短信：当您下午带孩子返校学习，我已踏上出差一周的征途，有太多不舍和牵挂。从衣领到鞋带，从纪律到卫生，从礼仪到学习，从起床到入睡，从餐厅到课堂，事事让我放心不下。请您劝告孩子自觉自律接受考验，以实际行动热爱集体，争取班级三星，表现更加出色。对于平时习惯于忙碌琐碎的我来说，内心莫名有许多惆怅。之后几乎是一天一站一考察项目，我每次都及时将感受记录下来发给家长分享。下面就是我每天两则的随感短信。

1.**同伴激励**。和怎样的人在一起，就会成为怎样的人。我有幸和一批有追求的领军教师在一起交流探讨，没有牢骚怨言，充满赞赏鼓励，让我体验到教师职业的幸福，感受到班级创建优秀团队中形成良好气氛的重要。

2. **心灵相通**。来到台湾这片特殊的土地，感受与任何地方均不相同，更多体会到同胞交流带来的便利。两岸只有心灵相通，才会一通百通。联想到教育中的亲子、亲师联谊活动也是如此。只要创造机会，用心交流，没有什么不可以。

3. **敬业精神**。每到一个地方，不得不钦佩台湾在文明礼仪、卫生服务方面超高的软实力。在消费水平高的背景下，即使员工领着较低的工资，也不会降低服务标准，几乎均是双手合拢，身体前倾，恭敬迎送。城市注重垃圾分类，实行全面禁烟，志愿者拿着"降低音量"的牌子倡导大众不要喧哗。比对教育，对职业要用心敬业，对管理要注重细节。

4. **适性扬才**。到台中教育大学考察并听取有关台湾基础教育现状的报告，台湾的基础教育与大陆大致相同，有四大特点：学生人数少，平均每班28人；教师学历高，硕士占三分之一；家长参与程度高，亲师活动频繁；倡导适性扬才，但学生读写算能力下降。此外，学生同样面临优质学校升学压力，学生受网络、手机等干扰严重。

5. **幸福年代**。走进台湾，有了近距离了解宝岛历史的机会，更切身体会到战乱年代人们的迁徙奔波之苦。真是庆幸我们的孩子们生活在和平幸福年代，物质丰盈，衣食无忧。现在的孩子若不好好进取，真是愧对时代恩赐。

6. **静心反思**。我们家长、老师无意中讲错话或做错事，孩子也会指责埋怨。因为看问题的角度立场不同，评价就会不一样。只有每天静心反思，讲究方法方式，才会做得更好。

7. **生命教育**。到了有83个班级的新北市永平高中参观，学校家委会会长致欢迎词。该校倡导人生不止竞争，更是合作。注重礼仪外交，阅读创新，自信沟通，视野态度。

8. **身边做起**。永平高中的特色是生命教育，他们觉得现在学生抗挫折忍受力低，难以体会生命意义。该校在思考：谁来决定人生幸福？孩子未来在哪里？孩子成长不能等，当孩子面对苦难时，要有解决难题的能力。他们从校园做起，培养学生尊重生命、对生命负责的习惯。

9. **爱是付出**。"福袋迎新生"五件小礼物有创意：铅笔记录点滴，橡皮擦去过错，五元相逢有缘，车票梦想之门，蜡烛点燃希望。爱是每天付出，孩子贴心要教出来的，尊重别人从尊师开始。教师节为老师展示感恩手语、扇风驱热、撑伞遮阳、捶背舒压、贡茶解渴、书信表达。利用校庆做义工，从社区出发走向社会。

10. 心灵家园。 永平高中认为"一天充实可以安眠，一生充实可以无憾"。经常开展生命仪式活动，每年岁末回顾，用小熊传递爱心。跨年夜故意让学生体验十二小时饥饿活动，捐饭钱给世界上饱受战乱饥荒的人们，征求家长支持并参与，称之为"无饿不做、共创齐饥、惜福当下，为心灵寻找家园"。

11. 利他为上。 参观花莲县慈济总会及附属学校后，该慈善机构的种种义举让人震撼。负责讲解的义工是位退休老教师，她觉得当教师比医生幸运，能面对张张笑脸，能当孩子生命中的贵人，能改变孩子的一生。人生苦难颇多，但慈济用心关怀去帮助别人，付出无所求，见苦思福，利他为上，用爱行走天下。

12. 食品广告。 在台北儿童食品袋上看到一段广告词：妈妈常跟我说，爸爸今天要加班。妈妈有时告诉我，爸爸今天要喝喜酒。偶尔爸爸接我时说，妈妈今天要与阿姨去买东西。看他们都这么忙，我也不好意思要求他们带我去玩或教我做功课。多么希望有一天，他们也放暑假，我们就可以有很多时间在一起了。

13. 理性思考。 台湾之行结束，我唯一能做的是将所见所闻与您分享，绝无炫耀之意。走进台湾校园，我感受到宝岛教育的国际视野、综合素质、慈善理念。明天，我将投入到平凡艰巨的班级工作中，又要面对许多困难琐碎。但我会坚定一贯执着的育人理念，更好地为您的孩子服务，让您为当初的选择感到自豪！

十三　不仅暖身，更是暖心
——知行中国初中班主任培训第一天活动感悟

2011年7月19日，我第五次来北京。前四次的主要任务是参观考察，首都的一些标志景点都有光顾。这次是顶着巨大的压力和任务来的，觉得责任重大，不敢轻心。前几天在台湾探亲时，接到县教育局人事科金科长关于北京培训的通知，就马上答应下来了。此前我已经拒绝接手有关县名班主任工作室的活,这次如果再拒绝,恐怕不妥,我只好在焦急中期待。好在郭校长很支持,不仅亲自过问,并且表示给报销飞机票,还高兴地告诉我说我现在知名度很高,回来后还要做很多工作。令我尤其感动的是我妻子,她在我培训期间恰好要做眼科手术,本来我很不放心,可她很支持我的学习活动,叫我安心前行,还早早为我准备好行李。更令我感到愧疚的是,得知对我恩重如山的表兄病危消息后,我只专程去医院探望后就匆匆赶往北京了。这几天,我反复联系一同前行的平阳职业学校黄友上老师和龙湾教师进修学校陈育文老师,还连续收到浙江省项目办特聘老师的短消息指导问候,这令我体会到中国教师研修网的浓浓深情。

经过一路的旅途奔波,终于到达了目的地。虽然我们所在的石油干部培训学院比较偏僻,但感受到了特殊的学习气氛,惊叹如此一项研修活动能把全国那么多的班主任集中在一起,真是很不简单。在顺利完成报到工作后,我匆匆用过晚餐,就按照预定时间到指定地点召开热身会议。会场上我们感受到主办者的用心周到和热情细致,主持人在简短的开场白以及注意事项后,就是我们辽宁、浙江片区特聘导师的介绍,导师们的自我介绍个个风趣幽默、睿智机灵,现场一片轻松。尤其是我们浙江的缪老师和汤老师,帅哥美女搭配,堪称天衣无缝、精彩绝伦。

最为精彩的是分班热身活动,以"有缘相聚,拉近你我"为主题,设置了几个轻松欢快的心理游戏,一下子就拉近了距离。虽然我在考心理健康证书时,也学过不少有关团体运动的游戏活动,我的班级在参加杭州情商夏令营活动时也开展过类似活动,但真正作为一个成员自始至终参与这种游戏还是第一次。这次热身,让我们忘却年龄与性别,忘却地域和疲惫,真切地体会到一次心灵的交汇,感情的洗涤。

首先,由缪老师进行题为"和谐团队,一路同行"的工作回顾总结,特别是浙江团队领先全国的业绩展示了许多惊人数据,既让我们感到骄傲,又感到一种无形的压力。为了让我们尽快地互相认识、放松戒备,融入新集体,号称汤司令的美女主持出场了!她首先邀请我们起立手拉手围成一圈,互相为自己的左右同伴按肩敲背,一下子就活跃了气氛,消除了彼此的陌生距离。接着是分成若干小组,开始富有特色的自我介绍,用小组滚雪球式连续方式说出所在市县、爱好、姓名等,并派一代表向大家展示,提高了小组团队氛围,彼此有了初步了解。再接着就是小组团队的组成和建设,让我们取组名,设计小组标志、口号、组歌等，我们组由于大家都不擅长绘画，就简单地在白纸上画了一只小鸟的抽象图，代表浙江的拼音第一个字母，意味着浙江团队犹如小鸟在广阔的天空中自由展翅翱翔。我们小组的名字为志高致远组合，也以拼音的第一个字母有关。我们的口号是"志高，志存高远；致远，宁静致远"，代表我们小组的追求。我们的组歌采取《打倒土豪》的旋律，填上的词是"我们志高，我们致远，来相聚，来相聚！我们团结一起向前进，向前进！"我们是最先完成的，小组推荐由我领衔解释和展示团队项目内容。其他组也都很精彩，有三个心相连的，主题歌是《我和你》，有三人成行图标的，有南风组合的，有以《找朋友》为组歌的，并配上集体造型和动作等，赢得大家由衷的掌声和喝彩。紧接着是互相在背上留言，同伴给我的留言是"能相识你是我的荣幸，有才气、有能力、很给力、有魄力、幽默机智的男人等"，稍后我接受了汤老师的采访。在游戏"你很重要！"中，我们围成两圈随意走动后停下向对面的人握手并说："你对我很重要！"大家心里都暖暖的。最后齐唱周华健的《朋友》把整个气氛推向高潮。

十四　开始入门，逐渐上心
——知行中国初中班主任培训第二天活动感悟

2011年7月20日，将近晚上9点半了，一天的培训才刚刚结束。到房间后，继续上网下载课件学习和制作简报。回顾一天的学习，又是一段充实忙碌的历程。

在上午举行的简短而又隆重的开班典礼上，教育部师范教育司副司长宋永刚做了热情洋溢的重要讲话，介绍教师队伍建设、培养计划以及新形势下的班主任工作，特别多次提到温总理对教育的关心和重视。接着，来自新疆的学员代表和来自山东的省项目办代表分别上台发言表示感谢并表明决心。之后，主席台领导给特聘导师颁发证书。北京教师教育院、知行中国项目办负责人李方做了总结讲话，全体代表合影留念。简短修整后，又聆听了教育部基础教育司司长高红同志的专题报告《基础教育的改革和班主任的育人责任》，他介绍了我国基础教育的特点及现状，特别针对初中班主任工作提出了要求和希望，从宏观层面打开我们的眼界，又从微观角度给我们启迪。

下午，首席专家周卫教授给我们做导学报告《案例式远程培训内容、特点及方案解读》，还有吴新杰做专题报告《远程学习特点及关键环节》，让我们逐渐清晰我们肩负的职责和面临的挑战。

晚饭后，又马上开始实战模拟，进行指导教师角色操作讲解与模拟练习，使我们更进一步学会操作，明确各个阶段的任务和做法。接着又进行分省讨论"指导教师工作职责及远程培训管理的挑战"。省项目办领队李老师又给我们鼓励支持，耐心听取了我们的提问，并给予及时的详尽解答。

十五　积极寻找，育人新径
——知行中国初中班主任培训第三天活动感悟

2011年7月21日，北京知行中国初中班主任培训第三天。今天的内容更加丰富，继续深入，共安排了五个专题报告和一场教育电影欣赏，内容涉及心理健康教育和班级网络建设，大胆颠覆传统育人观念，积极探寻育人新途径。

上午第一个报告是北京教育学院陈爱苾教授的《班主任的每一学年》，就班主任常规工作中的8个主题做详尽说明，列举一些案例进行剖析，使班主任工作既有实务操作方面参考，又有理论提升方面指导，很多班主任的成功做法值得借鉴。紧接着是上海教科院吴增强教授的《聆听学生的心声——班主任心理辅导实务》，就初中学生的心理特征以及班主任应该注意的问题，通过生动的案例进行现场互动和多元解析，震撼现场，引人深思。特别是现场浙江和重庆团队的两位老师的见解，可谓精辟独到，受到专家的大力赞扬肯定。

下午，首先由北京教育学院陈爱苾教授就如何辅导学员完成作业及如何撰写案例做指导，使我们更加清楚教师的职责和任务，也为今后写反思、案例指明了方向。接着，由草根老师代表山东省烟台市祥和中学路新青老师介绍如何利用"三人行"班级网络平台为班级服务，沟通老师、家长、学生三方，引起大家极大兴趣，我也就运用中可能遇到的学生上网时间控制问题以及审美持续问题向路老师请教交流。最后是中国教师研修网三人行编辑刘天翔老师介绍有关网络使用注意事项以及其他老师的成功做法，让我们眼前一亮，对这个平台有更深刻和清晰的认识。我也想借下半年要带新一届初一之际，建立一个新的班级网络。

晚上，会务组还专门为我们准备了印度电影《三傻大闹宝莱坞》。对于好久没在电影院看电影的我来说，心理冲击很大，回来路上一直思考着。该电影以极其夸张的艺术手段，紧张有趣的故事情节，强烈多变的视觉冲击，引人入深的叙事手段引发我们对生活、对教育的诸多思考，赢得大家的一致好评。印度电影浪漫大胆、雅俗兼具、歌舞结合，确实独树一帜。回到房间后，马不停蹄地编辑上传简报，下载课件照片，准备文艺节目伴奏，写下一天的收获感悟。

十六　聆听号角，落实行动
——知行中国初中班主任培训第四天活动感悟

2011年7月22日，培训渐入佳境。上午，聆听了来自山东寿光世纪学校的特级教师、全国优秀班主任的追梦书生郑立平老师的讲座《班主任，活出你的精彩》，仿佛吹响了战斗的号角，再次激起我们出征的激情。他与我有十分惊人的相同之处，都是21年的教龄和班主任工作年限，都是初中数学老师，而我和他的差别如此之大。之前，看过他很多网络报道和作品，尤其是他的自主教育研究非常出色。本想利用休会间隙与偶像合影交流，遗憾的是郑老师因有事中途未休息，一连站着用诗一般的动情语言讲了150分钟。讲座中的每句话几乎都是经典，都值得细细体味和牢记。我很佩服他的语言功底，用他的口头禅来说："难道不是吗？"他从"班主任需要什么"切入话题，建议我们改变行走模式，少管多理，不要陷于事务，关注团队教育理念建构，努力追求与众不同，打造管理品牌意识，从学生实际出发，注重班级团队文化建设，引领班级给学生留下故事，让学生找到做好学生的感觉，与学生创意地表达。我发现自己有朝这些方向努力，只是没有概括提升到一定高度，沉浸在多管少理的层面。他劝告我们：缺乏思考导致无效，被动等待导致无情，过度反应导致无趣，急功近利导致无效，无视规律导致无序。要善于反思，敢于放权，精于规划，乐于研究，善于施爱，勇于协商，做学生的精神领袖和生命贵人。把爱心建立在公平心上，把敬业心建立在儿童心上，把名利心建立在慈悲心上，把专业心建立在健康心上，做幸福快乐有作为的班主任。这是几天来最精彩的讲座，是一种思想意识、心理指导、认知哲理的梳理。郑老师以他的博学多识、旁征博引、诗意激情、良好面貌发出心底强音，征服了现场几百名来自全国各地的班主任代表。

下午，学员角色操作讲解和模拟训练结束后，再次召开分省会议。李领队和两位导师布置培训后续工作，学习省项目办的有关精神。要求我们及时向有关领导汇报培训成果，初步决定在8月3日前要上报100名学员名单，成立县级领导机构，申请班级QQ群，8月25日组织开班典礼和集中培训登陆，中间和结束工作还要跟进，以及制作简报，聘请管理员、助理辅导员，成立班委等事宜。

晚上，还是马不停蹄地接着培训"三人行"班级网站的登录、注册、操作等步骤，还给一定的时间让大家准备明晚的联欢会。作为小组长，我也代表温州小组报一个独唱节目《红星照我去战斗》，表示培训之后是战斗的开始。

十七 完美尾声，欢乐前行
——知行中国初中班主任培训第五天活动感悟

2011年7月23日，培训已经接近尾声，但精彩延续，高潮迭起。上午，来自北京八中的实践研究双料培训专家石伏平老师做了题为《班主任问题意识及解决策略——科学、智慧、魅力》的感人报告。她特别强调班主任对学生的精神引领，要用理念凝聚学生，用价值凝聚团队，学会等待，从容应对，顺从教育规律：心灵对话、人格成长、终身发展。避免责任心越强对学生伤害越深，要探寻现象背后的道理，满足孩子的心理需求，尊重天性，不能急功近利，要站在学生的立场看问题，从具体问题中跳出来，站在一定的教育角度解决问题。特别提醒我们，批评要求效果，不要求痛快，有分量不要伤人，以信任为基础，讲究态度，以理服人，看对象、看场合。她多次结合感人的经历现身说法，赢得现场热烈掌声。

接着，来自四川宣汉县教师进修学校的蒋继老师介绍《如何当好指导老师》。他先介绍自己所在团队的成绩以及克服的困难，其主要经验：1. 及时汇报获得支持；2. 建立相关规章制度；3. 召开会议筹备事宜；4. 组织学习集体答疑。

下午是精彩的大会交流发言，来自全国16个省市代表纷纷上台展示，南腔北调，风格各异，但发出的是同一个声音：知行文化的传播深化。结业典礼也是简短而又用心，现场制作的培训过程回顾视频，让我们感受到知行文化的效率和温情。活动总结了方方面面，特别是来自我们的有关网络调查数据和问题。最后，周卫教授向我们提出建议和希望，李方院长做精彩的即兴发言，将知行统一的本质落实到我们心间。

晚上，我们浙江、辽宁、重庆三地老师联欢，好戏连连，气氛空前。节目随意，质量颇高，场上场下，互动热烈，大家尽兴，放松开心。我的红歌表演《红星照我去战斗》迎来掌声一片，都夸我现场的手推车创意十分即兴。一些方言竞猜节目、小组唱、对唱、独唱、合唱、诗歌朗诵、三句半、脱口秀等短时间内的创意节目，都出乎大家的期待，从《真心英雄》开始到《明天会更好》结束，大家念念不忘，意犹未尽，纷纷合影留念。

明天，带着友情，继续前行。

十八　捧起自尊，捧出希望
——听台湾师大吴丽娟博士心理讲座有感

2009年6月28日至30日，学期工作刚结束，为了培训教师有关心理辅导方面的知识，学校派我和其他两位资深班主任参加杭州菩提花教育咨询有限公司举办的"浙江省首届理情U型自尊辅导模式工作坊"，我有幸听到了台湾师范大学教育心理与辅导学系吴丽娟博士的讲座。吴博士讲课风格特别，一直和我们互动交流，时刻关注我们的听课情况。连续几个小时下来，年事已高的她仍旧精力旺盛，激情万分。中午我们都没有休息，吃了快餐马上就去听课。我们和吴博士一起度过了相亲相爱的两天学习生活。她的精彩语录很多，下面就笔记整理摘录如下。

人总不喜欢自己很糟糕。不在乎是因为没办法在乎。生气时没好话，情绪接纳优先于问题解决，我们给予的不是需要的。满足基本需求，死人也会活的。就像种子一样，搬开石头自然会向光的。我们应该经常对别人说这样的话："有你真好！""很高兴看到你！""我以你为骄傲！""我很开心，太谢谢你了！""因为有你存在，所以我很幸福！"这些赞美的话在愉悦别人的同时也让自己的心胸更加开阔，心情更加舒畅。把标准放低，一切都很美好！捧着自尊的要求，千万不能踩自尊。全能的家长也有可能培养出无能的孩子，不要剥夺孩子自我成长的机会。背着孩子走，孩子会丧失能力。许多知识需要内化，才会有行动力，内化需要时间、经验和体会。当知识内化后，自然就会有坚定的实践力。

我们对学生可以失望，但不能绝望，一旦放弃他们，学生在没有助力的状况下，问题会更严重。教育的本质是尊重，很多问题行为都是为了保护自己，学生情绪没有表达，并不代表他没有情绪。情绪要"分期付款"，不要一次付清。很多学生知道该怎么做，就是做不到。其实，人需要的不多，只要被关注、被在乎、被看到、被喜欢、被肯定而已。尊重，就是尊敬他人的重要性，把他当一回事。不管你怎样，我都一样爱你。不管自己怎样，我一样爱自己。建筑师所犯的错误，可以拆掉；画家所犯的错误，可以涂抹掉，我们教育者所犯的错误，它却一天天长大，但是我们所给的爱，也是一天天长大。针对错误，改过永不嫌迟，尽心去做就好，任何人都是不完美的。老师走多深，就能带学生走多远。教师不应讲有道理没效果的话，一个在受伤情绪中的人，是很难听进任何道理的，应以接纳、同理其情绪为先。与其诅咒黑暗，不如点亮一盏明灯。"朽木不可雕，也可当柴烧"。影响我们情绪的不是事件本身，而是我们对待事件的看法，不能用自己的框架去框束别人。针对压力与挫折，为什么无力，因为太用力；为什么挫折，因为太有目标，应放下对方，释放自己。

如果把问题学生比作生病的话，问题病因在家庭，病相呈现在学校，病情恶化在社会。问题不是问题，解决问题才是问题，拿布来盖问题也还是问题。一要正视问题，二要求助问题。能解决的事情不用担心，不能解决的事情担心也没用。教师应有这样的认识：把孩子的过失写在沙上，把孩子的美德刻在匾额上。等孩子有好习惯时，肯定他的好习惯，而不是等孩子有了坏习惯时，指出他的坏习惯。中国家长一天常说的七句话：还不起床？还不吃饭？还不去学校？还不写作业？还不洗澡？还不上床？还不睡觉？家长有时管的是孩子的头和胃，伤的却是孩子的心。孩子行为变好，不要视为当然，要及时流露出正面情绪。孩子行为变"坏"了，不要认为是孩子变了，不，是家长没变！要跟着孩子的不同需求，用适当的方式来教导，符合孩子的需要才是最有效的方法，应花时间了解孩子的需求，不要自以为是地给孩子我们认为应该给的，那是家长自己的需要。正视孩子的问题，允许孩子说，才能看到问题，唯有乌龟的头伸出外壳时，它才能前进。一味地惩罚只能收一时之效，具有负向影响。

在结束的学员意见表上，我在"请用你的语言为这次的课程命名"一栏下写下这样的话：捧起自尊，捧出希望。我最大的学习是要学会尊重与接纳，对我最有帮助的主题是家庭教育以及问题学生方面。印象最深、学习最多的上课内容例子是"我一样爱你们！""捧着自尊的规范"等。我想到的话是，现在的孩子"不缺营养缺素养，不缺智商缺情商，不缺金钱缺真情，不缺照顾缺锻炼"。整体而言，我喜欢课堂中的有关家庭教育、木瓜的故事等案例，希望保持下去。难忘的是在讲课过程中的一些心理互动游戏，比如用动物、颜色、食物来介绍自己。我把自己比作鱼，一条整天不知疲倦游来游去的鱼，享受相对的自由，同时又离不开水的约束。我用绿色来形容自己，表现自己比较祥和安逸，平静精神。我用大米饭来介绍自己，以为大米虽为实用必需品，无须讲究花样品种，但生活离不了。

这次特殊的培训，大开眼界，收获颇多，提升比较缺乏的心理素质和修养。

十九　培训着，是幸福的

培训是教师的福利，培训着，是幸福的。细细想来，从参加县名班主任研修班到成为市首批名班主任赖联群老师工作室学员，从市名班主任高级研修班到县百名领军教师研修班，从"知行中国"国培项目班到市中小学骨干班主任研修班，从心理健康C证培训等规定学分的研修到周末主动去听不要学分的教育讲座，从超额完成暑期班主任全员培训要求到成为县林甲针老师心理健康研修班的编外学员，无不出现我的身影。心的位置不一样，成长的轨迹就不一样。我就是从培训学习中成长起来的，在培训中评上县首批名班主任、市第三批名班主任，而我现在有些机会外出讲学，宣传苍南教师精神，荣幸地成为培训者、导师、评委。

学习是职业发展的需要，在培训中可以收获快乐和幸福。我们"要走对，要积累，要历练，要提升，要觉悟"。自觉根底浅，绝知须追寻。培训让我们有机会面对大师，接触业界精英，学习感受教育最核心智慧、教育视野、教育理念、教育胸怀，通过彼此间的学习和交流，打开了知识的大门。团队本身就是一个知识库，相互之间碰撞出思维的火花。常常是一个同学的发言，让另一个同学跳出原有知识领域形成新的认知，有豁然开朗的收获。我从不轻易放弃任何一个学习的机会，甚至主动创造一些学习机会。每次培训时我都不错过当场提问、个别请教的机会，甚至给专家写信请教，当一名"追星"的超级粉丝，也因此所得感悟颇多。在烦琐的事务之余，我一直坚持整理笔记梳理反思，吸收些许智慧，促使心灵成长。

教师应该做百科全书式的教师，仅局限在一个专业领域是当不好教师的。我们不一定是某方面的专家，但一定要成为杂家，有了广博多元的知识储备，班主任本身在学生心中就成了整体知识的化身，就会在日常班级管理中形成督导学生求知明理的强大知识场。班主任的一言一行、一举一动都在综合输出不同门类的知识，让学生在钦佩的同时，也把你作为榜样积极地去效法。班主任对学生的这种软影响一旦生成，对学生学习的推动作用将是深远的。

学习是老师专业化成长的前提。老师是一名首席学生，要想当好老师，首先必须是一个学习者。学习型的老师如同一面旗帜，必然会打造出学习型的班集体。学习是一个人在社会中生存下去的重要基础，如果不善于学习，就不能适应社会发展的需要，就会掉队落伍。老师是传授文明和知识的工作者，更应扩大视野。我的导师朱永春老师就是这方面的杰出代表，他担任两个班班主任，教数学和科学两门功课，所带班级总能脱颖而出。他获得多个不同专业的大学本科文凭，具有英语硕士学位，现又攻读日语、韩语等多国语言，是学生心目中的学习狂人，是教育界的传奇人物。他用文化引领班级，用智慧走进学生心灵，也因此荣获浙江教育新闻人物奖、嘉兴市模范班主任等荣誉。

教育的路途任重道远，研修学习是教育生命的停靠点，是收获的山水之美，是行走的崭新力量。教育美，最美在学习！点亮教育的火花，滋长教育的力量，我愿在教育园地中撷取一枚教育智慧的果子，芬芳这一路的教育行程，犒赏生命的无私赐予。我之前在农村学校，一直是老黄牛式默默无闻的工作者，最近才开始注意低层次的日常积累，注重班级文化建设和班级活动仪式开展，特别是系列主题班会建设。同时，我也逐渐开始讲究策略、学会反思，从感性走向理性，感受到蜕变的痛苦和走向新生的喜悦。

培训着，是幸福的。

第五章　育海拾贝

一　记忆中的仰头山中学

应该讲，比起在仰头山成长生活或者在仰头山中学工作学习的人来讲，我没有太多回忆仰头山中学的资格和素材。但因为小时候的一些印象和长大后的几次参观记忆，让我心里有了些许不一样的感触，几经犹豫，决定写些这些体会作为纪念，就取名为《记忆中的仰头山中学》吧。

仰头山中学，坐落于苍南县括山仰头山，又名平阳县五七中学。具体创办时间不清楚，停办也已有多年时间了，在教育匮乏的当年就已经是闻名远近的知名学府了，是小学、初中、高中一贯制学校。如今许多县内外的知名人士都是这里的校友，每当回忆起这段特殊的经历时，他们也都特别感慨。

因为学校就在我老家西括村后山上，我的印象特别深刻，特别有自豪感。小时候，虽然我没有去过这所学校，但经常看到一大批人在山岭上行走，非常羡慕。有时学校搞什么建设，就雇我们村里人挑煤、挑砖、挑石灰等，我爸就是其中之一。那时就听说，学校里有电影机、篮球场等，学生可以边学习、边劳动，羡慕不已。那时，只是觉得读书好神气，看到他们上课时大声读书的样子，以及老师在黑板上快速地写下一些数学字母公式，觉得十分神奇。特别是每天中午，村小溪边蹲满了学生，他们一边交流嬉笑，一边淘米洗饭盒。年少的我对读书充满憧憬，好想早日成为他们中的一员。

后来，我的一些少年伙伴因为考不上括山中学，也到仰头山中学去读。这时学校的规模很小了，高中已经停办，初中也只是到初二，大多是小学升初中的落榜生去读，学校也由之前的辉煌渐趋没落。眨眼间，学业成绩一直优异的我也中师毕业了，当时不知天高地厚的我，确实有些衣锦还乡的自我膨胀，去一睹仰头山中学真面目的想法更加强烈了。正巧，小伙伴的外婆就住在仰头山，在另一个小伙伴的陪同下，一行三人第一次拜访了心中久仰已久的仰头山中学。奇怪的是，现在回忆起来却没什么特别深刻的印象，只记得当天看到的是学校停办后的满目凄凉和破破烂烂。但是，小伙伴的外婆烧的点心是我经常向大家说起的话题，那天她把珍藏许久的猪头肉放在点心的最底层，当我们吃完后，发现底下还有意外的惊喜，虽还有些霉味，却让我们实实在在地体验一回山里人的好客淳朴，以及对后辈的深情厚谊。

又事过多年，我也算是从教近20年的老教师了，工作单位也几经变迁，对岁月和历史的理解自然深刻许多，对仰头山中学这所富有传奇和神秘色彩的学校认识跟以前大不相同。最近的一次活动，激起我对仰头山中学的所有回忆。活动期间一位曾在仰头山中学工作过20多年且还未到故地重游的老领导、老同事给我们讲仰头山的记忆，讲当初的生活、工作、同事、室友。如今的仰头山已经是蔬菜和养殖基地，我们不用攀爬山路就可以驱车直达。

还有一次是为一位老同事过生日，太有意义了。我们来到至今还住仰头山、对仰头山怀有特殊感情的林老师家，开始分工洗菜、切菜、烧菜，学会了如何用山里的木材烧菜，体会了如何用井水洗菜等。期间，我陪儿子在种植一些不知名的种子，儿子饶有兴趣地在学习挖土、施肥等。中午的用餐热闹非凡、气氛热烈，主人的招待无微不至。林老师带我们去看江南垟地面上的建筑，每个人在山顶寻找自家位置，有说有笑。林老师还热情邀请我们参观他的盘菜基地，给我们每个人几个新鲜的大盘菜，富有泥土气息和生机，表达了主人的热情大方。

最让我心灵震撼的还是记忆中的仰头山中学。路边杂草丛生，似乎在诉说这里的故事；黑板上粉笔字的痕迹还在，仿佛在告诉这里曾经发生的一切；破损的篮球板，好像听到了当年的加油呐喊声；破损的屋子，在诉说当年动人的记忆。如今的仰头山中学破损不堪，被杂乱的养鸡场占领，母鸡下蛋后的打鸣，追逐时的打闹，使仰头山曾经的辉煌和灿烂湮灭在历史的尘埃中。

我也不知道跟仰头山中学没有什么渊缘的我哪有这么多感触，时代的发展，历史的变迁，岁月的更替，这是谁也无法改变的现实。"江山依旧，人事全非"，甚至是"残垣断壁，人事不在"，都是历史和生命的记载。曾经在这个世界上生存的人们，只不过是匆匆过客。善待自己，善待生命，珍惜现在，珍惜拥有，也许是最需要告诉自己的声音了。

二　学生面前，我哭了

昨天晚上，在班上总结当天下午的感恩主题班会公开课，对有关同学进行感谢。我说："由于时间关系，老师已经准备好的文章没时间读了。"没想到，学生异口同声地要求我宣读。于是，我读起了写给父亲的祭文《待我恩重如山的父亲走了》，鼻子酸酸，声音很轻，但还能控制情绪。之后，我介绍说也曾给已经去世的母亲写了几篇文章，学生要求我继续读，我答应在第二节课进行。

到了第二节课，铃声响了许久，教室还闹哄哄的。最近班级就是这样，特别有几个"大喇叭"总是吵不停，好像在显示自己的与众不同，没一点初中生的形象，与班级的整体极不协调。尤其是看到班级学生行为习惯明显下滑，我心里很不是滋味！学生很难理解班主任肩上的重任和压力，每次班级活动我都是全力以赴，全心投入，要带好一个班级很不容易。领导的评价，家长的期待，同行的关注，社会的眼光，容不得我有半点疏忽。当班主任难，当名班主任更难。本来想读文章的情绪受到了很大的影响，再加上这些伤心的家事不想再提，看看学生们已经看书、剪科学错题集，我就在写下午班会课的反思。后来觉得答应学生的事情还是要认真做到，不管这是不是学生真心的要求。于是，我读了写给妈妈的第一篇文章《妈妈，您还记得吗？》，刚开始还好，随着内容的深入，越来越控制不住情感。想到妈妈苦难的一生，以及小时候的点点滴滴，刚开始我只是眼眶湿润，接着是泪眼模糊，最后是声泪俱下、泣不成声。我是强忍悲痛读完全文的，所有压抑的情感在瞬间宣泄。当我想再读第二篇文章时，我发现已经没有这个可能了，只好请求学生的原谅，离开教室到洗手间洗脸调整情绪。慢慢地，我感觉心灵很纯净，很踏实。我不知道学生的反应怎样，因为我根本没有勇气看他们。我不想让孩子们看到平时严肃和蔼的我，也有如此脆弱的一面。由于年龄的关系，孩子们很难理解亲人生离死别的情感；由于家庭背景的关系，孩子们很难理解与家人相依为命的感觉；由于生活的经历，孩子们很难理解生命岁月的苦难。男儿有泪不轻弹，只是未到伤心处。我还是一个比较坚强的人，平时很少会轻易掉泪，但我在父母去世送殡的路上，一直是边走边哭，好多乡亲很感动地说："很少有儿子哭得这么伤心的！"

仔细想来，在学生面前哭，不是第一次。唯一区别的是，这次是为了亲情。前几次，是为了学生的成长。记得在项桥小学教书时，第一年带的毕业班由于女生不团结，经常闹矛盾，没有经验而又对学生充满情感的我，哭得很伤心。没想到，学生们看到我哭后，居然化解所有矛盾了。还记得教小学时，我经常骑自行车在泥泞的小路上送一位双腿残疾的学生回家，有一次一起摔倒了，看到学生哭，我也哭，最后两人一起抱头哭。教初中时，接了一个很乱的毕业班级，学生很顽皮好动，班级整体水平较低，当我把所有的希望寄托在体育考试上时，学生们的体育成绩也全面落后，我在班级讲这个事情时，忍不住背过身痛哭，所有的艰辛和委屈都在哭声中宣泄。10年后同学聚会，这个班级的同学邀请我去参加，当他们一个个说出我当初怎么为了他们的前途卖命时，我又一次忍不住落泪。此外教高中艺术班时，由于学生很不懂事，经常惹是生非，好像也有一次在学生面前落泪的经历，他们很受震撼，之后有许多学生找我谈心，并且有了较大的改变。

作为一个男教师，我在学生面前展示真实的自己，其实也正常。但愿在学生成长的路上，有我眼泪的一点力量，将我真实流露的情感永远珍藏。

三　教室里新来的饮水机

"常怀感恩之心，常做感恩之事，常成感恩之人。"这是我本周在他的家校联系单上的留言。自从他来到我们班级后，确实变化很大。从一天下来无数次地被举报，满耳充斥的都是他的名字和"事迹"，到如今什么苦活、脏活、体力活都抢着干。经过老师、家长、同学的合力帮助，他慢慢地做"坏事"少了，做好事多了。家长告诉我，他主动要求家长周末为他辅导功课，这是从未有过的举动，很感激这个优秀家庭。回顾对他的教育历程，当时我也是绞尽脑汁，历尽挫折，一路坎坷。

　　曾因"忍受"不了他,我发动全班给他写信提醒他。后来情况好转后为了鼓励他,召开夸奖他的主题班会,并且让他接受采访,甚至全班以他妈妈的语气再次给他写信。同学们推荐他为班级感动人物候选人,让他在家长会上宣读感动事迹。家长会后,署名为"为孩子焦虑多年的母亲"的他妈妈给我发来短信:"项老师,您好!这半个学期来,您对我孩子的帮助不能用言语表达,只有在内心深表感激。在这短短的时间里,让我感动的事太多了。家长会如此精彩,可想而知您在背后的付出,您对工作的热情。每参加一次班级活动,都让我感动。我常想,我的孩子能遇到这么好的老师,也是家长的福气,每次与您交流慢慢有幸福感。因为在您的教育下,孩子变化很大,这么多年的坏习惯,让您在短时间内改变了,衷心感谢您!"

　　有段时间,他与同学闹别扭,我及时了解处置事态,给予深刻的教育。他妈妈伤心极了,母子关系非常紧张。当我问起他:"妈妈为什么没来送?"一向坚强的他居然痛哭起来,我明白了他对妈妈深深的爱。于是,趁"三八"妇女节来临之际,我特地要他邀请妈妈参加"谢谢您,妈妈"主题班会,当时他觉得很奇怪,也很激动,看着其他优秀的学生,反复说:"怎么有我?怎么有我??"在班会课上,他对妈妈羞涩地诉说,把鲜花献给了母亲,当他们母子深情相拥时,同学们掌声雷动。事后,他妈妈发来短信:"项老师,您好!昨天有事没与您打招呼急着回去了,打电话怕打搅您,还是发信息能表达我的心情。真不知该怎么感谢您,您总是把最好的机会留给他。我一直在想,期望什么时候,他能和我们一样被您的用心而感动,然后想到该怎么去做。您的用心我们铭记在心,真的太感激了!"

　　为了举行感恩主题班会,我特地把去妇产科拍摄生孩子过程录像的光荣任务交给他。据说,从产房出来的那一刻,他好像换了一个人似的。在班会课上,我给了他谈感受的机会,他的话语简短,体会深刻。如何化感恩誓言为感恩行动?如何感恩回报班级?他想到了班级经常漏水的饮水机。他向家长提出了要买饮水机送给班级的想法,得到了家长的大力支持。家长当晚就亲自送过来,并且表扬肯定了他近段时间的表现。同学们很激动,多次为他响起了热烈的掌声,连叫他名字的声音语气也发生明显的改变。他研究起使用说明书,义不容辞地承担起保护饮水机的任务。第二天,我在课堂上大力宣扬了他的善举,重点提到了他小学老师对他的评价,并且讲到我们班历次赞助活动和教室后面的爱心小饰物展示的意义。希望大家把爱心撒向我们美好的集体，比如讲台桌的卫生，班级财产的保护和班容班貌的维护等。我动情地指出，核武器的发射靠积聚的力量，透镜凝聚阳光时使物体燃烧，靠的都是专注和集中。如果一个人专注于某件有益事情，没有什么不可以。

但是，第二天就接着发生了他把零食带出规定区域要被扣分通报的事情。当晚班委讨论他的事情，他非常担心，连夜哭着告诉妈妈，连做梦都呼喊有关班干部的名字，反思的意愿非常感人。为了解决他阶梯评定课老是通不过的问题，班长们多次开会研究，制定专门条例。他自我约束能力很弱，常常忘记承诺，经常会违反一些规定。阶梯评定课上，同学们意见分歧很大，争论激烈。但令我非常感动的是，多位班长为他说情，分析得很有道理，最后经过表决获得通过，他马上把喜讯告诉家长。

历经几次重大教育契机，他有了较深的感悟体会，他真的改变了！也许这台崭新的饮水机会成为他一生的转折。

四　给某同学的一封信

亲爱的某同学：

你好！昨天下午，你突然很正式地叫老师给你指出缺点，并且向我塞来一张纸，要我把你的缺点写在上面，然后很快趴在座位上哭了。我一下子蒙住了，因为很少有学生主动要求老师提缺点的，老师指出他的缺点了，还义正言辞地说："我哪有吗？"面对如此诚恳的你，我不知该怎么回答。我不知道是什么原因，你到底遇到了什么挫折，使你产生了这样的想法，我确实一下子发现不了你有什么缺点。

相反，我发现你的优点越来越多，比如上课积极发言，语文之星的评比从负分到明星，还多次担任主持工作，宣传委员的职务很出色，积极参加各类比赛活动等。你还记得吗？特别让我感动的是，当老师到你家家访，要求你告别游戏时，你当场哭了。之后听你家长说，你再也没有玩游戏了，这是多么了不起的毅力呀！我从心底里佩服你的毅力和勇气。

我猜想，你可能是因为昨天下午的小品比赛失利而难过，或者同学们怪罪你什么。如果是这样也很正常，胜败乃兵家常事，只要能利用一切机会提高自身能力和素质，就是成功。至于能得几等奖，不是很重要。这次小品比赛，我也有责任，在班级发动宣传不多，重视不够，甚至你们排练，我也没到场指导，都是你们自编、自导、自演的。有较好表演能力的同学可能考虑到影响学习，没有参与进来，我也没有动员和强调，这都是我的责任。而你，在班级需要你的关键时刻挺身而出，主动请缨，解决小品人员的燃眉之急，再一次展现了你男子汉的一面，这不正是你的优点吗？至于表演功底高低，最后得分如何，同学有些看法，甚至有些责怪，这些都很正常。表扬、批评的话我们都要学会倾听，说不定正是看起来不是很成功的演出，给了你最大的收获。

我猜想，你也可能是因为想调换宿舍而未能成功的事情而难过，或者宿舍有个别习惯不好的同学又乱拿你的东西了。我同样劝你别难过，因为对方宿舍不接受你，自然有他们的理由，再加上你原来寝室也不愿意你调走。我也觉得，不是非调整不可，还是不要随意变动为好，你说呢？人要学会在世界上生存，就得学会与各种各样的人打交道。世上有好人，也有坏人；有讲道理的人，也有不讲道理的人。有的同学家里条件很优越，可还是喜欢乱拿乱吃别人的东西，并且屡教不改，这不是你的错！你可以用良好的言行感化他，也可求助老师和班干部。适当时候，我可以考虑调走你或者他的。

我猜想，可能还有其他原因。我之所以在给你写这封信的时候，还没找你当面谈话了解原因，是因为我不想再次勾起你伤心，是我觉得不管是什么原因现在已经不太重要了。重要的是，你要尽快从不愉快中走出来。我发现你已经做到了，这就是你——一个堂堂正正的男子汉！如果真要给你提出什么建议，就是希望你的字要写得好一些，因为字如其人，写字好坏影响一生，这道理你一定能懂。另外，学习英语也要像学习语文一样积极主动，英语的重要性相信你一定能懂。这两点都很重要，你一定会认真对待的。你曾经从班级文化课成绩最后一名成为班级进步最快的同学，还有什么不足不能改进？什么困难不能克服？！祝你不断进步、成功！

一位永远相信你的老师　项延唐
2009年4月10日

五　第一次参加高考监考有感

此生没有参加过高考，没有上过正式有围墙的大学，第一次参加号称"世界第一大考"的高考监考，确实是全新的体验。只是听监考过的老师讲，压力很大，责任很重，无聊难受等。

为了使培训会议不迟到，学校连发三次信息，通知时间比预定时间早了20分钟。龙港三中的考务工作安排得非常好，考务组长梁主任是我初中最要好的同学，我急忙上去打个招呼，看着人家如今有如此成就，甚是羡慕。与我搭档的是刚大学毕业的体育老师施老师，他长得很强壮，很高，也很健谈，工作比较负责。监考的过程中我们都是按规定指令进行操作，两天下来平安无事。在最后一门考英语时，有位考生不小心把条形码擦掉了一小部分，经询问主考官没有大碍，我们才松了一口气。

如果每次工作都像高考这样严密布置，高度重视，还有什么事情不能出色做好？对照高考，我们可以每个环节都有预案，每个步骤都讲程序，责任到人，细节做起，有培训，有布置，有验收，有总结，有提示，有反馈，有监督，有替补。每次报到时，摸球决定试场，有点像摸彩票一样兴奋。最深的体会是，文科生考数学，理科生考英语，算得上是勉为其难。尤其是艺术类的考生，打扮也十分新潮，在草稿纸上尽是酒杯之类的图案，两个小时的时间里运笔如行云流水般从不间断。然后我也想起了当初教高中艺术班数学的尴尬境遇，还想到了现在初中生偏科现象，感到后果相当可怕。监考回来后，我把自己的这一感触告诉了学生。

不得不提的，是巡视组组长沈小玲老师的一番动情讲话和简短交流。作为我县为数不多的特级教师，她一直是我的学习榜样。她从最近网络上的新闻开始讲，跟大家讲了一个年龄很大却考取大学的大姐的感人故事，指出我们监考工作的重大意义和神圣使命，我们听过来十分入心。我有一种莫名的感动，尤其是我们作为特殊的中师毕业生，有着浓厚的大学情节。特级教师就是不一样，她的讲话形象感人，亲切自然，富有感染力。最后一场监考时，有幸坐到她的后面，我礼节性地与她打个招呼，没想到她还清楚记起我，因为我们曾经一起作为县首批师德标兵在全县做师德巡回报告，那是一段难忘的经历，她还说经常有看到卢立银老师（也是报告团成员之一）。我由衷感叹说："自从那次报告后，你一路飙升，我却一事无成。"她勉励我，说我在龙港实验中学干得很不错，经常看到我写的一些文章，我感谢她几次当我的评委对我的指导。监考的一些细节早已不太记得了，但沈老师的平易近人和热心鼓励，却一直铭记在心。

感叹手机信号屏蔽器的神奇，感动合作小伙子的尽职，感谢考务组同志辛苦的工作，感激龙港三中考点精心的准备。当我开玩笑似地代表监考老师向他们表示感谢时，恰好主考陈科长路过，他对我会心一笑。人与人之间就得互相鼓励和支持，特别是在彼此高度紧张的时刻。在监考后的学校周前会议上，带队领导陈校长高度评价了这次参加监考的老师准时、负责、出色地完成了上级交给的任务，没有出任何差错，是一支优秀的队伍。

之后在龙港一中的中考监考，感觉就比较熟悉了，也要感谢与我一起合作的龙港一中美术老师陈老师，是在他的指导下我们圆满完成了监考任务。作为数学老师，我感觉今年数学中考不太容易，可能会是最拉分的学科。听说，今年期末考要学区内对换监考。监考，还在继续。生活，也还在继续。

六 给某家长的感谢信

亲爱的某家长：

您好！您早上的来访，我感到很突然，您对孩子真的很关心。由于我在上课，您发的信息我没及时看到，请谅解！听您讲话时，我是一直低着头站着，几乎是整个身体都靠在办公桌上，感觉浑身无力，思绪万千，就像一个犯了错误的小学生一样在接受教导和规劝。这是我近一年来，与您讲话时从未有过的体会。

您的建议很对，谢谢您能当面给我提这么中肯的意见。我始终觉得，直言不讳的家长是好家长。我也是这么对学生说的，老师当面指出你的不对，背后却在想着你的好，这才是真正对一个人负责和关爱。这一点，在成人世界能有几个人可以理解？有些家长，当着老师的面会说十分恭维好听的话，背后却把老师贬得"一无是处"。每当我得知这样的情况后，总是觉得很受欺骗和伤害。我很幸运，也很欣赏，您不是这样的人，您直性子，很爽快，说话做事都能一分为二。每次听您讲话，收您信息，看您在班级网站的留言，您写的家校联系单，我总是深受教育。您的话我是完全能听得进去的，虽然，这对平时听惯了表扬的我来说，显得有些突兀，但您的话使我的心灵很纯净，老师也是在学生和家长的教育和帮助下成长起来的，真正让我们有触动，能脱胎换骨、彻底唤醒的是学生和家长。

　　是的，老师在指出学生某些问题时，应该私底下交流，尽可能地将影响控制在最小的范围，这样学生好接受些，就像您今天私下与我交流一样。您的目光很长远，你很注重孩子的健康成长，特别是他的心灵世界，曾经是老师的你是懂教育的。有时，我说话做事一时兴起，考虑不周，无意中伤害学生和家长，确实是我的不足。不是我没有私底下与学生交流，而是在多次私底下交流无效或者效果欠佳的情况下，我本着对全班学生负责的原则，或者让全班学生更加清楚是非对错，把个案放在班级里分析，这就是学校教育和家庭教育的区别所在。学生之所以是听老师的，是因为老师有一个叫作集体的武器。当然，我应该更加注意语气和说法，更加冷静和客观，更加注意分寸和影响，应该更加谨慎，这也许是我做得不够的。对此，我要特别向您和您的孩子表示歉意！

　　至于我利用每周班队作业，发动全班同学给某一位学生写信的事情，我有我的想法，绝不是脑袋发热一时冲动的行为。我总想尝试一些不同的德育手段，因为我知道德育有法，又无定法。我想利用班级同学整体思想水准都较高、班集体舆论积极向上的优势，来帮助个别存在思想行为误区的同学。有关信件是经过我详细阅读选择后，再进行交流和探讨，我会慎重处理您说的一些担心，为此我每周花去大量的时间。如果做得好，既体现同学之间互相帮助的团结气氛，又教育大家共同提高认识。从实际情况来讲，效果还是满意的，否则也不会在包括您孩子在内的好多孩子身上有如此明显的改变。针对班主任的做法有一些不同的看法见解是很正常的，这种特别的德育手段确实是一剂"特效药"，有副作用。不过，在个别学生身上的做法，我是征求过他家长同意的，有些家长完全同意我不管使用何种方法，都会完全信任和支持我。有的学生如果只是用一些常见普通的"药物"，在他的强烈"抗体"作用下显然是无效的，但如果错过"治疗时机"，那一定是会延误或加重"病情"的。请原谅我用这样的比喻，因为我觉得老师教书育人与医生治病救人太类似。

　　不管怎么说，比起家长背后议论我的是非，还真希望所有的家长能和您一样与我当面沟通，或者以多种形式互通看法。表扬会使我骄傲，批评会让人清醒，促使我更好地开展工作。任何时候，请不要怀疑我对家长的真诚和对学生的关爱。可能是我太认真了，太负责了，太在乎了，对于学生爱之深才会"教"之切。寄宿制学校班主任与学生一周朝夕相处，"吃喝拉撒睡，全部要到位"，看到的可能更多是缺点，有时难免会有一些烦躁情绪。而家长由于孩子偶尔周末回家，因为疼爱孩子看到更多的可能是优点。因此认为老师的做法很过分，我们产生情感认知上的误区，就在所难免了。每当学生犯了错，我从未怪罪家长，总是把责任推给自己，不断地安慰家长。凭心而言，每一个老师花在后进生身上的时间和精力，家长是永远无法真正理解的。有时家长一个电话、一条短信，我这位"保姆大妈"就要做好多事情。

之所以写这封信给你加以公开，是为了向您以及和您一样优秀的家长表示感谢，绝对没有辩护的意思。相反的，我要"痛改前非"、吸取教训。我们班家长素质是高的，特别是10多位当老师的家长，都是优秀的教育工作者。尽管有时像我一样，苦于教育学生而忽略自己孩子，但这些家长绝对是我的导师，我每次活动总是邀请他们来指导。正因为如此，我这个班主任也是不好当的，领导和老师都替我担心。正如医生给医生看病一样，难度是可想而知的，因为他们懂药懂医，而我现在好似也面临这样的情况，深感责任之重，压力之大。

我希望班级家长、学生如有机会看到这篇文章能积极留言发表看法，参与讨论。只有对我好好批评，才是对我最大的保护。写作这篇文章时心情复杂，语无伦次，一气呵成，未加润色，皆请见谅！祝您身体健康，生意兴隆！

一位愧对您的班主任　项延唐
2009年4月2日

七　真了不起，温州龙港的老师

记得那年下半年，学校为了到阶梯教育的发源地——北京怀柔三中去实地考察阶梯教育情况，组织研究室全体成员在陈校长带队下进行为期3天的考察学习。该校主要进行阶梯式教学法研究，我们到达后除了讲座介绍、实地参观、查阅资料外，一个重要的内容就是听课。原本以为听的是类似我们学校的阶梯考评课，结果为我们开出的是学科教学现场课，巧的是我们一行之中没有语文老师。在情急之中，陈校长临时安排我、周主任、颜主任去听语文课。第一节是《北京的园林》（课外读物），第二节好像是《生于忧患、死于安乐》（已经找不到当时的评课稿）。

于是，我掩饰住心虚的紧张情绪，装作专业的样子投入地听课。也许是该校师生的热情礼貌感染了我，也许是好久没听过语文课了，两节课很快就在脑子快速运转中过去了。听课结束后，我们又集中去会议室交流，该校召集了全体领导、所有没上课和担任公开课任务的老师，以极高的规格接待我们，在客气中的气氛显得比较紧张。首先是双方领导的开场白和客套话，互相介绍各自学校和到场阵容，如此庄重严谨的情形有如外交谈判。

紧张的评课开始了。"最好的防守是进攻"，我自告奋勇，要求第一个发言。我引用《北京的园林》中的一些描述北京园林特点的原话来概括该节课的优点："不失王家风范，注意细节修饰。"将课堂的教学环节与园林特点对上号，竟然是如此贴切顺畅。我罗列了五大优点，有标题，有出处，有展示，有解剖，字字落地有声，句句有理有据，剖析很有分量。按照惯例，最后要提一个建议。针对该老师把学生游玩经历的畅谈、收集的资料展示都放在最后，我在肯定该做法好的同时，建议是否可以为了激发兴趣（总感觉这节课前面部分好像调动不了学生的积极性）把该精彩环节放在前面，然后学完全文，欣赏作者是如何写游记的说明文后，再来做一次对比，让学生学以致用，汇报展示学习效果，这样前后呼应，岂不更好？他们都眼睛一亮，从眼神中看出他们对我语文教学经验丰富的赞赏。

评第二节语文课时，我充分肯定了该老师的组织教学，指导学生课前准备学习用品，这在初中是不多见的，并且该老师抓住时机问刚才临时准备一些学习用品的学生："为什么要准备该用品？""精准的学法指导，老道的组织教学"，我由衷这样赞叹道。接着，我主要就这节课是如何体现阶梯精神做了重点剖析：从分组讨论到全班交流，从学习文言文的一般步骤到同学的互相质疑帮助，特别是老师的穿针引线，对课堂的引导、对学生的评价，无不充满阶梯教育特色的智慧光芒。整体协调能力突出，整节课确实体现"让不同的学生学不同语文的阶梯精神"。我在评课中，有课堂再现，有理论提升，紧紧围绕如何在课堂上落实阶梯教育这一点来发言。我还特意夸奖了该老师的书本上密密麻麻的批注，可见备课之精心，准备之充分，这是该老师处变不惊、镇定自若的前提和保证，他已经在教师阶梯上给我们做了很好的示范，建议领导给予表扬和加薪。此话一出，大家都笑了，被夸奖的这位老师也很有礼貌地起立向大家鞠躬。这是对被肯定的感谢，也是对我如此用心评课的一种认可。经过这一调侃的环节，现场气氛一下子就轻松融洽起来了，我们的领导不失时机地说我是一名数学老师，他们显得十分吃惊，连连地夸奖："真了不起，温州龙港的老师！数学老师居然能把语文课评得如此精彩！"

回到学校后，陈校长向全校汇报时，语重心长地说："我们没有给学校丢脸，去之能战，战之能胜，确实是优秀教师！"一场虚惊终于过去了，也许这样刺激的场面不会再有第二次了。每当想起此事，心里还是甜蜜蜜的，因为我们招之即来，来之能战，战之能胜，没给温州龙港的老师丢脸。

八　给朱老师的一封邀请信

尊敬的朱老师：

您好！作为您孩子的老师，我第一次给您这么郑重地写信，这也是我从教18年来第一次给家长写信，内心真的很高兴。在这个"三八"妇女节前夕，请允许我代表吴强同学以及他的老师和同学们，向您这位当妈妈的老师和当老师的妈妈表示节日的问候，并祝您以及像您一样辛劳而慈爱的母亲家长朋友们永远年轻、健康快乐！

时间过得真快，再过100天，您的孩子就要完成初中三年学业参加中考了，相信您一定和我们一样紧张期待。吴强进步很快，现在已经跃居年段第9名，班级第3名，是男生中的"二号种子"了，和您的学生陈璧玺一样优秀。您教过的在咱们班的十几位学生都很优秀，这都是您尽心培养的结果。特别是吴强的英语有很大的进步，特此向您报喜！同时，也感谢您三年来对班级工作的理解、帮助和支持！也谢谢您对吴强的指导培养，他的一些良好习惯都来自您对他的家庭教育。

3年来，我一直有一个心愿，那就是能有机会邀请您来咱们班级与孩子们面对面谈心，既可以让您和您的学生们见面叙叙旧，也好让我这位初来乍到的龙港"新老师"聆听您的教诲。但我们当老师平时真的很忙，很难分身。前次，我们班《感恩的心》主题班会邀请了全学区的政教主任来听课，您的发言录像大家听后深受感动，评价很高，这就更加触动了我要向您当面请教的念头。我们班历来有邀请家长协助我们开展教育交流活动的光荣传统，多次邀请家长代表参加亲子活动，班级重大的主题班会课、阶梯评定课、班级十佳人物表彰活动、开学结业典礼等，家长们都做了很好的发言。但与其他一些优秀的城镇学校相比，做得还很不够，我期待能得到您大力的支持和响应！

朱老师，您可以和我们谈谈人生感悟经历，特别是当妈妈、当老师的体会，您可以当面与您的儿子做些沟通，您可以重点就初三总复习百日大战做思想动员和技术指导，您也可以说说对班级、老师、同学的印象、评价、期待和建议等，发言时间10分钟左右即可。具体下周到校时间由您来定，只要提前半天告诉我，我就可以做好一切准备迎接您的到来。我还会布置学生提问，特别就家长与孩子、老师与学生的关系等近期学生心理动态问题等向您提问，请您再做些指导。前不久，我们班邀请了我之前的学生浙江大学研究生开展了类似活动，学生们收获很大。以后，我想也要继续邀请家长朋友、社会知名人士等各界名流来给我们指导。

我知道，这样的要求又会给您百忙的教学工作增添新的麻烦和负担。但我知道，您是一个热心人，我们全班学生都是您的孩子，您一定不会让我们有所遗憾的，再次谢谢您！祝您工作顺利、家庭幸福！

项延唐携全体志成班的同学谨邀

2008年2月29日

九　班级开学初工作回顾

最近在忙些什么？稍有空闲的我，不禁拿起写得密密麻麻的《班主任工作手册》来问自己。从开始的面临100多人要进这个班级的压力，到开学初寄宿制学校许多烦琐细碎的管理工作，面临许多挑战和困难，以及一些难于预想的问题。就像校长当初在分班时担心的一样，因为班级人多人杂，管理上的压力很大，尤其是面对有12位当老师的学生家长，容不得有半点闪失和懈怠。而我也在每天的教育教学管理工作中尽职尽责。可以说，每天都在汗水的疲惫中，积极地完成教书育人的任务，在教育工作中不断地创新。

开学初所做的工作，就是尽快地使学生适应初中生活，适应寄宿生活，尽快地形成一个良好的团队，培养良好的学风，尽快步入正轨。传统意义上的始业教育、排位置、值日分工等当然是其中之一。跟班3天的国防教育，组织学生刊出首期黑板报"爱我实验中学"、布置班容班貌、亲自粉刷墙壁，张贴文学长廊和学生"心愿手掌印"以及各种星级评比记录表，设计班级和学生个人的梦想版等，开班工作丰富多彩。班级口号是"努力创造奇迹，阶梯成就未来"，组名是由校训组成，同时及时开展不准在教室墙壁书桌上乱涂乱画的教育。

吃饭排队训练，夜点纪律检查，学生午睡指导，中午写字指导等，强调学生饭后不要运动和吃零食，不要喝饮料、多喝水。签订离返校责任书，开具有关票据和收集义教卡。开展教室、宿舍捐书活动并举行仪式，积极进行书香班级和宿舍文明建设。开展"这样的我"主题自我介绍活动，说说对学校、老师的印象。让学生准备介绍"14岁少年圆了大学梦"并开展讨论和点评。学生民主选举宿舍长和制订值日轮流细则。整理打印学生名单、通讯录及有关资料给任课老师。开展阶梯教育，班级、个人梦想版制作和阶梯目标录像，狠抓纪律和学风，特别是认真听课的习惯和早自习大声朗读的习惯，以及仪表的要求和检查，要求学生勤剪指甲，每周一查。同时我也每天早上跟班进行早锻炼，在每个男生宿舍轮流睡觉。

教师节要求学生电话联系祝福小学老师，在家主动与父母交流，背"人无短期目标"有关内容给家长听，并介绍"远、中、近"期目标。校内严禁学生携带手机、随身听等。进行最近活动摄影、录像展示等活动，介绍上届学生的成功经验。开展晚自习说话接力本活动，大大改善了班级纪律情况，并且在不断完善之中。学习、背诵、书写《中学生守则》比赛活动，课前一支歌时间背诵《中学生守则》。针对班级五项竞赛成绩不好的现状，开展"我的班级怎么啦？"写作、发言交流活动，每天晚上最后五分由当日的纪律委员进行"新闻联播"展示并传播班级大事。针对校徽问题创造性地出台了分"暂借、出租、购买"三类应急处理策略。为纠正学生丢三落四的现象，分发小记事本，帮助学生养成按计划做事的习惯。开展班干部宣誓就职仪式和最近工作述职报告。同时注重一些技能课的跟班和纪律强调，班级财产的保护，关窗关门习惯的培养。"躺着不看书，看书不躺着"，指导写字姿势训练。进行课间文明休息监督，课外活动安全教育。安排值日指导，监督学生转笔转书并适当惩罚。成立了一些相应的"民间管理机构"：如午间管理委员会，校徽管理委员会，作业及时完成管理委员会等。

后续一段时间工作：向学生征集班名，开展"如何当一名优秀的中学生"大讨论，男女生宿舍互相参观学习指导活动，"一日班主任"轮流开始（让学生佩挂交接钥匙和标志）。陆续开展宿舍座谈会，进一步进行班委改选和位置调整，家访开始，课前准备物品训练及"铃声一响，闲话不讲"专题训练，初中学习方法介绍（与小学的不同）和讨论，桌面、抽屉整理训练，告别涂改液活动，广播体操学习监督等。一个良好的班集体正在形成，一些想法和做法正在实施，期待与学生更好地成长和进步！

十　新年给家长的一封信

亲爱的家长朋友们：

新年好！给您写信一直是我的想法，特别是昨晚一直不断收到近百条的家长新年短信之后，很抱歉没能一一给大家回信。尤其是一些老家长的问候，极其珍贵和难得，请允许我道一声迟到的祝福，向您全家拜年！祝大家新年快乐！

在过去的一年里，我们一起度过了难忘的日子，从相识到相知，3次全体家长会、1次全面家访以及平时的活动邀请，给您添了不少麻烦，在此向您表示诚挚的歉意和谢意！看到您和孩子生活得如此美满幸福，作为老师十分羡慕。看到孩子的健康成长，哪怕再辛苦的付出，也感觉十分值得和欣慰。志远班的孩子们能有今天这样的成绩，要衷心感谢您——家长朋友的热心支持和大力帮助！新的一年，让我们以崭新的姿态重新开始，继续努力！我们有许多新的目标，也会出现一些新的问题，有许多新的想法和行动。

我有许多心愿需要您的配合和理解：但愿您在关注孩子成绩的同时，更加关注孩子的全面素质；但愿您给予孩子丰厚物质满足的同时，更加关注孩子的精神需求；但愿您给孩子创造良好学习环境的同时，能抽出一定的时间与我们交流，与孩子相处；但愿您在关注孩子成长的同时，也大胆地放手让孩子独立自主，甚至要吃些苦，受些挫折磨炼；但愿您在关注自己孩子的同时，也能时刻关注班级的动态，积极投身班级公益事业；但愿您在积极宣传学校、表扬老师的同时，能诚恳地提出宝贵的意见和要求，以便我们更好地为孩子健康成长服务。

新年新气象，我也想表一表决心和态度：我将严格兑现在你们面前许下的诺言，将一如既往地忠诚当初选择的教育事业，将全心全意地热爱自己喜欢的班主任工作，将继续走进孩子们的心灵，为实现我们共同的目标而努力！

最后，把一位学生给我的祝福送给全体家长：愿阳光、鲜花、好运与您同行，让健康、如意、幸福伴随您度过牛年的每一天！让我们共同祝愿志远班在"志当存高远"的班训指导下，不断进步，永远辉煌！

您孩子的大朋友　项延唐
2009年元月初一在家里

十一　"丑陋"的老项

记得有一本让国人又爱又恨的书《丑陋的中国人》，当初是读了又读。为了更好地引导学生自我批评和自我反思，我在志远班开展一系列揭露"丑陋"的活动。学生中可能有不同的看法，也许会产生一些不利影响。但我体会到通过这样的"整风运动"，班级总体上呈现追求进步、积极向上的风气，通过实事求是地剖析提醒，学生的自我认识和自我评价更加清醒客观。历时一个月，相继开展了"丑陋"的班级、"丑陋"的组、"丑陋"的宿舍、"丑陋"的自己等写作活动，当然还有身为班主任的我——"丑陋"的老项。

我是怀着十分虔诚的心态读完学生所有文章的，看到学生毫无客气的犀利之词，我的手禁不住颤抖，用力搓搓脸，让自己更加清醒，学会勇敢面对。之前我是极力动员学生尽管批我，"爱之深，批之切"，但真正面对学生种种"大不敬"，接受起来还真困难。从文章的表达方式上，可以看出学生心智成熟程度差别很大，其中有少许让人震惊的纯粹人身攻击，直白的威胁和无理的谩骂。但是绝大部分学生都很辩证中肯，很委婉贴切，注意遣词造句，入情入理，在前面加了铺垫，后面又有说明，欲言又止，有所顾忌。我开展的很多活动都"醉翁之意不在酒"，更多是在考察了解学生。我坚定地认为，能够如此大胆地指出老师错误的学生都是正直善良的好学生，也是对我的充分信任。如何引导他们更合理地提意见，这是对他们的成长和今后的人生负责。当然，有些话只是站在学生的角度，不可能全听，但一定要认真地听。表扬的好话谁都喜欢，能做到真心实意听得进批评话语的人绝不简单，我要努力做这样的人。如果这次批评班主任的活动，能让学生体会到是与老师的一次平等对话，能让学生找到不可多得的宣泄渠道，这何尝不是一件好事呢！

学生眼中的老项"丑陋无比，无比丑陋"，经过整理归类，大致有以下八大罪状，暂且称之为"丑八怪"吧。

（一）"班会作业难接受"

"他每周布置什么五花八门的班会作业加重我们的负担，其实没什么作用，也提高不了写作水平。他是用我们的时间来为他管理班级服务，我们是来读书的，又不是来写班队作业的，真受不了。"

班会作业初衷是想解决学生中普遍存在的思想认识问题，搭起一座师生沟通的桥梁，参与社会实践，记录心灵成长，是班级文化建设的一大特色，是德育的重要组成部分，也是积极落实学校"德育为魂"教育理念，加强青少年思想道德建设的重要措施。我总是早做规划，设置标题，要求原创手写，字数300字。该活动得到大多数学生的热情支持，质量还是相当好的，效果是无形的、长远的，对写作也许效果不大，但对形成良好的班级舆论，作用是毋庸置疑的。

（二）"规则制度定太多"

"他开展小组竞赛活动造成同学间无形疏远，甚至为达目的不择手段，一些接力本、说明书制度效果不好，制定太多规则强加在我们头上，不利我们成长。"

小组竞赛负责制是贯穿本学期始终的一种班级管理新尝试。根据班级学生实际，先圈定有一定威望和管理能力的组长，然后由组长选择组员，把班级分成6个以组长名字命名的小组，与学生共同制定小组竞赛加分、扣分规则，每周统计奖惩，前两名上台受表彰。后来又进一步采取组长轮流负责制，负责组内位置、综合竞赛等全面工作，每周末召集新老组长交流，有布置、有总结、有交接。目的是想培养学生的自治自理能力，提高自我教育水平，养成人人参与班级日常管理习惯，培养团队合作竞争意识。在执行过程中，有些不够完善的地方，部分学生失去新鲜感，持无所谓的态度。但主流是好的，在班级管理中发挥了很大作用。我不想半途抛弃，只想在听取意见的基础上不断完善。至于一些制度规则，都是有专人负责监管，解决班级的突出严重问题。要想养成良好的习惯，形成良好的班风，适当的规则和约束是完全有必要的，这样的班级才会走得很远。至于是不是规则太多，是不是合理可行，要在实践检验中，根据班级发展的实际情况进行适当删减或改变。规则的产生都是尊重学生意见，通过民主程序制定的。同时，班级管理肯定要体现班主任的意志，但在方式方法上要更加注意，要让学生怎么更好接受和理解。有很多事情，学生现在不能理解，以后可能什么都会明白。

（三）"时刻害怕被监督"

他走路没有一点声音，神出鬼没，我们感觉时刻被监督一样，有时上课还在窗外看我们，害得我们生怕犯什么错误似的。课间、午间、晚自习前都不让讲话，侵犯了我们的人身自由。

走路没声音，确实是我的一大特色，这样不会影响学生的学习和休息，轻声漫步也是有素质的表现。学生有时在看电子书或晚自习在做小动作时，我走到他身边，他还毫无察觉，觉得我"神出鬼没"，实在是可恶至极，让他当面出洋相。现在我去学生宿舍时，总是先故意发出招呼声，或者先敲门，或远远望着，比以前谨慎了许多。至于上课，我也会偶尔去看看，如一些纪律不太好的技能课，以及个别老师课堂难以掌控、纪律比较涣散的文化课，或者在办公室听到教室比较乱了，也会起身去看看，总不能置之不理。学生这样的年龄，管也不是，不管也不是，很难拿捏。至于课间不让讲话，这与事实不符，我还经常深入到他们中间谈天说地，只是提议不要大声喧哗、动手动脚、追逐打闹，也是从学生的礼仪形象和安全角度考虑的。午自习、晚自习前保持适当安静，有利于大家进入良好自学状态，也不会影响已经认真学习的同学，这与侵犯人身自由是完全不同的两个概念。自由不是绝对的，大家在学习，你在讲话，就是侵犯别人学习的自由。

（四）"想借班级显自己"

"他自我感觉良好，整天说自己如何简朴顽强、刻苦毅力，好事总往自己身上靠，做事太高调，搞一些特殊活动是为了个人名声，是想借班级荣誉抬高自己。"

我是超级自卑的，面对孩子们条件优越，家长关心，我的过去、现在和将来都无法与他们相比。我会选择自我解嘲，不是超级自恋，但我并没有整天在学生面前说自己过去，只是偶尔顺便提起而已，希望拿自身成长经历教育他们更加珍惜和感恩。现身说法，也是带领大家忆苦思甜，履行寄宿学校的代理家长职责。班主任在学生面前必须自信，只有自信的班主任才能带出自信的班集体和学生。开展活动是班级的生命，我是尽可能在初中三年让学生得到更多的锻炼，留下更美的回忆，收获理想和激情，树立班级品牌，让大家都以班级为荣，这是我所有工作的出发点和落脚点。作为这个家庭的一个成员，"班兴我荣，班衰我耻"，我也会因此沾光或蒙羞，但绝不是个人英雄主义，或借班级炒自己。我从来没有说"班级好是我的功劳"，一直强调"班级不好是我的责任"，以后我会尽量少在学生面前讲自己，做事低调保守一些，集体活动也少一些。

（五）"重德轻智不配师"

"他常把数学课上成班会课，影响我们数学学习，不好好教书，不配当老师。"

常把文化课上成班会课，确实是当班主任的一大通病。看到班级一些现象，总要及时发表一下评论或感想，不知不觉就影响到所教的功课。有时觉得要在学科教学中渗透德育，在数学知识本身发现一些人生的道理，结合班级实际加于发挥。这种情况，随着学生习惯的好转有所改善。老师的职责不仅仅是教书，更重要的是教学生如何做人，教书育人是社会赋予老师的职责，只教书不育人的老师才不配当老师。今后我一定虚心听取并加于改正，努力确保数学课的质量和时间，更不能因此而影响学生的数学成绩。

（六）"严肃专制伤自尊"

"他不讲究个人卫生，衣服很少换，头皮屑很多，表情过于严肃，样子很吓人，眼镜反光很可怕。他太过主观专制，不听他人意见，爱拿同学开玩笑，有时还会责骂学生，对学生冷嘲热讽，伤害自尊。"

我的个人卫生习惯确实不太好，不太注意个人形象，衣服很少换。特别是头皮屑多，一直是我的烦恼。作为寄宿制学校的班主任，我不懂生活，未能给予学生更多的生活指导，很惭愧。我的表情过于严肃，确实是个问题，特别是在我一言不发的时候。这是长期当班主任，被学生"训练"出来的，没有一种笑容可掬的样子。如果能整天眯眯笑，却能管理好班级，那该多好。

讲话啰唆，可能也是班主任的"职业病"。我承认我脾气不太好，但那只是在特定的场合面对特殊对象，不是我的全部，更多时候是幽默风趣又有爱心。眼镜反光一事，看来得换不会反光的眼镜了。我管理班级的做法主观是有，专制也有，但更多的是民主协商。当同学之间意见不一致的时候，我必须拿出班主任的威信来，否则集体将一盘散沙，缺乏执行力。偶尔有责骂学生，我最不愿意这样，应该能忍则忍，不能忍也要忍。对于我的一些话语，原意是想启发思考，后来可能变成冷嘲热讽。至于伤害自尊，教育不仅仅是表扬和鼓励，批评和惩罚也是重要组成部分，好像一提到自尊就不要批评似的，这也是另一种误解。因此我今后在面对班级事情时要先问为什么，再问怎么办，不要急于下结论，要注意工作的方式方法。扬善于公堂，归过于私室。

（七）"狭隘记仇不守信"

他会记仇，整天翻陈年老账，不如以前对我们好。他开展活动总是要带上家长，让我们不自由，答应学生的事情没做到。"

"我不会记仇，老师与学生记仇没有意义，哪怕与家长之间有误会，我也会很快放下。偶尔提些曾经发生过的"陈年老账"，目的是"前事不忘后事之师"。说到关心程度，比起第一年还没形成一定规矩的保姆式管理，现在我学会了遥控，甚至学会了"偷懒"，目的是进一步培养学生自理能力。外出活动带家长，那是大型的亲子活动，还有一些安全责任的问题，是感恩，是沟通，不是限制自由。答应学生的事情我基本做到，大部分的事情都兑现承诺。因为事情会有一些变化，受到众多因素的制约，做不到的会说明原因，尽量避免脑门一热随便承诺的现象。

（八）"偏爱自私不尽职"

"他偏爱优秀学生，给他们太多权利。他发现问题不及时，男生宿舍卫生差、晨跑出操讲话等都不管。班级需要他时，常不在，整天这里讲座，那里学习。"

我没有特别偏爱哪位学生，只是对一些表现好、学业优的同学特别欣赏，这也是我的教育职责。如果说真正偏爱，我几乎把所有的精力献给了那些行为习惯相对不太好的学生以及后进生。对于班干部，我是"用人不疑，疑人不用"，给他们一定的权利职责。我发现问题不太及时，有管理不到位的地方，有时是特意留块"德育自留地"给孩子自己耕耘。一直和同学一起努力，效果还不尽人意，出现多次反复曲折。偶尔班级乱时，我不在，只能表示遗憾，不可能24小时全程陪伴左右，也不能确保班级每时每刻都平安无事。一个真正优秀的班级是可以做到老师在和不在一个样，甚至比在时还要好。作为老师，要不断充电学习，才能更好地为学生服务，我没有影响正常的工作，没有整天这里讲座，那里学习，几乎把所有的精力献给我忠诚的教育事业和我热爱的学生群体。

十二　一样的讲座，不一样的效果
——某年听某专家两次讲座之外的思考

我县连续四天的暑期班主任全员培训活动已经胜利落下帷幕了，教育局领导下大决心邀请了国内4位顶级知名专家，还做到每天内容基本不同，强烈吸引了我这位"教，然后知困；学，然后知不足"的超级粉丝，每天幸福地沉浸在智慧甘霖的沐浴中。我是在县小分会场两天之内听了两场内容基本相同的讲座，我听过三遍魏书生老师的报告，看过多遍他的《班主任工作漫谈》，每次都有新鲜感。奇怪的是，同样的专家和讲座，同样面对的是苍南班主任老师（当然听的对象除我外均不同），为什么现场反应会有这么大的区别？第一场台下一直嗡嗡响，甚至还得报告人中途请求"等一下再议"，主持人中场只好再次强调会场纪律，反复做"认识高度"层面的思想工作；而第四场会场极度安静，听众十分配合，讲到该笑处则笑，说到该鼓掌处则鼓掌，台上台下有一种无形氛围在良好互动。我一直在思考原因所在，发现至少有这么几个不同。

1. 开场引入不同。"万事开头难""良好的开端是成功的一半"。第一场讲座时因该专家初来乍到，多少有些"水土不服"，从神情上看明显有些兴奋和紧张，甚至有些稚嫩。她用"前世的几千次回眸换来这次相聚"说明见面的缘分，说大家可能觉得她年轻娇小的形象根本就不像专家，"要求大家挑毛病，就像是学生帮助老师成长一样""大家相聚不容易，如果有话要讲，等下来之后再交流"等讲在前头的丑话。这种拉家常式的、自我解嘲式的引入拉近了与听众的距离，本无可非议，但容易引起台下感兴趣的话题，可能一下子就打开话匣子讨论开了。而到了第二场，该专家从一出场就显得镇定老练许多，微笑坐定后，从赞美"山清水秀，空气清新"的苍南开始，表示自己如果有来生，一定要出生在苍南。一下子就把在座的苍南人怔住了，一种苍南人形象的自豪感莫名其妙地升起来了，还好意思说话吗？不再是由"一石激起千层浪"引发大家的话题，而是满足作为东道主听众很在乎客人的评价这一心理需求，让大家觉得认真听才是正确的抉择。我第一次到宜山一中讲座，我就是先讲该校的知名度和美誉度，表示我是抱着虚心学习的目的，这绝不是虚假的恭维，而是用由衷赞美，树立听众良好的东道主形象，从而接受并善待客人。

2. 演讲方式不同。第一场，该老师选择站着演讲，站一个偏台的位置，这需要勇气和实力。但由于个人气场不够，话筒音响不足，内容也不是很熟悉，感觉声音有些轻飘细小放不开，再加上不习惯的地方语音，没有造成控制全场的气势。而第二场，她选择坐着讲，可以避免娇小身材造成压台感不足的缺陷，加上话筒音响特别足，显得很有气势。语速控制得不错，没有给听众思想开小差的机会。她演讲的内容很熟悉，很放得开，还适时插科打诨自我调侃，以此活跃气氛与听众交流。在内容上，也做了适当的调整，大家感兴趣的详细说，不感兴趣的一带而过。不再以好为人师自居，而是强调感性共鸣，列举生活中鲜活例子。我不反对站着讲，相反是佩服，有让我们眼前一亮的感觉，有很多站着讲且效果很好很成功的例子，如魏书生、李阳、马云等，但都是建立在十分熟练和充满激情的基础上。

3. 时间对象不同。

①时间不同：上午，大家比较兴奋，容易议论；下午，大家比较疲劳，并且好议论的、不想听的，可能已经中途开溜，剩下的都是忠实粉丝或好学分子。

②对象不同：第一场听众大多是龙港学区城镇老师，可能觉得自己见多识广，经常外出接触高水平讲座，本身就有些不以为然。最主要的原因还是大多数为小学女教师（在苍南中学会场两天对比，也有同样感受，女教师多的都有议论声）。而第一场专家讲职高学生的案例和班会课，感觉离工作实际相当遥远，尽管她解释"用手指指出月亮的位置，但月亮并不在手指上"，但能接受这种哲理的还是少数。加上龙港老师普遍希望能增设龙港分会场，以免炎热天气里饱受奔波劳顿之苦。因为以上种种原因，有些挑剔就在所难免了。至于另一部分对象——马站学区老师的情况，我知之甚少，就不敢妄下断语了。如果讲座不看对象，后果是相当严重的，当然她之前并不知道这些

情况。第四场的听众大多是钱库学区老师，可能集体团队效应在支撑或者平时有良好的集会习惯。另外，县小、潜龙学校、机关幼儿园老师的综合素质也是相当高的，这绝对没有贬低其他老师的意思，能去参加班主任培训的都是好老师，只能加以细微区别而已。但这些都不是根本原因所在，关键第四场时该专家已经做出及时改变，虽然出道时间不长，但她毕竟已经在全国各地连续拼杀历练，见过的场面实在太多。该专家共在苍南讲了两天四场，遗憾的是，不知道第二、三场的情况怎样，但第四场的成功肯定也有这两场不断磨炼调整的功劳。

十三　普通教师的一天

2007年1月11日，星期四。

早上6点半，起床洗漱完毕。我接到教研组长郑老师的电话，郑老师说今天早上第一节要去听金老师的课，并委托我组织一下评课。金老师的课非常精彩，评课过程中轮到我总结时，我以"这是一节怎样的课"为题进行解剖，他们听后都说我评得不错。经金老师同意后，我打算下午再整理一下，发表在博客上。

9点半，我把要参加县少先队工作论文评比的材料送到打字室整理，按照规定的字体、字号进行，文章的题目是"学会感恩、懂得孝敬"，字数4000多，是一篇实践报告，上次好像参加了县关工委的论文比赛，结果未知。

10点，匆匆赶到教室上课，打字稿下课时再去拿。这节数学课教的是一元二次方程的解法——直接开平方法和二次项系数是一的配方法，自认为深入浅出地讲了特征和方法，叫了两位中等学生进行黑板演练时，结果一塌糊涂。看来，用老书上课问题真的很大。在另一个班上时情况也差不多，一位学生不会，另一位学生自告奋勇帮助时，结果跟前一节学的因式分解法混同起来。其实，这节课的关键是如何配方，即"配上一次项系数的一半的平方"。

中午吃饭时，和学生一起排队，因为最近班级风气大不如以前，队伍比较散乱。还要看着学生打菜，经常最后几个同学打不到菜。看到学生一一落座后，才去匆匆扒了几口。接着是午间宿舍管理签到、巡视，并到生活老师处了解卫生分数，最近宿舍的卫生状况比较差。经过某宿舍时，与林同学进行了交谈，因为昨晚该同学未能按时就寝班级被扣分。

12点45分，到办公室把早上的评课稿上传到博客上，并发"感谢您，我敬爱的领导和同事"一组照片，由于打字慢，历时两小时。

下午第三节是自学课，先到教室了解核对一下学生的人数（有去参加英语、数学兴趣小组），结果有五六位男生上体育课时打球，忘了上课时间匆匆来迟。下课后，值周班主任报告：徐同学自学课上一半就回宿舍了，还经常在晚自习时东走西逛，并且辩解有重大的要事。这个小徐，刚才迟到的也是他。我强忍怒火，还是先冷却一下再说吧！

课外活动时，看到学生在教室里下棋，我也想参与其中，与体育节校冠军进行博弈。结果，引来很多同学的围观，包括一些不懂棋的女同学，在同学们几乎一边倒的帮助下，我险胜了！

16点45分，我回到办公室正想改试卷时，值周班主任气呼呼地跑进来报告："徐同学辱骂我！"对这样的学生，我真的毫无对策，安慰一下值周班主任后，我一直在苦苦寻找对策。大概过了15分钟，到教室去邀请正在值日的徐同学（说到值日，气也不打一处来，值日时他回寝室洗澡迟到。）。我是一直牵着他的手进来的，并搬来了一张椅子，倒上了一杯热茶。一场较量又开始了！首先，他说到小蔡拿铁丝来招惹他，我又找到小蔡讲"己所不欲，勿施于人"的道理。原来，是有人看到他乱拿别人抽屉里的东西，不服被登记而开口大骂小徐的，最后我耐心教导说服了他写"心灵说明书"明天上交。结束后我又是最后一个吃饭。

晚自习三节课都要下班。小王上课时要去医务室，经了解是不太重要的事，建议下课再去，小王答应了。第二节，发现两个座位空着，就去医务室寻找，在楼梯口遇上了，原来是小项喉咙不舒服去医务室委托小蔡交说明书时代为请假，小蔡忘记了。接下去是讲没有特殊情况应本人亲自请假的道理，小项点头了。我认真看了小蔡的"心灵说明书"（志成发0701号），标题是"己所不欲，勿施于人"，说明事件是"不应拿东西扎人。主要内容是先分析孔子话的含义及评价，然后列举了给别人取绰号，晚上就寝因打呼噜与同学打架发生冲突一事，以及对今天的事发表看法，最后一段话："己所不欲，勿施于人"也是你应该记住的话……把我给数落了一顿，我真的挺佩服他勇气的，讲的有些道理，本想让他重新写的，也就算了。打开博客时，发现今天点击数超过100

人次，心里很激动。我又回到教室，最近，陈、叶、谢三位女生学习真的很认真，她们提了一些预习、课外、错题集上的一些问题，有些还挺难的。

20点45分，开始晚就寝巡视。一进三楼，就看到小蔡神气十足地乱闯寝室，我只好装作没看见，不敢讲他。有时候，真想请他家长，后来一想有些孩子就是因为家长教育不了或忙于做生意才送到这里来的，就打消这个念头了。进入某宿舍，里面声音很大，果然是吵架。小杨和刚才喉咙不舒服的小项争着诉说经过，后来在我的安排下，各自表述，终于明白了事情的原委：小杨想开玩笑，把手伸进了小项的嘴巴，尽管前者向后者做了道歉，但后者还是不肯原谅，并用脚来踹。双方分析利弊后，各自认识到不足。期间，小章的爸爸来宿舍看望他，并且还带来热腾腾的点心。章爸爸非常关心孩子，坚持每周来送吃送穿。接着，又到了另一宿舍了解卫生被扣分原因，鼓励明天值日生要努力干好值日工作。出来时，接到生活老师举报，说就在我处理吵架事件时，另一寝室发生了脸盆打仗，用脚踢脸盆……于是，又开始了新一轮的调查和教育。原来，这又跟小徐有关，当然还有大王、小方等。今天我到底是怎么啦？

21点35分了，还是结束回家吧，此时，唯有家是最温暖的。在冷冷清清的三岔路口等车时，接到了妻子的电话，还有旁边儿子的哭闹声，我深切体会到我还有好多的角色需要扮演：丈夫、父亲、儿子……

带上点心回家时，已经10点多了，倦意不知不觉地上来。不知明天，学生又是如何？我又该怎样？妻子问我："我们两个如果不教书，还能干什么？"如果不教书？我一脸茫然，真的从没考虑过这问题，因为我的理想和信念就是当一辈子班主任，而且从未动摇过。

十四　让当班主任成为一种习惯

在县首届名班主任评比调查中，县教育局调查组一行三人在县中德育副校长陈加拉老师的带领下，认真细致地履行各种表格打分和座谈了解工作，其规格之高，不亚于校长考核，可见局领导对班主任工作的重视。当最后找到我谈话时，向我提出了这样的问题："请简要介绍一下你的班主任工作经历，以及你当班主任的感受体会和取得的成绩，你班级工作最大的亮点是什么？"

之前不知道要找我谈话，突然面对这么大的问题，我一时还真的无从说起，现在已经记不清当时详细的回答，只是觉得确实没有轰轰烈烈的重大业绩，也没有什么明显亮点。我回答说，我从19岁开始教书，当了18年的老师，也当了18年的班主任，从未间断。我是属于喜欢当老师并且喜欢当班主任的那一种类型，因为当班主任已经成为我的一种习惯。我真不知道，如果不教书、不当班主任，我还能干什么？另外，陈校长对我睡到男生宿舍很感兴趣，问我是出于怎样的想法？我的回答是，初中三年习惯的养成关键是初一，而初一习惯的养成关键是第一个月。我只是一个普通的班主任，没有什么特殊本事，只有通过这样的举措树立良好的人格魅力。在今后的工作中，哪怕有一些失误，学生也容易谅解。动情地回忆起学生每晚都早早地为我打好地铺，争着邀请我去他们宿舍睡的情景。陈校长后来又详细询问了班级智客和班主任技能大赛第一名以及主题班会公开课的情况。

"让当班主任成为一种习惯"，这话得到调查组的肯定，说我这话有新意、有诗意。记得我刚到实验中学时，因为我们首届老师大多是老班主任，我怕要求当班主任的人太多，或者领导对我当班主任的情况不很了解。我在第一次全体教师座谈会上，就强烈地表达了申请当班主任的要求。之后，我又多次打电话向学校德育副校长请求，我说："我会用我的实际行动来证明，你今天选我当班主任的决定是正确的！"

我还记得，在全县班主任全员培训启动仪式上，全国特级教师、优秀班主任丁榕老师向大家做了现场调查："因为热爱、喜欢教师这个行业，而从事教育工作的请举手！"结果，坐满了县中一楼报告厅的全县1000多优秀班主任代表只有不到10位举手，当然也有一些老师不好意思举手。我举手了，坐在我旁边的老同事——钱库二高政教主任王章能老师举手了，她确实是非常热爱教育事业同时也颇有成就的年轻人。丁老师面对这样的结果并不吃惊，她说苍南这样的统计数据还算是高的，主持会议的陈显阳副局长在总结时幽默地用一首歌名来形容我们是"羞答答的玫瑰悄悄地开"。前不久，我们学校开展一项班主任工作民意调查中，近60位老师中要求当班主任的只有11位，占全校的五分之一，我是其中一个要求最诚恳的，并且表示服从学校安排。这样的结果，大大出乎校长的意料，他开展了一系列调查了解和思想教育活动，党员会议还专门就这个问题在党员内部做了沟通交流。我认为，热爱班主任工作的老师还是很多的，只是寄宿制学校对班主任的要求确实很高很难很累，一些老师觉得自己有能力但主动要求当班主任有些不太谦虚的意思。但不管怎么说，中小学面临班主任危机已经是个不争的事实。

也许正是这样，"让当班主任成为一种习惯"显得十分珍贵和重要。也许正因这样，校长觉得我很有可能成为我校第四年年度感动人物，他觉得我是政治觉悟高，思想素质好，工作态度好，教学效果优的让人民满意的教师，每次在关键时刻总能令人感动，非常难得。因此，在调查组找他了解情况时，他介绍了我一系列优点，说至今还找不到什么缺点，向调查组大力推荐我，全体老师都为我评优，学生给了我很高的评价。年度各类先进评比结果都出来后，考虑到我高级教师已经评上，理应让一让，所以在教师总结会议上给我"特别表彰"，获得口碑奖。金杯银杯不如老百姓的口碑，金奖银奖不如老百姓的夸奖。尽管我早就料到，评了高级教师以后一些荣誉将会离我而去，但我的努力一直没有懈怠。尽管我以前年年被评为先进，现在会有不适应，但我觉得应该把机会让给更多优秀的教师。

正如我向调查组领导汇报的一样，当好班主任有三件法宝：爱心、责任和创新。现在看来还得加上一件，那就是坚持。人的很多习惯要坚持，"让当班主任成为一种习惯"就是我要坚持的，"努力成为一名优秀的班主任"更是我的追求。

十五　如何做新时期的"明班主任"

所谓的"明班主任"，就是要当一个明白事理的班主任，始终保持清醒的大脑、健康的心理；就是要当一个明辨是非的班主任，始终拥有丰富的学识、出色的能力；就是要当一个为学生的明天负责的班主任，始终着眼学生的未来、一生的奠基。凭我现有的情况，肯定回答不了"如何做新时期的明班主任"，在苍南教育局主办的"苍南教育大讲坛"班主任全员培训暨启动仪式上，我十分有幸听到了来自首都北京三位班主任的专家讲座，脑海里一直思考这个问题。

"明班主任"首先应该"明己"。得很清楚强项是什么，不足在哪里，虽不可能是全才，起码应该是通才，各方面都得懂一点，"拿得起，放的下"，应付自如。我们要不断学习，向书本学习，向专家学习，向同伴学习，向学生学习，向社会学习，扬长补短，不断优化知识结构和能力水平，以适应日益提高标准的育人要求。我们得通过不断学习和实践，训练班主任所必须的各项能力和基本功，提升道德修养和政治觉悟，提升人格魅力和行为规范，这是我们做好班主任工作的前提和任务，也是学生之所以敬佩我们的理由。苦苦练好蹲马步，才能秀出好拳腿。

"明班主任"其次应该"明师"。班主任是兼职的，但不是业余的。班主任首先应该是出色的老师，否则不足以服人。我们的阵地在课堂，风采也在课堂。我有时大胆地改革自己的数学教学，大胆打破常规的数学课堂结构，大力激活学生的内在潜力，课堂以学生为主角，让学生扮演老师的角色，把自己放在和学生一样的起点上，做首席学生和他们共同探究。也因此我的数学课堂气氛热烈，学生期待喜欢数学课，教学成绩毫不逊色，特别是中等生及后进生数学成绩进步很快。哪怕初三总复习课，我也让复习课不再单调，"原来数学复习课还可以这么上？！"——学生这样惊讶地说。

"明班主任"再次应该"明生"。这两天讲座精彩的地方很多，比如主持人陈局长的妙语连珠，丁榕老师的动情和睿智，王宝祥老师的严谨和周全，张毅老师的激情和用心……印象最深刻的是丁榕老师提出的"按需施教"原则。她真算得上是非常了解学生、走进学生心灵的人，她知道孩子们每一个阶段的需求，合理的——满足，悖理的——引导，错误的——纠正。德育追求的是实效这两个字，实效才是硬道理。她遇到学生的问题总是要问："为什么？怎么会这样？"她艺术地保护了学生自尊，巧妙地做好新接班系列工作，用心筑就经典，把"一切为了学生"的口号做到了学生的心灵深处。以她的人格素养，以她的用心创造，成功是必然的。她用她美丽的生命历程创造了人间美丽的真情，她是学生们共同的母亲。结束时，全场发自内心的雷动掌声，丁老师受之无愧！

"明班主任"最后应该"明社"。当一个对学生明天负责的班主任，这是对我们提出最高的，也是最难做到的要求。学生最终要成为社会人，怎么让他适应社会做一个成功的人？当今中国的社会，是第一代独生子女成长的时代，是市场经济的时代，是网络改变人们生活方式的时代，是社会急剧变革的转型时代，是出英雄豪杰，到处是机遇的时代。猫学会了外语——"狗叫"

就顺利地逮到了老鼠，乌龟改变比赛地点就再次战胜了兔子，龟兔合作就取得双赢……如何让学生多反思自己，少责怪他人，多发现他人优点，增加自我控制能力等非常重要。特别是面对一些男女学生非正常交往、奇装怪服盛行、流行歌曲充斥等校园新现象，我们必须拿出新时期的新方法，工作方式要与时俱进，及时更新。

听完丁老师的讲座后，我抑制不住内心激动，中场休息时与丁老师亲切握手。以下是我和丁老师的交流对话场景（以姓名首字母作为简称）。

项："丁老师，您辛苦了！我们都慕名而来听你讲座，启发和收获很大！"

丁：微笑，与我握手。

项："我是一个从小学一年级当到高中三年级一共18年的班主任，平时也做过一些值得总结的事，只可惜积累和提升太少了。丁老师，您现在有收徒弟吗？特别是像我一样不很帅的男徒弟？"

丁：大笑，用眼神鼓励我。

项："不管您收不收我为徒弟，我今后要为您的成功找理由，为自己的失败找方法。"（改编她早上引用的话："只为成功找方法，不为失败找理由"。）

丁：大笑，伴有丰富的肢体语言，散发着期待的幸福光彩。

丁老师嗓子不好，中场休息时，她不能多讲话，但仰慕的尊敬长者灿烂的笑容给了我莫大的鼓励，不需要太多的言语。我决心：如果有一天，当我也能成为像丁老师这样的人物时，我也要这样笑着鼓励后生。

十六　是体验教育，还是虐待幼苗
——读"温州好老师"《老师，我要吃饭》后有感

只听说演员为了演好角色去体验生活、塑造形象，也听说作家为了体会小说人物心理去深入生活、创设情境，也知道学生要写好作文应该有真实感受、来自生活。看了温州好老师杨老师的《老师，我要吃饭》这篇精彩的教育叙事后，看到了一位集演员、作家、老师于一体的好老师，有写一篇短评教育自己的冲动。

杨老师是一位好学聪明、勇于创新的有心人，同时也是把握原生态真诚

叙事的高手。该文讲的是为了让学生切身体会在饿肚子等吃饭的真实感受，创设高度真实的模拟情形，师生都非常入戏，共同导演了一场大片。原生态的情节曲折多变，大导演兼男主角穿针引线，故事自然进展。学生在极快的时间内写出了看似没有任何写作技巧，实则流露内心真实情感的现场作文，一篇篇鲜活的文字跃然纸上。杨老师成功了，戏也该收场了。他在文中说，我把自己的想法告诉了学生："其实老师的做法是要受人批评的。不过老师不会把留下来的同学饿久了，老师已做好打算，最多20分钟。老师感到特别高兴，因为你们把当时真实的想法原汁原味地记了下来，这是留给老师的一份特殊礼物，老师谢谢你们。接下来，大家怎么批评老师都可以……"他停止了说话，真诚地望着学生。面对如此用心良苦、真诚无比的老师，学生们怎么忍心批评呢？我想此时学生的表情肯定很怪异复杂：是责怪？是惊奇？是钦佩？是纳闷？是认同？只有做个调查，才有发言权。

许多网友从不同角度发表了评论，有的说："经历过才有发言权。鲁迅也说，生活不能太安逸了，否则生活会被安逸所累。适时受挫方能体会来之不易，对于任何人都是适用的。"有的说："学生一定记忆深刻，这样的举动别有一番深意。"有的说："你总是很善于发现教育的机会，读你的文章是一种享受！"还有的说："人是铁，饭是钢，一顿不吃饿得慌，他们能不记得吗？"我十分赞同以上网友的看法，而我的评论："21世纪什么最贵？人才！人才什么最难得？创新！创新什么最重要？冒险！冒险什么要注意？安全！我仿佛看到了一出高级人才导演的创新大片——《在安全中冒险》获'奥斯卡'提名奖。"

透过本文，看到了一个优秀老师的品质：热爱生活、善于思考、富有创意、抓住契机、安全冒险……可能有人会持反对意见，难道凡事都要学生去体验吗？危险事项呢？违法犯罪呢？当然不是，杨老师是在头脑十分清醒的状态下，有条理、有策略地做这件事的。也有网友开玩笑地说："这是在摧残祖国幼苗！"这倒给我们提个醒，学生和家长的理解是非常重要的，否则，我们会好心办坏事，根本没必要冒这样的险，现在老师头上的条条框框还是相当多的。

另外，我又一口气看了杨老师的《四个小老师》一文，讲的是让学生上台教生字，结果在老师的启发点评下，一个小老师比一个小老师好，出色地完成了学习任务。看后十分有同感，于是写下了："妙就妙在能在相同处写出不同，在不同处写出相同。这种境界不是芹菜、大蒜之类就行的，非洋葱（作者杨聪老师名字的谐音）不可。我常想：教得好不如写得好，写得好还须教得好。就有这么一种人，他既教得好又写得好，所以他无愧是'温州好老师'。"

成功属于教育有心人，成功属于温州好老师。

十七 是语文课，还是班会课
——读"温州好老师"《处罚》一文有感

如何让三年级小学生理解《矛和盾的集合》结尾充满人生哲理的话："谁善于把别人的长处集于一身，谁就会是胜利者。"这是学这篇文章的难点和重点，通常的情况可能是让学生谈谈对这句话的理解，让他们说说读懂了什么？这也是一次极好的发散思维、发言能力的训练，其实未尝不可。但遗憾的是没有抓住这个稍纵即逝的教育机会"晓之以理，动之以情，导之以行"，把道理迁移到现实中来，迁移到学生身上去。或者可能感觉还是生搬硬套或草草收场，每当听课听到此处，每个参与者都绷紧神经，都在看执教者是怎么完成这个高难度教学任务的。

而"温州好老师"在这篇课文的教学中，牵牛牵住了牛鼻子，直奔重点"这句话里'长处'怎么理解？"。"其实每个人都有长处和短处，老师叫出几位同学，让我们来说说他的长处。注意两点：一是不说短处，二是不说假话。"因为好老师心里明白，夸人重要，真诚地夸人更重要，这是做人的可贵品质。但第一个出来的优点居然是颇有争议的"喜欢玩"，立刻有同学反对，说这不是优点。随机应变的杨老师用"有道理！但是……"做了很好的衔接，恐怕杨老师参加主持人大赛，只剩下形象问题了。当学生夸奖略显害羞的女生时，他置身其中，师生共奏和谐乐章，"老师的头发虽然短，也要向她学习！""既有爸妈赠给她的优点，又有努力得来的长处……暂时由老师替她谢谢了！""我边说边向他们拱了拱手，大家又笑了"……显得多么体贴入微、善解人意。特别是由于个别学生搞不明白什么是优点什么是缺点，或许是平时调侃别人的神经被训练得实在太强大了，于是有学生说出"胖得像猪"的"长处"。这也许是再聪明的老师都始料未及的，在场面十分紧张的时候，他沉默了片刻，严肃地说："这句话不符合老师开始提的要求，请大家评说一下，这句话不对在哪里？"经冷静再次分析长处的内涵后，让发言的小朋友再说出一个优点。这样既深入地完成了教学，又让他得到该有的"处罚"，而且也让大家懂得要尊重他人的道理，原来"做错了事要向别人道歉""别人道歉了，我们要原谅他的过错"都是长处。"随风潜入夜，润物细无声"，此乃"育人于无形，引导于无痕"的教育最高境界！

难怪网友夸奖杨老师"能在教学中敏锐地发现教育问题，又能如此得当地处理好它"。整篇文章叙事完整，一波三折，情节跌宕，张驰有度，扣人心弦，好像一切既在意料之外，又在情理之中。我们的学生不善于发现别人身上优点，而对于别人身上的缺点则是大肆宣扬。杨老师的这种举措正是让学生用一双明亮的眼睛去发现别人身上的闪光点，杨老师幽默的语言正一步一步引领学生不断成长。文以载道，文道结合。这个教育学的基本原理被杨老师运用得灵活自如、活灵活现。学会夸奖，懂得赞赏，这对一个人一生的成长多么重要。他的教学着眼于学生的明天，为学生的明天而教，这个年轻的一线教师已有了相当的经验，每一个案例是经典，都可以写进教科书。

我想起了刚踏上讲台教小学时，校长经常给我们举这么一个真实的案例：某乡村教师在教"肮脏"一词的意思时，觉得在字面上很难向学生释意和表达，这时他突然发现坐在前排的一个小朋友满脸泥巴，鼻涕很多，于是灵机一动，想出了"直观"教学的好主意。他请上了这位小朋友："同学们看，像这样子就叫作'肮脏'"，引来一阵哄笑。词语是直观地解释了，但留给这个同学的伤害也许一辈子都无法弥补。该老师只注重了语文的工具性，却忽略了语文的人文性，这当然是极为个别的现象。如今，与我们的充满教学机智、理性指导、感性渗透、娴熟教学技巧的杨老师一比，许多人都会自觉反思自己的教学行为，特别是面对的是稚嫩心灵的白纸时，我们该怎么描绘手中的笔？是否可能因有意无意的信口开河或神来之笔，就赢来了"老师，我曾经恨你"的下场？

还有一个案例，某特级教师在教"骂"字让学生组词时，有学生说："这是骂人的骂。"酷似杨老师的这位特级教师亲切地问小朋友们："我们能骂人吗？"最后引导小朋友一起朗读"不骂人的骂"。我们不得不为这位特级教师鼓掌，教书到了这个份上，不是艺术，还是什么？

这节课是语文课，还是班会课？还是语文·思想品德课？语文课要像班会课一样地重视思想品德教育，班会课要像语文课一样重视人文风采，当然不是在刻意混淆语文与班会的界限，不管如何，能够自然生成让学生受益的课就是好课。

我好久没有教小学了，更是好久没教语文了，没有资格对如今千变万化的小学课堂改革说三道四，仅存的一份小学语文情结只能当自我回味。当我在上着一节节思维日趋理性的初中数学课，仍不忘时时渗透"数学中的人生道理"时，杨老师给了我动力和理由；当我上了许多自以为成功的"学会夸奖、学会感恩"主题班会课时，杨老师给了我方向和标尺。当好多人说我的数学课上得像语文课，好多人说中文系毕业的我课堂语言如此深厚，绝对是别的数学老师所没有的特色时；但好多学生说没想到数学也可以这么可爱，我慢慢喜欢上了项老师的数学课时，我处于从未有过的尴尬和不自信之中，此时杨老师的教育实践给了我思考和鞭策……

十八　成就自己，还是成就学生

某天下午，不知何来雅兴，一口气浏览了智客网《精华日志》栏目中长达34页的1000多篇文章，并对感兴趣的话题和文章一一重温，直看得两眼干涩昏花，疼痛难忍。特别是看到苏德聪老师《幸福是种感觉》《回复：意想不到的回复》、李丕创老师《粉笔人生，还是成就人生》中有关教师专业成长问题的争鸣时，一下子把记忆拉回到已流逝的岁月里。由于赖联群老师一次"误打误撞"入智客地盘，这位率直"无权威"的年轻人一句不加修饰的直白，看似有些不够尊重长辈的举动，几乎引起整个苍南智客大讨论。正是因为那次初出智客的我大胆参与"协调"，苏老师成为我最敬佩的大哥。后来的一路有他的鼓励和引导，留下了一段段非常美好的回忆，使我十分留恋那段难忘时光。也正是有了那次的讨论，我认识了赖联群老师，后来加入他的市名班主任工作室，在他的指导下不断收获感悟进步。

老师到底应成就自己，还是成就学生？我当初虽然稚嫩，但给出了比较辩证的看法：苏老师和赖老师都是我的偶像，都是教师中的骄傲，我佩服苏老师的执着，佩服赖老师的真挚，向你们学习。有时看着有老师不管学生成长，专搞个人名利，很气愤。有时看到有老师忙碌终生，什么都没成，心里较辛酸。我的想法是，在不矛盾的情况下两者兼顾。我有幸在市优秀班主任提高班上聆听了赖老师的讲座，他的许多观点和做法赢得了大家认同，使人大开眼界。这么会思考、有创意的老师真的挺给苍南添面子的，我当时就是怀着这样的心情去学习的。至于学术思想上的探讨，在智客群体中带了一个好头，真是好事。赖老师这么忙，还关心此事的讨论，可见对学术的尊重和对事情的负责。我觉得无非是探讨这么几个问题：什么叫教师成长？教师为什么要成长？教师该如何成长？教师成长的衡量标准是什么？教师成长的目的是什么？如何处理好教师成长与学生成长的关系？

就本人成长体会看来，确实感觉到"成就自己和成就学生"并不矛盾，不存在"只成就自己，不成就学生"的老师，也不存在"只成就学生，不成就自己"的老师，也没有明显先后之分，只是比重不同而已。从当老师之前的知识能力储蓄来看，当然是先成就自己，后才能成就学生。踏上工作岗位之后，几乎是同步进行了，所谓"教学相长"，有时真难分清是成就自己，还是成就学生。因为老师的成就本身就包含成就学生，但绝不提倡为了个人成就影响甚至牺牲学生成长。作为教育工作者，我们受各种思潮影响，受各种利益诱惑，要处理好工作投入与业余时间的关系，个人成就与学生培养的关系，一定要有一个平衡和协调，否则就会出现重心偏移。我们不难发现，有一些所谓的名师，他的教育教学业绩并不怎样，只是运气好、人缘好，善于专营投机罢了，这并不是我们所推崇的对象。我们真正佩服的是"学生桃李满天下，自己天下满桃李"的双赢结果，因为这样的老师心态比较积极向上，不容易犯"职业病"，自身精神不会枯竭，可以增强自身功能，延长服务期限，提升服务质量。

想想我之前的一些做法，对学生真可说得上是全心投入，一心一意。但没有对自身发展做什么规划，只有"低头吃草"，没有抬头思考，荒于积累和进步，除了每年评什么先进之类外，在专业上缺乏积累。现在，在做好本职工作的同时，我也会抽出一定时间和精力注重自我提高，看看书，写写心得，感觉对教育的感悟在加深，尽量避免一些因爱而犯的错误，使工作更有高度。其实这样的做法也在反作用于学生，成就学生。在今后的学习和工作中，我既要进一步发扬苏老师等老一辈教师的奉献敬业精神，又要像新生代的赖老师一样注重专业发展提升行动，既成就自己，又成就学生，与学生共同成长，共同进步。

十九　由跑八圈想到的

——《跑步的神奇功效》一文再思考

县第三届智客"讲述我的教育故事"颁奖活动形式活泼、内容感人，受到好评，但《跑步的神奇功效》一文获一等奖并做现场演说介绍，大家有不同看法。文章介绍一位高中班主任为了整顿班级混乱的纪律，要违规的学生按照班规罚跑。为了体现管理者的责任，老师也罚跑八圈，目的是让学生体会"自己犯错误，却让老师跟着接受惩罚的滋味"，从而让他们在内心体会到每个人对集体都负有一定的责任。老师这样的做法不是说教，而是以身作则、促其反省。在跑的过程中，学生们感动得哭了，多次围成人墙制止，而犯错误的学生更是主动接受跑完八圈。从此以后，班级各方面都出现了明显的改变。

当主持人现场采访几位老师时，李求兴校长说："这样的做法，在小学肯定不合适。"陶文芳老师说："我是体育老师，比较理解这种做法，但不能一概评论好还是不好，只要能达到一定教育效果，应该是好的。"两位受访者比较机智，从教育对象和效果这两方面给出了不同的答案。主持人风趣地说："如果下次有这样的征文比赛，我要选一篇《神奇的巴掌》。"看来，已经不仅仅涉及体罚，而是以及如何实施惩戒教育，并且在惩戒教育中老师应该扮演什么角色等问题了。午饭时，有老师说："现在想做一件什么事来感动学生流泪，比较难。"也有老师说："有位老师觉得班级卫生不好，于是做出了老师值日与学生比一比的行动，一个人打扫教室，成为其他老师的笑话，质疑这位班主任的管理水平。"有老师补充："前段时间网上有消息说校长给全体学生下跪，要求大家认真学习，不可思议！"

我的观点是谨慎的支持。本文题目有新意，内涵丰富，文章符合叙事结构要求。特别是"神奇功效"一词，看似一篇产品说明书，初看文章题目，以为是通过跑步锻炼达到训练学生纪律意识，培养顽强意志力，塑造吃苦耐劳精神等方面的功效，看完全文才知事情真相。如果不是对学生真切的关爱，对事业赤诚的衷心，是做不出如此惊人举动的。之所以有那么多人如此惊叹，从某个角度也可以看出有些教师奉献精神的缺失以及根本无法做到这种行为的惭愧。

但这种有争议的做法不能一概而论，它属于三十六计中的"苦肉计"，是治疗学生问题的偏方，不可复制。是医生神来之笔的"特效药"，不是灵丹妙药，别人用了不一定灵。这种在特定条件下的措施，需要老师平时在学生心目中有分量，还要跟进一些辅助措施，偶尔用是可以的，不好重复。没有惩戒的教育是不完整的，在提倡以生为本的今天，好像又走进了不需要惩戒教育的极端。作为一名老师也应接受惩罚，其实这本不奇怪，但在师道尊严传统中，变得尤为叛逆。据说有位民办学校校长为教育孩子节约粮食，亲自吃下学生的剩饭，其精神实质可学，管理效果显著，具体做法倒不一定可以照搬。小时候，我就是在父亲类似举动的感召下，养成了诸如不掉饭粒、不留剩饭等许多好习惯。

至今，我还偶尔睡在学生宿舍，跑步和学生一起，和学生一起吃饭。看到黑板不干净，地上很脏，桌椅较乱，都会主动来收拾，我不觉得这样做是违背了什么原则，做了大逆不道的事。相反，我作为孩子们的"首席学生"，应该成为他们的榜样，也不应该搞特例。老师自有老师的准则，考虑年龄和身份，其实也完全可以理解。将这样带有争议的文章评为一等奖，体现了评委独特的眼光和宽容的思想，甚至是对改变德育现实的一种寄托和向往，对弘扬高尚师德，塑造教师形象，凝聚师生能量，很有积极意义。

二十　从"很混蛋"到"奋发向上"

——记一次"关键词"活动

开学始业教育的激励手段很多，用传统方式谈决心、写计划、做动员都可以，但这些长篇大论，给孩子的印象不一定很深刻，而且孩子不一定喜欢。我给学生出了"关键词"的游戏，要求学生针对初一的收获或困惑，面对初二联想到的关键词，让学生选择颜色喜欢的粉笔写在黑板上自己喜欢的地方，然后向全班解释。首次开展这样的活动心里没底，但过程和结果均出乎我的意料。

有学生写的是"尽"，说"做什么事情都要尽心尽力"；有学生写的是"珍惜"，说"会珍惜所拥有的一切"；有学生写的是"忍耐"，说"体会到冲动是魔鬼"；有学生觉得"可能"适合自己，只要努力，一切皆有可能；有学生觉得要"淡定"，这样才能做出明智的选择；有的则要"宁心静气"，这样才能修身养性；有学生写"不能"，说"不能不写作业"；还有学生写"超勤"，因为他觉得还不够勤奋等。令我怎么都想不到的是，有位女生居然写上"很混蛋"，当场就有学生笑了。她解释说："我觉得初一过得很混蛋，我说的是实话，我相信项老师也不喜欢我们说谎话，对吗？"

在总结的时候，我充分肯定了大家的聪明才智和高超情商。同时，也向写"很混蛋"的女生诚恳地指出："感谢你的诚实和谦虚，但那只是代表过去，现在总不能继续在你认为的'很混蛋'中度过，我希望下课后，你能换一个积极向上、更有激励意义的词，好吗？"第二节上课时，我发现后黑板的"很混蛋"已经不见了，代替它的是"奋发向上"这四个显眼的红色大字。

从"很混蛋"到"积极向上"，这次活动形式简单，却意义深远。

二十一　教师节与母亲节随忆

那年的教师节过得有些平淡，不像之前被评为各种先进时，参加这个颁奖会，那个座谈会，好像大忙人似的，但比较得意的是当天的几个小创意。

首先给我们班16位当老师的家长发慰问短信。我们当老师的，往往平时注重学生，却忽略对自己孩子的关注和教育。加上文人相轻，往往对孩子老师的工作会十分挑剔。我班级比较特殊，教师子女就占班级人数的三分之一，导致当时我有这样的疑虑。但我很幸运，遇到了十分优秀的当老师的家长和更加优秀的老师的孩子。在这特殊的日子，我得感谢他们。短信写道："尊敬的老师家长，您好！您作为我的前辈和同行，志远班的每次活动都得到您的支持和指导，孩子们成长的足迹里有您的智慧和付出。在教师节来临之际，我代表全班老师、学生向您表示衷心感谢，祝您家庭幸福，桃李满天下！"陆陆续续地，我接到了老师家长们在百忙之中的回复。最令我感动的是项方鑫妈妈的回复："毫无疑问，成功源自您的栽培，优秀出自您的耕耘。作为家长，我们深知您在孩子成长道路中的重要，谢谢您所做的一切！在今天特殊的日子里，千言万语化作一句话，真诚地向您道一声节日快乐！"

　　另外，为了营造更好的教师节上课气氛，我带领文娱委员提前学唱了课前一支歌《每当我走过老师窗前》，在课前反复歌唱。课前师生问候时，还加上了全体说："祝某老师教师节快乐！"反复督促总务处将办公室电话机修好，动员学生给小学老师打电话问候，还特地叫家长找出通讯录查找小学老师的电话号码。

　　在隔壁班上课时，我收到全班礼物——洗发水，还有一整袋学生写给老师的信。在课间操结束时，学生会主席代表全校学生发表教师节祝福讲话。一整天，收到了许多家长来自全国各地的祝福短信。

　　这个教师节过得不简单。

　　"谁言寸草心，报得三春晖？敬爱的妈妈，为了培育孩子成才，您辛苦了！衷心感谢您并祝您母亲节快乐，永远年轻！您孩子的班主任项延唐恭祝。"这是我在母亲节当天发给班级学生母亲的祝福短信。

　　在此之前，我布置了为母亲做一件事的作业，没想到学生完成得很出色，有创新，很感人。有问候祝福的，有做早点的，有洗碗、拖地做家务的，有按摩捶背的，有为母亲写诗的，更有为母亲洗脚的。

　　家长的回信令我感动！"母亲节，不仅仅是真正的母亲才能拥有，您也算得上一个大众化的母亲。祝您母亲节快乐！""感谢项老师，您总是时刻让我们感动，您心里装的都是志远班。孩子们一定会成为像您一样有爱心、有责任心、让人尊敬的人。"

　　家长的留言令人动容！"今天是母亲节，儿子在祝我节日快乐的同时，还帮我捶捶背，按按腰，虽然是一件微不足道的事情，但我觉得好幸福。""项老师：虽然你是男性，却有着女性的心细，关心你身边的人。虽然你是班主任，却有着妈妈的慈爱顾惜你的学生。孩子们能遇到这样的良师，是他们的福气。家长们遇上你这样的益友，是我们的运气。感谢你在工作之余还顾及女性节日，从'三八妇女节'到'母亲节'都令我非常感动，谢谢你！""今天一大早，女儿就祝我母亲节快乐，并帮我洗菜、切菜，我感到心里一阵温暖，很幸福！其实，幸福不需要太多的言语表达，有时一句话，一个眼神就能体现，感谢老师的感恩教育。""榜样的力量多么重要！儿子的一声祝福、深情的拥抱足以让我感受到做母亲的幸福，没想到他一定要帮我洗脚。我被震撼了！感谢您用智慧和真情在孩子心中种下爱的种子！"

　　以前，我不重视这样的节日，觉得亲人之间无须烦琐的表达。自从父母双亲去世后，我就越显得情感脆弱。子欲孝而亲不在，失去时才知拥有时的可贵。作为寄宿制学校的班主任，一个41位孩子共同的"男妈妈"，我确实深刻体会到当母亲的不容易，孝心和感恩占据了我教育的大部分。每当我的观点或做法得到学生和家长的认同时，就有一种莫名的成就感，这是我至今充满热情的原因。

母亲节，"男妈"也快乐！

二十二 是孩子读书，还是家长读书

在《结业典礼的方案和程序》一文下发现一条比较尖锐的评论，看样子还是本班家长的匿名留言，写得相当有水准，考虑问题的角度和深度都相当不错。我一直在埋头做认为值得做的事情，一直在褒奖中继续努力，很少听到反面声音，很少反思自己的行为过错。评论原文如下："为什么要评选优秀家长？这到底是孩子读书，还是家长读书？要为文化不高的家长想想，这样会影响父母在孩子心中的形象。前几次邀请部分家长参加班会课，差不多都是同一批人，没被邀请到家长的孩子会怎么想？会不会觉得自己父母不如人家，在孩子中形成对比，留下阴影？"

我回复原文如下："多谢评论！首先需要更正的是，不是评选优秀家长，而是优秀'家长留言'，这是我作为班主任想向认真对待留言的家长表达一种感谢和敬佩。至于说要为文化不高的家长想想，我并没有说哪些家长留言不好，评比'不优秀留言'。整体家长留言都很好，这是我一贯的评价。""到底是孩子读书，还是家长读书？"我的回答："家长与孩子共同成长。关于班会课的邀请对象问题，家长每次班会课都来不太现实，只能邀请部分参加，我考虑到班会课本身以及家长的实际情况，如：是否在家，交通是否方便，是否有时间，是否愿意，等等。家长在外地或住得较远的就少邀请些，家长当老师的会邀请多一些，因为他们是我的同行和导师。有的家长，我多次邀请，都因种种理由未能前来。我邀请的不是同一批人，原则上做到不重复。我随时欢迎任何家长参加任何活动，欢迎您当面提意见，我会考虑您的建议并加以改进的，谢谢！"

现在，我想补充更多的反思。

第一，提建议的家长都是好家长，这是我由衷的评价。班级的成功、老师的进步离不开热心的家长，他们是推动教育进步的动力。讲出来总比闷在肚里要好，是对我工作的一种支持和帮助，谢谢这位不愿留名的家长。

第二，以后做事情要考虑得更周到。我只考虑到家长整体文化水准高，配合程度好的一面，没有考虑到我的超前举动给部分家长带来困惑，这是我的失误。

第三，不能因为个别家长的不同看法就放弃自己的教育行动。这样无疑又会让另外一部分家长失望，必须在两者之间寻求一种平衡。还是要把家校联系形式和主题班会邀请家长的做法坚持下去，甚至做得更好。

第四，表彰先进没什么大错，可能要更注意形式和方法。所有人所有事都得齐步走，社会能进步吗？举一个不太恰当的例子：评选优秀警察家属，要顾及没被评上的警察家属怎么想吗？可能你会说，家长文化程度低，这难道有错吗？但表彰文化程度高、认真对待的家长，也是没错的。

第五，要在全班开展"没被邀请过的家长"调查，今后活动就在这些家长中邀请，不要考虑文化程度、交通方便、个人情况等问题。

第六，取消"优秀家长留言"评比及类似表彰活动，让家长和孩子共同进步的做法要继续。既是孩子读书，也是家长读书，应该是教育所要追求的理想境界。

二十三　一场特殊的成绩发布会

中国科学院院士钟南山在回忆学生时代时，想起初中语文老师对他说过的一句话："人不仅要生活在现实中，也要生活在理想里。"这句话对他激励很大。

在国庆放假前的家校联系单上，我灵机一动，何不叫学生写上"我理想的成绩"，让家长以为是现实中发生的，给他们一个意外的惊喜，然后告诉家长这是一个"美丽的谎言"，是孩子今后努力的方向和奋斗的目标，很快就会成为现实。这次，我公开和学生一起集体"撒谎"。

今天的阶梯评定课，我就把评定权利交给家长，根据家长反馈孩子在家学习、生活习惯、尊老礼仪、大声朗读、课外阅读等情况以及家长留言进行评定，部分有争议的全班表决。当着大家的面将家长期望与学生进行公开交流，尤其是陈瑶瑶妈妈说"咱们可以输给任何人，就是不能输给自己"，被我称赞不已，反复利用。有家长引用某军校规矩"不要找借口！"，也得到大家共鸣。

值得一提的是，前半节进行的特殊成绩发布会。我对照家校联系单，将明天的月考成绩"提前"做了"公布"。我喜气洋洋地说："明天成绩今天已经揭晓，同学们都取得十分优异的成绩，我们举行成绩发布会，对于每位同学取得来之不易的好成绩，都要用热烈的掌声表示祝贺！"学生们笑了，知道我葫芦里装的是什么药，觉得很有意思。当然，也有很不好意思的。随着我声音洪亮地正儿八经地报出现实中已经"发生"的理想分数时，场面沸腾了！为了使成绩发布会更加充满青春活力，我每间隔七八个学生就变化一个花样，把现场气氛调节得十分热烈。由同学自发鼓掌到报到谁名字谁带头为自己鼓掌，由在位置上起立亮相到上台前展示鼓掌，由上台摆酷到手势造型，由上台唱歌到发表感言，笑声、掌声、欢呼声连绵不断、此起彼伏。最后一位同学几乎完成了所有要求。我们还别邀请"理想成绩"是班级第一、年段第一的陈星童同学发表获奖感言，特别对陈曳同学隐含着班级的雄心壮志——要包揽年段前十名进行了渲染和感谢。最后，我介绍了中国科学院院士钟南山院士的回忆："人不仅要生活在现实中，也要生活在理想里。"愿大家的理想早日成为现实！

这次"虚假"的成绩和"虚拟"的发布会，属于完全的即兴创作，不知是否可行，带给我无尽的思考，关于现实和理想。

二十四　一场特殊的宣读仪式

这节主题班会课特别值得记录和反思，因为我进行了一场简单而又特殊的宣读仪式。龙港实验中学的"学生综合素质发展评估报告单"设计得特别漂亮，具体栏目有"这就是我""同学对我说""老师寄语""综合评定""综合素质""满载而归""新学期计划""家长期望"等。按照学校规定，在开学报名注册时，学生把报告单上交班主任存档。面对记录学生成长历程、充满大家智慧和汗水的精美报告单，特别是同学们认真对待的"新学期计划"和凝聚家长寄托的"家长期望"，我不想这么早就束之高阁。

于是，我要求在班会课上每位同学当众宣读"新学期计划"。而我客串扮演同学的家长宣读"家长期望"。为了表示隆重和真诚，在宣读"新学期计划"时，请每位同学伸出手放在我的手上或握住我的手，让我感受他的真诚和热度。就这样，一个个轮流着。两组过后，我换了一个方向，用另外一只手，脚一直少有移动。并且拿出了话筒，当起了学生临时话筒架。我在宣读时，学生帮我拿话筒，帮我拿成绩单。师生之间的距离从未如此接近，师生之间的配合也从未如此默契，甚至可以听见彼此的心跳和呼吸，因为我当众宣读的是家长们深情的寄托。

结束时，我动情地告诉学生："这一节课来，我既当道具，又当演员，手脚真是非常辛苦，但我很快乐，感受到你们的真诚！希望你们能用一些特殊的努力告诉我，你们是最棒的，是信守承诺的！"顿时，教室里响起了长时间热烈的掌声。我和学生约定：下学期开学典礼上，"家长寄语"要请家长亲自来上台宣读。此外，要把老师给你的寄语以及下午交流的内容亲自打字整理，并在期中家长会上作为交流材料装订成册，这可能又要花去我近一个月的课余时间，但我愿意。又是一阵自发的热烈掌声。

感觉还蛮有创意，虽然只是宣读而已，但只要加上每位学生上台与老师握手共读，就已远远超过学生读几篇《新学期的打算》，也远远胜过在教室墙上贴几张决心书，因为我们行走在心灵的旅途中。

二十五 一次即兴发挥的教育安排

记下这段特殊经历，是最近的想法。终于在大年除夕的早晨，得以完成夙愿，也算是2009年最后一篇教育随笔吧！

那是2009年1月14日清晨，是学生这学期最后一个在学校早锻炼的时间，我最早来到白鹭广场——学生平时晨跑集中的地方。寒冷始终没有抵挡得住这一批追求理想的孩子，他们很快安静集合完毕。值周的陈主任做简短的讲话后宣布，由于期末考试，初一同学早上不跑步，可以马上进餐厅吃饭。我好像听到了一些欢呼声，那是来自其他班级的部分角落，志远班同学十分镇定，这是我一直强调训练的结果，遇到类似放假或者什么内容不重要的消息，不能欢呼鼓掌。

就这样不跑步了吗？就这样结束一学期早锻炼了吗？我好像没有更多的考虑，突然间，平时都是听从领导安排、遵照学校规定的我，踮起脚尖，用力伸出一个手指头，高高地举向天空（那是我们班的标志），用尽力气大声说："早上老师领跑，我们跑遍学校的每个角落，全体向后转，跑步——走！"

就这样，在其他班同学或惊奇或羡慕的眼光中我们班的队伍整齐地出发了。不同的是，平时我跟在后面，由学生"一日班主任"轮流领队，现在是我领头。以现在的身体状况，配合学生早锻炼，跟上学生的速度是没有问题的。路线与平时差不多，只是时间上的原因，位置的独特性，居然感觉有许多不同，充满了岁月和时光的感触。

很快，我们来到了篮球场的一个地方，那是我和学生第一次见面时，接受国防教育队列训练一起聊天、娱乐的地方。我动情地对大家说："同学们还记得吗？这是我们曾经一起站过的地方，这是我们第一次相逢的地点！"学生大声地响应："记得！"同时伴着一阵阵整齐的脚步声和喘气声。"一转眼，一个学期过去了，同学们要好好珍惜呀！"又是一阵阵整齐的脚步声和喘气声。

最后，我们来到一楼连廊调整休息。我用平时完全不一样的语气和学生交流着："人是有理想、有斗志的，这是人类最可贵的地方，希望大家时刻牢记自己的梦想，时刻为梦想而奋斗！""我们要珍惜青春的美好时光，珍惜在学校的日日夜夜，千万不能浪费时间，千万不能没有理想，不敢奋斗！"学生也许是跑步的效果，也许是从未有过在这样的时间，这样的场合，接受这样的教育。看到他们个个若有所思的样子，从青春的小嘴里冒出股股热气伴着起伏的气息，看到了他们清纯的眼神和坚定的双眉，我感觉这次特殊活动已经进入学生记忆，已经收到了意想不到的效果。

当结束归队时，陈主任在招呼："请初三的同学排到中间来！"我们一起齐呼："我们是初一的！"语气中，透露出团队作战、共同生活的自豪；脚步里，凝聚着相互理解、共同奋斗的自信；神情上，展示了一起学习、共同生活的幸福。

说起这次的"不听话"，回忆起这次即兴发挥的教育安排，完全不是预先设计好的行为。好比是写作时的灵感，来时势不可挡，汹涌澎湃；去时稍纵即逝，干枯竭尽。灵感和创新来源于平时的积累、感悟和投入。教育无处不在，无时不在，只要用心，就有创新。拿大教育家的话来说："教育就是生活，生活就是教育。"

二十六　读《假如我是班主任》一文后

记得在乐清师范学校读书时，参加过《假如我是校长》的演讲。当时的激情和梦想，没能使已经从教20年的我当上校长，但我一直佩服当年校长的民主和勇气，他始终微笑着听完每位选手幼稚的演讲。出于一种模仿和借鉴，我布置每一届学生写《假如我是班主任》。看后，心灵受到极大震撼，得到书中无法找到的感悟，时而脸红耳赤，时而托腮深思，时而坐立不安，时而感觉挨了一巴掌似的难受，同办公室的老师吃惊地问："老项，有什么心事吗？"

我要感谢学生，在孩子中蕴含着这么多无穷无尽的智慧，讲得很在理。他们在文章中吐露了对班级的建议及对我的看法。现实很残酷，我们要面对学生成绩，要追求升学率，一些"假如"永远只能是"假如"。前不久的家长会前，我曾做过一个调查：您对孩子的中考要求是什么？在班级39位学生中，选重点高中竟然有32人，选普通高中7人，这才是家长目前最渴望的。

下面就学生心中对"假如我是班主任"应该做到的看法与我自己的做法进行对照，也算是与学生的一种交流吧。

第一，要重视纪律卫生。要带头打扫卫生，这一点对照我来说做得还是可以的，当老师必须以身作则，率先垂范。对卫生工作以及学生良好的卫生习惯很重视，要求"桌椅横竖一条线，地上纸屑看不见"，经常亲自擦黑板、弯腰捡纸屑、拾粉笔头、扫地等，对学生值日、大扫除等给予足够的指导和关注。遗憾的是卫生工作还不尽人意，甚至到处是垃圾。有的同学不会扫地，没有"先扫后拖"的习惯，只是象征性地扫一下，拿地拖当毛笔，就像在地上练字一样，值日没有尽心尽职，"专人负责"没有落实到位。关于评选班级"之最"这样的活动我也经常开展，但项目还是少了一些，没能让所有的同学都能得到不同程度的激励。

第二，要保持乐观心态。经常在学生面前保持微笑，这一点我做得很不够，不会笑好像已经成为一种职业病，经常习惯性地拉下脸，发现学生的不足就不顾场合地马上指出。特别是寄宿制学校班主任与学生朝夕相处，发现毛病缺点也多，而我没有做到"睁一只眼闭一只眼"，而是"把两只眼睛睁得大大的"。总觉得细节决定成败，细节体现关爱。甚至有时负责过头，一时激动会当众批评学生，让学生难于接受，而事后气不打一处来，内心十分懊恼沮丧。

第三，把班会让给学生。这一点我有过比较大胆的尝试，经常让学生主持发言，而且形式多种多样，教育成效显著。夸奖同学的活动有开展，但没有特地夸自卑的同学，让他们树立信心和勇气。至于不要经常在课上讲班里的事情，确实是一个很好的建议，我看到问题总是要讲几句，影响学生的文化课学习，这一定要改。对于班会课不要讲太多，不要拖课，不能占用课外活动时间和影响大扫除的建议，我也会好好采纳。个别同学要求把班会课让给同学写作业，这就明显违反学校规定，对成长不利，万万不可。我是认真对待班会课的，总提早好多天开始构思，在班主任手册上写得密密麻麻。关于平等对待学生，不打击学生学习积极性，我认为有做到，当班主任的一个重要任务就是调动学生学习积极性，对于表现欠佳、学业落后的同学要给予足够的关心和帮助，"道是无情却有情"。表扬是爱，批评也是爱，是更深层次的爱。学生犯错要看等级分别对待，用行动来感化他们，我要努力这样要求自己。

第四，要当好学生角色。了解学生的喜好和兴趣，像朋友似地与学生谈心，当他们的死党、铁哥们，做他们的玩伴，和学生一起游戏，因材施教，不强迫学生做不愿意做的事情，学生能解决的事情让学生解决。这些都是很现代的教育理念，师生关系有他特定的内涵，有一定的前提条件。我也曾与学生同台演出，体育课、课间操我也会加入孩子们的行列共同活动，我会积极展示乐观、开朗、亲近的一面。班级做到了"人人有事做，事事有人做"。为了鼓励后进生，帮助他们提高学习效率，经常开展学习方法交流活动。老师要懂得心理学，让学生在快乐中学习，共同找出班级不足，对症下药，经常开展总结反思活动，制定共同行动纲领。另一方面，学生毕竟阅历肤浅，必要的约束同时也是必须的，不能让孩子任着本性来，世界上没有绝对自由。

第五，不让学生感到害怕。要找好朋友帮助犯错的学生，这个建议非常好，但学生绝对不怕老师也是不行的，当老师要有一定的威信和号召力，学生对老师要有一定的敬畏感。评价学生主要看进步，要挖掘学生的闪光点，扬长避短。每天对后进生说："你今天很棒，进步很多！"要让好学生尝尝失败的滋味，接受挫折教育。要冷静对待会"拍马屁"的学生，这样的学生是"两面派"，这是很诚恳的忠告。老师也有可能会被蒙蔽眼睛，但要区分尊敬老师与"拍马屁"的界限，不能认为与老师亲近的就是在拍马屁。

第六，教学生学会做人。要培养学生的合作意识，教育学生劳逸结合，要有目标和理想，这些都是我最重视的。比如我经常开展的诚信、感恩、演讲能力以及假期社会实践活动、吃苦耐劳教育和游览祖国美好河山等活动。要有责任心，这一点不用怀疑，就怕太负责了，以致因爱而犯错。班干部要选举，班级设"部委"，同学生会机构一样，这是很好的创意。班级要有留言板、急救箱，交班会作业可用电子稿，让学生写匿名信说心里话，用高雅艺术来引导学生等，都是金点子。还有一些其他的好点子：与生活老师联手管理宿舍，进行奖罚，调查学生最喜欢做的事情，然后帮助学生完成，为学生服务，替学生着想。

第七，别去学生寝室看。说这是对他们的不信任，我表示不能接受。这是学校管理的要求，也是关心学生的形式，一个从不去学生宿舍看望的老师能了解学生的情况吗？个别学生说"家校联系单"也让家长怨声载道，我觉得可能是家长的认识问题，一周写一段留言不愿意，哪有资格说关心孩子呢？也许学生本人觉得是约束，没有家校联系单可更放纵自己。反对我引以自豪的家长会和班队作业，针对这一点是因为我想把家长会开成展示表彰、沟通交流的盛会，班会作业相当于周记，既提高思想认识，又锻炼写作技巧，应该看作是一种乐趣，而不仅仅是任务。有的同学写作就像聊天，白开水一样平淡无奇，很需要提高写作水平，加强写作实践，避免整天沉迷于电视、网络、游戏。还有说我的想法太多，以致周六回家时拖拉引起家长不满，我会在工作中加以改进。我是想当一个有想法的班主任，周末讲话的用意是趁家长来时，有意展示和解决一些问题，通过讨论改变一些不良习惯。

其实在我看来，让学生现在评价老师还为时过早。因为他们毕业时，会更有感触和体会；在走入社会参加工作时，领悟会更深；如果有了一定的人生阅历后，再回首老师所做的一切，那就全明白了。原以为顶着一个"县首批名班主任"的头衔，一直义不容辞地接受家长的赞誉以及学生的拥护，没想到与学生中的"优秀班主任"相比，我还有如此巨大的差距。

二十七　有感于菩提花教育公司的用心

说来惭愧，参加完"首届两岸三地家庭教育论坛"与主办方告别时，主持人特地告诉我回去要写些文章。时至今日，除了发过一篇通讯稿外，一直在应付日常琐事，时不时在脑海中出现杭州菩提花教育公司的形象。这是个以"专业、专心、专家"为宗旨的教育咨询公司，每次与他们接触总有感悟和收获，最触动我的是他们的用心。

初识骆老师，是杭州安吉路学校到我们学校举行送教下乡活动，我的随意评课引来她的夸奖；初识菩提花，是因为神奇的情商训练营的精心安排引起全体家长震动；再识骆老师，是去杭州安吉路学校参观听课学习；再识菩提花，是"理性 U 型自尊工作坊"台湾专家的讲座，吴教授近乎完美的讲述，让我再次佩服这个不简单的教育咨询公司。此后，我几乎成为超级"粉丝"，关注着该公司的一举一动。

夏令营结束后，菩提花教育公司答应给每个孩子活动光盘。可能是在印制时，一个小小的失误，在网址中少了一些字母。这时几十个光盘都已经成品了，我们也都知道公司网址。但骆老师依然决定重新制作，并且派专人送给我们。这次"重刻实践"给我的震撼极大，这是多么负责的工作精神。

这次家庭教育论坛，主办方在宾馆的茶几上摆上水果，写上温馨的小卡片："正是江南好风景，秋冬季节喜逢君；君尝水果增营养，绿色纤维防流感——家庭教育高峰论坛项目负责人：骆老师。"报到处的资料袋里装着一条围巾，让人感觉何其温暖贴心。这就是家的感觉，如此走心的家庭教育论坛就是菩提花教育公司的用心。且不说会议程序、会场布置、人员安排如何尽善尽美，就会议休息期间提供可口的自主糕点、茶果饮品，就足见组织者的用情用心。还有我见过的最为精美的午餐、晚餐券上写下"让菩提花开，给家庭一段醉人的馨香。让菩提花开，还教育一片明净的天空"，我一直保留该券，作为书签。在论坛期间，仅两天就出了六期简报，图文并茂，内容鲜活，视角独特。十分钦佩他们工作的效率和水准，我们考虑到的，他们早已考虑了；我们未考虑的，他们已经考虑了；我们很少考虑的，他们一直在考虑。菩提花教育，一个用心做教育的代名词。

写下这些，并非为菩提花教育公司打广告，凭他们这样的品牌早已不需要。作为一名教育工作者，只是出于一种职业的习惯，我对每次活动的组织工作特别关注，也会时常思考。教育是一项高尚的服务，我们如果把学生和家长视为嘉宾，把每一项教育工作用心做好，也许留给这个世界的会是同样的美好。

二十八　校园呼唤"男子汉"

或许是受到重男轻女的封建传统思想影响，有的家庭从小就宠爱男孩，使得有些男生严重缺乏男子汉气概，普遍具有怕吃苦、想偷懒、很自我、"娘娘腔"等性格缺陷，阳光男孩教育十分迫切。其实，男同学也不想这样，他们也是"受害者"，只能怪家长对他们太宠爱了。为了帮助男生更好地认识自我，改正自身的不足，我在上周布置学生写《怎样才是"男子汉"》一文。仔细拜读后，在每篇文章概括出男子汉的标准作为评语，积极为本次主题班会活动做好书面准备。在本周班会课上，及时进行了"校园呼唤'男子汉'"主题教育活动，虽然形式非常简单随意，好像没有什么出奇出新之处，但收到了一定成效，值得记录。

课间，我在教室播放成龙的歌曲《男儿当自强》和《真心英雄》。在激昂的音乐声中，我在黑板上写下了"校园呼唤男子汉"几个大字，几乎占满整个黑板。上课时，在简要介绍本次活动的原因后，我先提出几个问题开始"热身"："男生中，认为自己是男子汉的举手！"大概有十来个。我及时评价："敢说自己是男子汉，真不愧是男子汉，热烈鼓掌！""男生中，认为自己不是男子汉的举手！"数量较少。我点评："敢说自己不是男子汉，也是十分需要勇气和胆量的，也热烈鼓掌！""男生中，不敢确定自己是不是男子汉的请举手！"我点评："很慎重，很真诚，这也是真正的男子汉！""女生中，你觉得男生中哪些男生是男子汉？"由16位女生依次推荐，推荐人数不限，先后产生9位候选人，时间匆忙，没有说明推荐理由。

接下来，每个人结合自己写的文章概括出一句话：什么是男子汉？课前杨宇同学问我本节课要不要请人发言，发言是肯定少不了的，不过发言人选还没有确定，我们将改变以往的做法，由同学来临时决定谁来发言。于是，我采访女生："你最想听哪位男生说心目中的男子汉？"由女生依次请出有关男生发言。接着，我采访男子汉代表陈皓同学："你最想听哪位女生说心目中的男子汉？"然后我又采访了其他一些学生有的犹豫许久，有的扭扭捏捏，同学们有趣的发言，让大家渐渐明白了男子汉的内涵和要求。课堂气氛始终轻松活跃，掌声、笑声不断。

"此时此刻，每位女生最想对哪位男生说说你的心里话？尤其是有哪些忠告要说出？女生们要注意，我们今天不是控告，也不是批斗，而是批评和自我批评，就像兄弟姐妹一家人一样，帮助部分男生分析一些'不男子汉'的做法。""男子汉"们屏住呼吸，在紧张的期待中纷纷表示愿意接受和改正，在或不好意思或紧张期待的神情中若有所思。最后，由得票最高的同学说出心目中的男子汉形象，并带领大家进行"男子汉"宣誓！"我要做一名男子汉！"的洪亮声音在教室上空回荡。

二十九　扬善于公堂，归过于私室
——关于宽严尺度之杂感

对学生到底要不要严格？宽严的尺度该如何把握？这是一直困扰我的重要话题。随着年龄的增长，经验的积累，在这方面做了些改善。今天看到以前与网友的探讨，又重新思考这方面的问题。

我看到网友博客上记载这么一段话："我征求学生的意见，问在我外出的时候是否需要找代理班主任，学生竟然说不需要，这让我一半欣喜一半忧。我认为学生做出这种决定的原因有两个：一是进入高三可能被我管得太严，想借我外出的时候轻松一下。这让我想到了有老师全心全意为学生服务，甚至牺牲健康全身心地投入，结果不被学生理解，还被称为"法西斯"老师。因为我也曾经有被学生误解的经历，我担心历史还会重演。二是经过这一段时间的教育，学生自觉性加强，希望给他们一个展示自我约束力的机会，用更好的表现来证明自己。或许这两种想法同时存在不同的学生当中，既然他们做出了决定，我就听从民意。"

我曾经被认为是有脾气的严格老师，出于强烈的责任感和事业心，不能很好地控制情绪。有时，对老师的调查就成为学生"报复"的机会，训练学生的"记恨"神经。看似民主的做法，由于学生年龄的限制，如果不加以引导，会成为学生"整"老师的最好机会。我向来不认为不发脾气的老师是好老师，只能说是该老师修养好、度量大、心胸广，但作为一个班主任慈爱到不发脾气，简直无法想象。哀莫大于心死，如果等学生一致认为老师"不凶"之时，那将是我们看破红尘之日。"严是爱，松是害，不理不睬会变坏。"看着日渐受约束、经常受指责的教育和"缩头缩脑"、头戴"紧箍咒"的老师，有时内心真有找不到知音的强烈痛苦，经常有"多一事不如少一事"的想法，良知深受折磨，面对学生现实和所谓新潮教改，更是无所适从。

为了显示度量和真诚，我曾将学生批评我的信件公开，很少有学生这样直接批评老师，而该学生就是经常批评我的人。不管她讲的是否是事实，是否有道理，最起码代表她的一种情绪，能发泄出来总比闷在肚子里好。总有一些人不喜欢你，当老师的要想得到全部学生和家长的认同，实在不切合实际。特别是一些家庭比较特殊的学生相当偏激，对班主任有这样或那样的看法就不足为奇。

不同的学生会有不同的好老师标准，同一学生不同时期也会有不同的好老师标准。每一个老师，曾经也是学生；有一部分学生，也会成为老师。到那时，再来讨论什么是好老师，情况会有不同。一位匿名网友的留言震惊了我："扬善于公堂，归过于私室。"这话给了我太多的感悟，似乎让我找到了宽严尺度的内涵。

三十　与某两位老师的对话

一日，在楼梯口遇到了某老师，约我谈有关班级工作的事情，以下是根据回忆记录的对话（姓名分别以"某"和"项"代称）。

某：昨晚看了你的博客，内容很丰富，很有文采，好像成了另一个"李镇西"了。

项：很荣幸有你的光顾，可惜很少有时间静下心来写，及时地把做过的事情进行整理和反思，我们会进步很快的。

某：想向你请教些问题，你是怎么设置班干部的？比如，班长、学习委员等。

项：你太客气了，怎么设置班干部，我觉得都没有关系，只要根据班级需要设置就行。可以是一个正班长，下面按学校五项竞赛的需要分设五个专职副班长，专门负责有关事宜。一门功课设一个学习委员。

某：早自习，你是怎么安排的？

项：我从未干预早自习安排，都是由语文、英语老师安排的，班主任加强监督管理，也注意薄弱学科的调节。

某：你有用百分制吗？你怎么看待百分制？

项：我从未用过百分制，比较不习惯用量化的办法来管理班级，还是属于比较感性的教育，想学生从内心去领悟，去感化，去体会。每个班主任都有自己的风格，只有适合的方式才是最好的。

某：让学生去感悟比较难，你是怎么进行值日班长轮流的？

项：我比较习惯的做法是叫作"一日班主任"轮流制度，让每位同学都参与，对薄弱的学生加强指导，哪怕他什么都做不好，最起码对自己的要求和感悟也是不一样的。班级日记轮流写，当晚进行"新闻联播"式宣读并交接仪式，佩戴标志。

某：你是如何安排学生座位的？

项：一个月安排一次位置，一学期四至五次，非常辛苦。我会让学生提出换位置的要求和理由，尽量在考虑身高排列、性格互补、学习互助上优化组合。

某：对于班规，你是怎么出台的？

项：针对班级现状，要学生写出书面材料，说说班级要制定哪些班规，然后汇总，表决后执行。

某：阶梯教育到底如何开展？

项：个人自评、小组评定表决、全班征求意见、咨询本人看法、适当辩论裁决。最好能有专门的学生负责专门的条目监督，这样权威和专业。

某：我现在是接班，又是接初二年级，感觉比较难。

项：是的，这些工作最好从初一开始做，会顺手一些。中途接班，开展任何形式的管理都有一定的困难，学生有思维定势和"耐药性能"，你要根据实际情况灵活选择。

另一日，又有一位老同事与我探讨有关班级的工作，我也做了一些即兴回答。以下是我们的对话回忆。

某：阶梯教育应怎么分组？

项：以4到6人为宜，以座位为标准，方便前后小组讨论。

某：如何选评审组组长和各小组组长？

项：评审组组长应该是班级里最有公证力和威信的同学，最好由班长兼任。而小组长则可以一周一次轮流，体现人人参与原则。

某：你如何安排位置？是优生和后进生搭配吗？怎么看待位置自愿组合？

项：一定要注意优中差科学搭配，起到良性传播、互助帮教的作用。如果自愿组合效果好，应该支持。如果有的动机不纯，就要坚决地加以拆除。

某：班级正气不盛，怎么办？

项：得树立典型，弘扬正气，积极去寻找导致正气不盛的根源所在，然后对症下药。适当的时候，也要给歪风邪气以强有力的打击。

某：你是如何选纪律委员的？是优秀学生担任，还是表现不好的学生担任？

项：这还真难回答，不能一概而论。有的优秀学生，自我约束能力很好，但是管理他人的能力欠缺，很难成为优秀的纪律委员。有的学生本身纪律就差，如果带头破坏，那就更早遭了，应该讲都有一定的风险。最好视具体情况不断尝试后，再做决定。

某：我有时对班级充满信心，有时情绪一落万丈，不知什么原因？

项：这是正常的现象，再坚强的人也有疲惫的时候，只要调整好就没关系。

三十一　不要因爱而伤害
——由暑期亲子冲突高发想到的

感谢家长的信任，在家里与孩子发生了一些事情，总是及时与我这位

"大妈班主任"商量。寄宿制学校比较特殊，平时学生和家长几乎很少接触，所谓距离产生美感，亲子关系还算不错。有的家长也总是期盼放假，能更好地照顾孩子。学生也期待有更多时间与家人在一起共度时光。但随着漫长的暑假到来，家长与孩子虽然天天相处却冲突不断，情况并非想像中那样美好。最近小亮的家长就经常向我抱怨，指责她的孩子很臭美，注重修饰打扮，大手大脚乱花钱，手机寸步不离手，电脑整天守着，生活没有规律，说几句就赌气摔门而去，跟以前的听话乖巧简直天壤之别，作为母亲的她常常被气得直掉泪。今天早上，就是因为要带雨伞的事情，又被气哭了。她在电话中语气充满责备，好像把我也给数落了一通。在耐心倾听的同时，我不由思索：究竟是什么原因？又该怎么办？

　　跟孩子做一个简短交流后，一下子觉得不知说什么好，于是给他母亲发了一条很长的短信："对不起，又让你生气了，我这个班主任没当好，很抱歉！青春的叛逆，假期的放松，家庭的变化，生活的摩擦，会带来一些矛盾冲突，这正好说明孩子长大了，有自己想法了。我完全理解你的处境，当家长真的不容易，但你要调节好情绪，多理解这个年龄孩子的心思。你的孩子本质不坏，他只是觉得雨伞有些女性化，不合适男孩子。昨晚你不给他买，早上又怪他不买，对他发脾气，他觉得很委屈难以接受，哭了。不过，他早餐有吃，并已答应上交手机，你还是耐心与他多交流，多想想他的好，以及在一起的愉快时光，毕竟他还是孩子，惹家长生气也是他的成长过程。有些问题需要侧面提醒，以表扬鼓励的方式进行。你可以给他写信，叫他回信，书面交流可以避免冲突。我们做家长的也要多反思，不要因爱而伤害孩子。方便时候，我会去你家做客。不必过于在意，你已经是一个很优秀的妈妈了，我要向你学习！"过了一段时间，家长回信："项老师，或许是我没有扮演好做母亲这个角色，或许是由于家庭的变故，我太宠爱儿子而造成的。总是给你添麻烦，对不起！我会采纳你的意见和他好好沟通的。"

　　我呼吁学生好好珍惜与家长在一起的时光，读高中、读大学、参加工作后，相处的机会就更少了。家长终会老去，人人都要成为家长，善待家长就是善待自己，好好与家长交流，报答养育之恩吧！

三十二　男女互助，性别互补

多年的班主任经历告诉我，在班级里女生的作用不可小视，"女生兴，班级兴！"我们经常看到，在初中、小学阶段一些"阴盛阳衰"的班级，往往各方面的优势很明显。由于寄宿制学校女生人数明显偏低，其管理难度不言而喻。如何发挥女生这个德育资源的最大作用，也是班主任要考虑的重要课题。

我安排男女同桌，就每个同学不同的学习习惯、性格素养做了一些很好的调节。为了更好地开展卫生工作，安排女生到男生宿舍指导卫生工作。女生全员参与，合理分配到指定宿舍。由专人记录整理女同学们的反馈意见，她们凭着细心和经验，客观地评价存在的优点和不足，提出许多合理化的建议，由我汇总再向全体同学做反馈报告。之后的大扫除，我又安排一次全体男生到女生宿舍参观、学习、考察。当晚，由每位男生上台发表学习感受，他们都表示女生宿舍确实好，值得男同胞们学习，男生应该用自己的双手装扮我们的小家庭，赢得了女生们阵阵欢喜的掌声，对女生宿舍工作也有了一定程度的促进。以后还要陆续开展这样定期和不定期的活动，促进班级卫生工作进一步好转。

我还有一个创举，就男女生优缺点方面的差异，布置班会作业让学生们写《我心目中异性的优点和缺点》。收集审阅后，由每人上台阐述。然后，进行初步统计，并印发选票进行投票，评出男女生十大优缺点进行公布。以后进行宣传张贴以及开展课前集体朗读活动。

处于青春期的少男少女们，对异性羡慕而又好奇，谁都不愿意在异性同学面前表现不好。我们应当鼓励同学之间正常的学习生活交往，互相帮助、互相促进、共同学习，利用异性的力量，悄悄地改掉自身的陋习。以上举动，无疑迎合了学生这样正常的心理，找到了德育工作的另一片广阔天地。

三十三　德育无止境，形式须创新

创新是一个民族的灵魂，也是社会发展的动力。作为一名基层的教育工作者，我面对新形势下的新生代学生，德育内容、形式在保留原有底蕴基础上的创新势在必行，本文从班级文化建设、组织机构设置、管理细节落实等方面加以论述。

班级文化的建设

我将班级取名为志成班，寓有"有志者，事竟成"之意，并举行题为"志当存高远"的命名班会。班训为"让人们因我的存在而感到幸福"，以《感恩的心》为班歌。组名分别为团结组、奋进组、立志组、腾飞组，均有组训和口号。每位学生的桌角均有"我和我追逐的梦"小名片，写有个人梦想、崇拜英雄、喜欢格言以及阶梯目标，使德育目标视角化。另外，为使教室富有人文书香气息，教室内设有学习园地、绿化角、卫生角、图书角、饮水处等，并张贴"步入阶梯实现梦想"梦想版，"争星恐后，你追我赶"星级宿舍评比展板、"英语大擂台，明星展风采"展板、"语文比赶超，人人成英豪"每周学科之星评比以及"我们的风采"展板。前黑板左侧是古诗名言、值日组，右侧是每日挑战名单、每日班主任名单，教室两侧的标语为"养好习惯，全面发展""从我做起，阶梯前进"。后黑板上方是班训和班级荣誉，下方是四组对应的组名。经常更换的电脑桌面成为流动的风景线。我特别注重动态的班级文化建设，成立"爱我班级"志愿者爱心服务队，在班内开展学习结对、干部联系群众、拜师带徒活动，每天进行日常交接仪式，带领学生进行考试诚信宣誓，开展"我眼中的他""我想对您说"征文活动，开展写字、朗读、演讲、讲故事比赛，并评比班级之最、各类十佳，开展征集金点子活动，开展参观"大学城——科技馆"等社会实践活动，开展学法交流活动，成立成功人士报告团，开展系列读报活动。刚刚过去的六一儿童节，除了认真准备学校布置的游园活动外，还举办"回味童年"照片展、"告别童年"六一联欢活动暨学生进步庆功会。充分利用班会时间，结合国内外时事对学生进行世界观教育，教育学生学习英雄事迹、阅读伟人传记。此外，我还会收集并宣读社会生活中富有教育意义的事例，尤其是残疾人和特困生的先进感人事迹，在班会课上精心准备一些发自内心的演说，常能引起学生极大共鸣。在平时读报中，我看到与学生有关的一些社会新闻或评论就剪下，利用课余时间或班会课进行介绍，结合学生年龄实际进行宣传，学生很受启发。我还经常及时搜集整理班级活动的文字、图像资料，播放给学生，并建立班级相册、学生成长记录袋。另外，我针对班级现象开展大讨论，使学生印象深刻。

班级组织机构的设置

班委是班主席负责下的"八部、六院、四总管、七排长",即"138647"部队。班主席一正三副,"九部"分学习、劳卫、宣传、文艺、生活、纪检、体育、调解部,"六院长"如"鲁迅语文研究院院长""苏步青数学研究院院长""牛顿科学研究院院长"等,"四总管"是四小组长——"腾飞公司总管""立志同盟盟主""团结之友总理""拼搏集团总裁","七排长"即值日组长,冠以"自强排""爱卫排"等。班委产生过程:先由班主任根据侧面了解,征求各方意见成立班委筹建委员会充分酝酿名单,由班主任公布,并在每个职务前加"代"字,之后举行就职演说,一个月后"全民改选",每月开展"全民评议"班干部工作,学生写每周班级总结,班主任从中全面把握情况。但有时单靠班委机构还真难有效解决一切问题。于是,我反复思考,决定成立一些专门的"民间组织机构",如针对班上出现的不良习气而及时成立的"制止打闹""禁止转笔""推广普通话""禁止吃零食""如何鼓掌""勤俭过生日""财产保护""打击不文明现象"等领导小组,领导小组主任往往是这方面问题比较严重的人,成员也大多为公认有"劣迹"的。由领导小组负责人召集成员开会,分工负责,选出正副主任、秘书长,订好规章协议、奖罚措施、工作方案。这些措施的实施十分有效地使一些"老大难"问题销声匿迹。

管理细节的落实

我在班级管理细节上主要有以下措施。举行每周班情通报"新闻发布会",每周末与学生心灵对话,每周座位一小换,每月座位一大换,班卫生方面坚持"桌椅横竖一条线,地上纸屑看不见",桌面地面整理要成为学生到教室和离开教室时的第一件事。"神圣的教室永远干净",发动全班给有突出贡献的同学写表扬信、感谢信,男生宿舍卫生请女生去指导检查,在校内推广普通话,定期查个人卫生剪指甲,转书转笔要受处罚。在家校联合教育方面,做好家访,开好家长会,填好家校联系卡,编制家长通讯录,选好家长委员会,写好每周给家长的温馨提示,请家长和学生一起活动、颁奖。在我的创新引领下,家长会开成了联谊会、"新闻发布会"、荣誉表彰会、动员誓师会、成果展览会、心灵沟通会、方法指导会等。阶梯评定课是我校的一大特色,我以社会主义核心价值观为蓝本,把全班分为8组,并设立了相似的口号:

"热爱祖国、立志拼搏","服务人民、阶梯指引","崇尚科学、厚德博学","辛勤劳动、实现美梦","团结互助、阶梯之路","诚实守信、和谐奋进","遵纪守法、飞黄腾达","艰苦奋斗、执着追求"。此外,我引导大家创作"三句半表演"来表扬同学,如"先说咱班好男生,上朋帮助方飞枫,读书作业很认真——来点掌声!""难能可贵章海潮,如此优秀真难找,全校师生皆知道——市三好!""李家女儿两朵花,名叫自然和佳佳,胜过名人王小丫——上好佳!"往往借助这样的方式把德育寓于文娱创作之中。

三十四 我眼中的和谐校园

和谐是中华传统文化的精髓,构建和谐社会是新时期的要求,创建平安和谐校园是教育发展的必然。怎样的校园才是和谐校园?在暑假师德培训中,我听了校长的专题报告——"面对现代家庭,如何当老师?"后,有许多新的收获和思索。

校园的和谐,首先是学校领导之间的和谐。针对我们学校,领导之间既有分工又有合作,都能出色完成本职工作,各处室之间相互支撑。中层领导能很好地执行校长的办学理念和工作意图,既互相建议、相互完善,又在统一规范的基础上开展工作。阶梯教育活动、阶梯评定课每位领导均能亲临课堂指导,哪怕是一次学校拔草劳动社会实践评比,各位领导都一起参与评分。偶尔一些这样那样的小问题,各位行政都能从学校教育事业的大方向出发加以理解,都积极在老师面前树立校长的良好威信。"与异己并进,与矛盾共舞,与问题同步。"有了这样的胸怀,这样的度量,还怕什么工作干不好,还有什么问题想不开呢?

校园的和谐,其次是领导和老师之间的和谐。领导和被领导之间的关系,历来是校园人际关系的核心敏感话题。如何做到"官兵"平等,干群一心,这是考察学校领导执政能力的重要标准。我们学校的领导和老师同甘共苦,领导更是早出晚归,十分辛苦。特别是负责宿舍、德育工作的干部,在寄宿制学校最为辛苦。刚创办的学校,招生、教学劳心劳力。总务、校办从零开始,事事烦琐。领导为老师树立榜样,老师们看在眼里,记在心里,工作更卖力。许多老师以校为家，真抓实干，用感恩学校、感恩领导的心态开展本职工作。而学校重大政策的出台，也总是征求广大老师的意见，多方听取各种声音，通过民意调查、金点子征集、校长信箱、各类座谈会、各种交流谈心等，学校的措施更有实效，执行起来更贴近老师心灵深处。

校园的和谐，最后是老师与老师之间的和谐。我们学校的老师可以说是名师荟萃，高手云集。我们进入这所学校都经过层层选拔，有一定的教育教学经验、人生阅历和处世原则，在社会上拥有一定的美誉度和知名度。我们来自不同的学校和地域，讲着不同的方言，同事之间有各种各样的老关系、老同事、老同学、老校友等，处理好这些复杂交织的关系是一笔宝贵的资源，处理不好，会带来许多意想不到的问题。刚开始当校长要求同事之间交流时，只要有一人听不懂方言，就要用普通话交流，以方便他加入互动的行列，不会产生不必要的生疏和隔阂。多次要求老师在讲话时多用"我们"，少用"我"，这一细节有利于增强集体的凝聚力，同事之间的情感，在细节之中创造和谐。当然，和谐校园的内涵一定还包括老师与学生，老师与家长、学生和学生、甚至家长和家长之间的和谐相处，在此就不一一列举了。

三十五　脚的距离就是心的距离

有人说："心灵的距离，有时就等同于脚下的距离，走进学生的家庭，就是走进学生的心灵。"我对这句话有很深的体会。

尽管学校有每大周一次的接送学生活动，和家长有较多的交流问题机会，但我还是决定利用难得的假期去学生家中拜访，通过与学生、家长一一促膝长谈，把学校对学生的关爱送到家，这大大拉近了师生之间的心理距离，让学生感受到老师对他的关心和重视。家访发挥了电话、短信、邮件、家长会等方式发挥不了的作用。

家访中，我在学生家中坐一坐、聊一聊，一句句嘘寒问暖的话，一个个关切期待的眼神，无不注入学生的心里。通过与家长的友好交流，我了解到学生在家学习、做家务、孝敬父母、兄妹关系、社会交往等情况，进一步摸清了学生的兴趣爱好、性格特征以及鲜为人知的丰富内心世界……这对一个寄宿制学校的班主任来讲是多么重要啊！对学生的不了解就是对教育工作最大的无知，对学生知之甚少，拿什么去引导学生的生活、思想呢？我很庆幸，选择了家访这一传统的好做法。从越来越多的个案材料中，我更加坚信列夫·托尔斯泰的一句话："幸福的家庭是相似的，不幸的家庭各有各的不幸。"甚至可以说成："成功的学生是相似的，不成功的学生各有各的不成功。"同为一个学生的成长环境、家长的文化素质、家庭的教育状况对一个学生的影响和作用是何等之大。从孩子身上总能看到父母亲现在的影子，看到家长孩提时的模样。

家访是互动的、双向的交流，家长十分关心孩子在校的表现，特别是寄宿制学校，学生吃得怎样，睡觉怎样，身体状况如何，同学相处如何，学业成绩如何，无不牵动着家长的心。在向家长汇报学生在校情况时，我选择表扬为主。从赞扬的角度切入话题，加以发挥。当然，是人总是有缺点，特别是年轻人，好像是被上帝咬过的苹果。当然，我对学生的缺点也不隐瞒欺骗，而是采用"借桃喻李"的迂回方式委婉指出，通过表扬其他学生的优点来提醒家长。因为我认为只要在家长面前给学生留足了面子，学生会以实际行动来感激我们的。

作为一名新时代的教师，一个塑造人心灵的班主任，我只有走进学生中间，走进学生家庭，才能更好地发挥班主任的德育功能。

三十六　男女同桌真是好

男女同桌的方案终于实施了！记得前几年我去绍兴考察学习，发现那里的初中几乎是清一色的男女同桌，感觉非常佩服。哪怕是高中、大学，男女同桌也没关系。我有个家长也是当班主任的，他就是从初一开始实行男女同桌。我也有类似的成功经历，只不过要做一些引导和思想工作。我要求学生写《男女同桌的若干好处》，学生内心不是很情愿。但在家长的开导支持和我的反复劝告之下，全班同学还是总结出男女同桌的一大堆好处，并且写出的作文行文流畅，文笔优美，文字鲜活，极富个性。我是迫不及待地看完所有文章的，并立刻写下我的思考。

俗话说得好："男女搭配，干活不累！"。男女同桌可以增进男女同学之间的友谊，男同学遇到不懂的问题可以问女同学，让生活不再单调，让我们的学习丰富多彩，更加轻松愉快，给我们的青春增添色彩，也促使我们以后工作的时候，多多与异性朋友沟通和合作。

男女同桌是一个机会、一座桥梁。随着年龄的增长，男女之间慢慢有了隔阂，好像一堵无形的墙一样。由于几千年"男女授受不亲"的封建思想影响，往常男女同学总有一些偏见，一直没有挖掘彼此的优点，只是不断用放大镜把对方的缺点无限放大并记在心里。特别是学生们都处于暴躁的青春期，易吵架，甚至容易走向犯罪的道路。但如果这时，同桌多了解问题，争取和解，便也能打开心结。

男女同桌可以使学生对异性不再抱有偏见，可以使男女同学正常交往，不会只顾及自己的感受，互相关爱，和谐共处，使我们在性格、智力、能力等方面的优势得到展示，有利于我们个性的充分发展，有利于班集体的团结，使班级更加完美和温暖。

一般说来，男生是坚强的，女生是柔弱的，男女性格可以互补。男生可以使女生更加坚强勇敢，女生可以使男生更加细心，善于关心他人，女生同时也可以关注并改变男生一些粗暴的行为。男女同桌可以让女生限制班级的一些"不法分子"，控制一些不文明的言行举止，说不定还会让一些调皮捣蛋的男生变乖呢！

男女同桌毕竟双方还有些避讳，会减少上课讲话、做小动作等不认真听课的情况发生，学习效率也会提高。男女同桌，双方可能既不会窃窃私语，也不会冲动打架，没准走神情况也会减弱。男生因为有女生在旁边，心理上会感到愉悦，就会表现更好，更有冲劲，更努力出色，谁都不想在女生心目中留下不好的印象，把自己的缺点给她们看。因为怕被女生嘲笑，男生的好强心理就会作怪，就会尽量挖掘出自己的优点。久而久之，男生就会在女生不知不觉的监督下，慢慢改变一些不太好的习惯，能有效地解决不爱学习等毛病。

通常看来，男生靠头脑成长，女生靠心灵成长。男生可以使女生头脑聪明，女生可以使男生心灵纯洁。男生勇敢大胆，身体强壮，做事不拖泥带水；女生温柔体贴，做事细腻，注重细节。男生能够在女生需要帮助时给予帮助，女生能够发觉男生一些不易察觉的细微之处并及时提醒。男生做事爽快豪放，说到做到，重义气，富有责任心，有一种威严，不会感情用事，但常常是粗心大意和丢三落四；女生做事考虑周到，规规矩矩，细心耐心，乐于帮助他人，有错能及时改正，但也比较脆弱敏感。女生一般比较胆小爱哭，特别是看到害怕的东西，男生可以保护安慰女生，帮助女生拿东西，在女生遇到困难时挺身而出。

男女同桌也可以锻炼胆量。看你敢不敢在异性面前提出问题和回答问题，可以使原本内向的男女生变得大方，更加自信。男女做事风格和思维方式的不同，也使男女同桌时可以优势互补，消除两性间的神秘感，不会对异性过度排斥和好奇，这对培养男女生健康的心理和性格，形成良好的品德和习惯都有好处。

男生抽象思维占上风，理解反应迅速，理科较强大；女生形象思维略高一筹，做题目准确率高，文科有优势。男女同学可以共同努力，互相学习，取长补短，做到学习之路上共同进步，共同为集体的进步齐心协力、共同进取，从而营造一种和谐温馨、合作团结的氛围。我曾经通过网络调查发现，英国某中学实施男女同桌的方案后，男生成绩上升13%，该校实施3年，学生的成绩和纪律都有了改善。

男女同桌的日子，或许是一段美好的回忆。

三十七　一则特殊的短信

和往常一样，我早早地准备一周一节的班会课，在班主任手册上密密麻麻地写好了许多要讲的话。当天中午，意外地接到了一则短信。"项老师，你好！今天是佳浩的生日，麻烦你帮我捎去对儿子的祝福：祝生日快乐，学习进步！"我经常收到家长短信，有转告事情的，有感谢慰问的，有商量对策的，生日要我转告祝福的还是第一次。我很激动，为了这个学生，也为了学生的家长。我回复："您真是一个好母亲！孩子生日，是您作为母亲的受难纪念日，衷心感谢您，好妈妈！"

班会课开始，我临时打算增加这个内容。当众宣读了短信以及我的回复后，然后说："天下所有的母亲都会记得自己孩子的生日，太多的物质祝贺，不如母亲的牵挂和用心，在我看来，这是高素质的优秀家长。同学之间也是一样，礼尚往来，最难还的是人情债，但如果加上无端攀比，就会失去事情本身的意义。"在深情地进行简朴过生日的教育后，我呼吁："以后，可以请家长在你生日的时候，给老师发短信，我很乐意转告祝福。"

在课堂上，我了解了学生今天的生日情况，以及本周、本月的生日情况，并开玩笑地说："本年生日的请举手！"学生笑着齐刷刷地全部举起了手。看来，每个人都有自己的生日，可今天属于佳浩，我建议给他过一个集体生日。于是，我邀请了"小寿星"上台，没有鲜花，没有礼物，有的是同学们真诚的笑声和掌声！我们集体为他唱起了《生日快乐》歌，动听而又熟悉的歌声在教室上空飘荡，"小寿星"脸上洋溢着幸福无比的笑容。我要求他当众许愿，模仿"吹蜡烛、切蛋糕"等动作，大家开心极了。我说："大家吃了蛋糕，嘴巴肯定特别甜，对着'小寿星'说说我们祝福的话语吧！"于是，各组长代表本组做了简短的祝福发言。轮到佳浩自己组了，由于他是组长，所以组员要求每个人都要发言，纷纷借机向他表示祝福，并请他放心，全组一定会团结一致，争取在班级组内竞赛中取得好成绩！因为之前改组两次他们组都是最后一名，所以这一次他们组的全体表态又是我没有想到的教育契机。最后，我要求"小寿星"发表对母亲、对同学、对自己的生日感言，结束了这次特殊的生日庆祝会。

感谢家长的这则特殊短信，加上我的即兴发挥，既很好地祝福了学生的生日，又转达了家长的情谊；既拉近了母子、同学、师生之间的距离，又凝聚了组员之间的力量，升华了集体的情感；同时，也进行了简朴过生日的及时教育。

三十八　回顾梦想，忏悔过失

教育的精髓是用目标激励进步，用梦想推进成功，用努力体现价值，我把整节班会课分为两部分。

首先是回顾梦想。让每位学生上台，说说"近期目标""中期目标""远期目标"，同学们都给予"爱的礼花"渲染气氛。我发现，同学们的近期目标都在提高，基本是德育、学习阶梯要向三级的目标努力。中期目标基本没变，还是刚读初中时所追求的理想高中，有的稍稍放低一点要求，已经感觉到与现实的差距。远期目标变化最大，青少年时期的梦是多姿多彩的，随着对事物的认知变化，理想目标也在变化。有意思的是，部分学生居然说远期目标还没想好，或许是不好意思讲出口，或许是对未来产生动摇，或许目标变得更多更细。比起以前，学生对人生理想的认知更加理性和现实了。有位学生表示造一颗卫星，取名为"志远星"，让全世界的人们都知道志远班，确实太让我们感动了。他还希望能在里面安排40个座位，以后把志远班同学会的地点定在太空。

接着是忏悔过失。人不但要学会感激，学会赞赏他人，还要学会道歉。只有学会真诚地道歉，才能赢得别人的尊重和谅解。我举了电影《非诚勿扰》里面葛优扮演的角色在教堂长时间忏悔的例子，要求大家仔细回顾初中一年来，有没有觉得什么事情做得对不起同学、父母、老师或者集体的。如果有，请抓住这个机会大胆表达出来，对方一定会原谅你，你的内心肯定会舒坦许多。说实话，开展这样的活动，我心里没底，不知道到底有多少人会自告奋勇。没想到，一下子就有10多位学生上台，甚至有几个学生边说边泪流满面，一下子打开了大家的情感闸门。台上同学真诚承认不对，台下同学笑着连说没关系，有的甚至早已不记得对方所说的事情。尤为感动的是，有好多学生向我表示歉意，说他们让我操心，惹我生气。有学生向父母表示歉意，因为不耐烦、顶撞、叛逆，对父母的不理解和成见伤了父母的情感，向父母鞠躬道歉。我在总结时指出，虽然父母没有亲耳听到你的表白，但作为你最亲的人，父母的心灵一定会有感应的。

今后如有机会，我打算还要定期开展这样心灵互动的教育活动。这样的"雄心壮志会""激情夸奖会""真诚感激会""由衷忏悔会"的效果将远远大于刻板的说教，形式简单而又生动，内容真挚而感人，深受学生的喜欢和支持。

三十九　将文明班级进行到底

得知我的班级被推荐为县文明班级后，我在班会课上举行庆功活动。既不是开会座谈，也不是大吃大喝，而是结合心理游戏，利用音乐、图片、诗歌等文艺手段，与学生共同度过难忘的一节课。

在《光荣》乐曲中，播放本学期的篮球赛、颁奖活动、社会实践等照片，然后开始我的开场白："最近科学老师请假，临时代课的陈副校长已经给我们上了两天的课，对我们的印象如何呢？他说我们班的同学都特别有礼貌，晚自习真像晚自习。"还问老师"平时都这样的吗？""同学们猜猜看，项老师会如何回答？"

有学生说："那是，我们平时表现更好！"表情充满骄傲。有学生说："老师直笑，呵呵！"模拟怪笑声音。有学生说："这都是学生自我管理得好！"脸上充满自信。有学生说："你不看是谁当的班主任？"表情些许怪异。有学生说："都是学生素质高！"全班会心大笑。我说："你们说的这些话，其实都是我想说的，但我唯独不敢说是自己的功劳，我当时是激动得什么也没说。真心感谢大家给我的光荣，只想给你们鞠个躬！最近，我们班可以说是喜报连连，获得了学校的最高班集体荣誉——县级文明班级。同时，班级篮球队三场热身赛都胜利。为了表示感谢和庆祝，我们来召开庆祝大会！"

首先我让学生在《光荣》的音乐声中传花，音乐声停止后谁接到花，谁站起来讲："我要感谢某某（可以是个人、小组、宿舍、班级等）给我的光荣，再接着说因为他什么原因。"并且要求学生回答尽量不与前面的同学重复。两轮下来，有感谢父母、同学、小组、组长、老师、班级、学校的，特别是徐同学感谢组长的帮助，让他改掉许多缺点，连续三鞠躬。还有杨同学说自己中午在卫生室打针时，当大家知道他是来自我们学校的学生，都伸出大母指夸我们，说很多同学想进都进不了，因此他要感谢学校给他的光荣！还有同学要感谢班级给他"文明班级"的荣誉，从此以后将真正与众不同。整场发言，没有指定人员发言，没有表态回忆，其实都是在激励自己，回忆过去。这样的庆功活动气氛活跃，学生随意。

接着，我和学生一起学唱歌曲《光荣》，集体起立做手语操《感恩的心》，集体朗诵《美好的中学时代》《什么是集体》。与学生谈起愉快的过去，提出文明新要求：宿舍卫生、用餐文明，认真做操，待人礼貌。最后号召：将文明班级进行到底！

班会在《光荣》歌曲中愉快结束，学生开始投入大扫除。

四十 与赖老师的几次见面

有幸成为温州市首届名班主任赖联群工作室的学员,拜赖老师为师,首先应该感谢我的好朋友徐斌老师的推荐。回忆起与赖老师的几次见面,感觉就像是昨天,那是命运中的一种缘分。

最早的相逢,是在温州教师教育院的市优秀班主任提高班上。那年,好像是2005年。一位来自苍南的名师,印象中与我一样黝黑的肤色,他用略带嘶哑的嗓音介绍自己特殊的成长过程,诉说"抱着孩子写随笔"的传奇经历。一向故步自封的我,一下子被眼前的这位本土榜样打开了崭新的视野。"要学做老鹰,不要做小鸡""有高飞的冲动,就不要在地上爬",这句话至今还萦绕在我的耳际。怀着对老乡的敬重和自豪,我利用休息时间特地跟赖老师打个招呼,做了简单的自我介绍。原以为老师是客气地应付,没想到时隔5年之后,赖老师说还记得我当初的出现。从那时起,我就经常浏览他的大作,默默地模仿,暗暗地努力,也开始自己所谓的教育随笔。后来在苍南智客网上,赖老师无意中就"粉笔人生,还是成就人生?"与我同样敬重的苏德聪老师开展交流争论,我热心参与其中,从中受到不少启迪感悟。

真正的第二次见面,应该是在县首批名班主任考核现场,赖老师是专家组评审团成员。无论是上午的主题演讲,还是下午的班队说课,赖老师始终用信赖的眼光鼓励着我。当初的我,就是在校长的一句"你若评不上,县内就不该有第二个人"的"过誉狂言"支撑下认真准备、逐一过关的。直到评审通过后,我也没有及时向他交流请教,道谢报喜。现在看来,我是相当幼稚和浅薄的。

第三次见面,是在县教育局组织的班主任工作座谈会上。当轮到赖老师发言时,他慷慨激昂的神情,我记忆犹新。他毫不留情地指出:"作为德育,作为班主任工作,在教育行政部门组织的一些重大比赛中经常受到不公正的待遇,他很困惑,也很痛心!班主任不应该是副业,他建议今后要将德育作为一门独立的学科参评,以提高我们德育人的地位,促使我们更好成长,并表示自己就是要立志成为一位德育特级教师的,为此已经充分准备许久。"多么高瞻远瞩的视野,多么仗义执言的勇气!不久后,教育部就出台了新的《班主任工作条例》。他这样说的,也是这样做的。在今年的省特级教师评比中,他认真对照评比条目要求去做，结果却因为一个界限不清的支教问题被搁浅。我们都觉得这是上天与赖老师开了个沉重的玩笑，想继续考验他的耐力和意志，但我们仍对他充满期待和信心。

前不久的一次见面，是上学期县进修校心理健康培训期间，在街上饭店的一次邂逅。赖老师认出我来，并主动与我打招呼，告诉我自己正忙于评特级教师一事，等事情过后，即将全面策划名班主任工作事宜。我在同事面前"炫耀"了许久自己认识的赖老师。等接到开班典礼电话后，数着数过的日子又有了许多期待。终于等到那一天，赖老师充分的会前准备，淡定的处事风格，出色的组织能力，亲切的待人态度，精辟的爽人快语，赢得了工作室成员的一致认可。一系列措施规划的出台，为我们买书，教我们规划，要我们看著作、立课题、写随笔、谈感受、建档案，鼓励我上台亮相，选举我当班长，布置许多在我们看来十分艰巨的任务。我想：我之所以停滞不前，缺乏的不正是这样一位名师的引领吗？我找到了生命中的第二次青春！激动之余，我忍不住给赖老师发了第一则短信："尊敬的赖老师，感谢您的提拔和栽培，钦佩您的智慧和用心！"兴奋之余，我不顾永嘉来回奔波的疲劳，连夜赶制当天活动报道《智慧因交流而生动》，畅谈一天的收获。

如今，我们有了一系列交流活动，每月一次见面活动，每周一次网络聚会，带给我无尽的思考和进步。作为老师，我们总是期待学生对我们尊敬；作为学生，我们总感觉对老师不够尊敬。想写这篇文章的冲动，就在赖联群名班主任工作室成立仪式当天。无奈琐事繁忙，直至今晚才有了梳理心情的空间和时间。比起师弟徐斌老师的《永远的赖老师》，我很肤浅直白，缺乏深情抒发，也没有文学笔触，但愿宽容仁慈的赖老师读后不会见笑。谢谢您，帮我续写专业化成长新篇章的赖老师！

四十一　导师朱永春老师初印象

我常常在想：是不是每一个有成就的人都这么谦逊有故事，是不是每一个有素养的人都这么低调又创奇，朱永春导师就是这样一个人。

在听了班主任曾蓉蓉老师关于号称"江南魏书生"的朱老师介绍后，我就一直很期待，很想尽快近距离领略他神奇的魅力。在那天中午吃饭时，朱老师匆匆赶到，他文质彬彬，温文尔雅，一直笑容可掬的样子，给我留下了极深刻的印象。

他给我们带来的讲座是《班主任风格漫谈》，朴实而生动。看似波澜不惊，实则内秀无比。他介绍了自己从当初的不热爱教育受人举报，接着受到领导赏识，最后成为桐乡特色班主任的传奇经历。他倡导育人教书，激活灵魂，诚信自律，不战而胜。他说，要活出"懒"的最高境界。他任教的学科学生可以不交作业，答案发给学生，由学生自己掌握。他分的班级总比别人差一些，中途还有"问题学生"加入，但他敢于带领学生向其他班级挑战，不断书写不可思议的传奇。他说，学生的动力是宝马车的内在发动机，教育的本质是一种暗示，学习的本质是自主。他要学生自己对自己负责，让学生享受被信任的喜悦。他的数学课让学生自己选择相应水平的题目做，对答案讨论，问老师、重点讲解，成功后反思，采用"小先生制"。他左手抓广播体操训练，右手抓日记书写。他说："在有远见的教师眼里，学生是提前10年与你认识的演艺明星，提前20年与你认识的博士生导师，提前30年与你认识的商界巨子，提前40年与你认识的国家领袖。"面对突发事件，他主张：热事情，冷处理。他说，你在思考幸福，就得到幸福；你在思考痛苦，就得到痛苦。他认为，智慧就在于平常中看到奇妙。要造船，不要急于分配任务、收集木头，而要激发人们对大海的渴望。他认为，微笑是最好的学问，广播操是最好的课程，做操就是做人。

一场讲座听下来，我与朱老师有一种一见如故、相见恨晚的知音感觉。果不其然，我有幸成为他所在小组的学员。在小组见面会上，朱老师更谦逊地说："三人行，皆是我师。"他引导我们反思：在人生价值判断上，你要想成为一个怎样的人？在知识结构、能力结构上，制约你发展的是什么？然后，他启发我们从心理学、哲学的角度来提升自己，做好规划积累，自我加压，发表文章，参加比赛，严于律己。假期，他给我们发来详尽的学习计划和具体建议，字字句句都震撼无比。

后 记

岁月无情流逝，年华幸运留痕。随着手头积累的文字材料增多，最近几年一直在纠结要不要梳理成册，集结出书。经过近一年陆陆续续的准备，我几乎用上了所有工作之余的闲暇时间，如今拙作终于面世了。由于很多文章都是一时随感、即兴之作，甚至记不清是何时草就，也没有篇目分类，在整理之际，感觉都像重新写过一样，居然自己深受感动。我知道本书不会引起什么轰动，真正能坚持阅读的人也不会太多，但只要有人知道我写过一本名叫《做一辈子班主任》的书，仅此而已，就心满意足了。

之所以要写一篇后记来画蛇添足，目的还是想感谢一些人。尽管要感谢的人实在很多，再详细的罗列也会有所遗漏，况且我的感谢有些乏力，但不感谢，内心总会很不安。

在书稿初步形成之后，我第一时间发给朱永春、赖联群两位导师，请他们在百忙之中给予指导，并要求给本书写序，他们的及时引领让我充满动力，对两位导师的热情勉励永存谢意。借此机会，我要感谢温州市首届名班主任研修班的导师和同学们，你们的出色让我备感压力，跟优秀的你们在一起，我不敢泄气，尽管和你们有越来越多的差距，但我的榜样一直有你。我要特别感谢市教师教育院班主任师训员、省特级教师曾蓉蓉老师，她给了我许多锻炼平台和真诚鼓励，到处宣讲我的专业成长足迹，揭示我转变的心灵秘密。我要特别感谢市教育局基础教育处郑上忠老师，他在各种场合介绍项延唐式"一辈子就教书"的教育梦想，并称之为项氏"坚定观"，他故意把我抬到一定的高度让我不敢懈怠，坚持的路上离不开他的无私抬举。

我要感谢市、县教育局有关领导、历届学校校长和同事，特别是现任学校苍南县嘉禾中学对我的关心与呵护，各级各类研修班的同学、工作室的学员、业界同行对我的鼓励和厚爱，忘不了你们的真诚帮助和热心提携。我更要感谢我的学生和家长们，无论是当年在项桥、钱库，还是如今在龙港、灵溪，都是你们给我留下很多难忘的记忆，感谢你们的宽宏大量和深情大义。特别是现在的志凌班家长，我发布的每篇文章几乎都认真读过，并且积极转发点赞，给予回应和鼓励。我还要感谢微信朋友圈的好友们，好多热心微友一一指出文中的错别字发给我纠正，你们的关切让我不敢有丝毫随意。

屈指算来，踏上教育岗位快三十年，已经苟活人世近五十载，如此厚重的十个"三年五载"，让我再次思考生命的意义，我要把这本书作为从教三十周年的纪念和五十虚岁生日的礼物。此时此刻，我突然特别想念我的亲人。我要感谢早已经不在人世的父母亲，爸妈是世界上最关心我的人，上天赐予我的苦难童年让我练就了一身不怕苦的潜质，这是我立足于这个社会的根本。我要感谢家乡的每一寸土地和每一位父老乡亲，是"西格里拉"的泥土气息让我始终保持农村人的淳朴厚道。我要感谢我的夫人兼老同事林瑞华老师，如果没有她一直以来的大力支持，不可能有我的今天，她是我最坚强的后盾和最得力的伙伴。由于对教育工作的痴迷投入，我忽略了很多家庭生活的应尽责任，经常心存愧疚。我要感谢我的儿子浙江工商大学的项方颂同学，他成为"志家言堂"公众号长期技术顾问，在多年前就有他学业方面的独家专辑，为我树立了榜样，是我们一家人的骄傲。我还要特别感谢已经病故的大表兄、大哥哥，我来到这个世界时，爷爷、奶奶、外公、外婆、甚至舅舅、伯伯都已经不在人世，父母年事已高，因此把大表兄和大哥哥当作长辈来尊重。穷人的孩子早当家，每次去跟他们请教日常困惑，分享喜怒哀乐，成为我生活中必不可少的一部分，他总们能给我生活上的指点和父亲般的关怀。他俩的离去，让我一下子失去了两大精神支柱，一切思念只能化为梦中的牵挂。我要感谢西括一家人，还不算太年长的我早已经是家族中的小爷爷、小外公，骨肉相连，割舍不断。下一代的年轻人正在用各种努力延续家风，续写传奇，以告慰已故的亲人和朋友，这也许正是我写此书的真正目的。

感谢此时正在翻阅此书的你，感谢所有人。不关乎书的质量，而在于文字背后的那份沉甸甸的情感。

项延唐

2019年7月18日于龙港家中